Studienführer
USA, Kanada

DAAD
Deutscher Akademischer Austausch Dienst
German Academic Exchange Service

Bibliographische Information Der Deutschen Bibliothek

Die Deutsche Bibliothek verzeichnet diese Publikation in der Deutschen Nationalbiografie; detaillierte bibliographische Daten sind im Internet über http://dnd.ddb.de abrufbar.

Herausgeber:
DAAD
Deutscher Akademischer Austauschdienst
German Academic Exchange Service
Kennedyallee 50, D-53175 Bonn
Referat Information, Fortbildung, Info-Center
Section Information, Coninuing Education, Info-Center

Verlag:
W. Bertelsmann Verlag GmbH & Co. KG,
Postfach 10 06 33, D-33506 Bielefeld

Manuskript:
Heidi Artzfeld (auf der Manuskriptgrundlage von Ute Braun)

Die Autorin, der Verlag und der Herausgeber haben sich bemüht, die in dieser Veröffentlichung enthaltenen Angaben mit größter Sorgfalt zusammenzustellen. Sie können jedoch nicht ausschließen, dass die eine oder andere Information auf irrtümlichen Angaben beruht oder bei Drucklegung bereits Änderungen eingetreten sind. Aus diesem Grund kann keine Gewähr und Haftung für die Richtigkeit und Vollständigkeit der Angaben übernommen werden.

© W. Bertelsmann Verlag GmbH & Co. KG,
Bielefeld 2005, 2., vollständig überarbeitete Auflage

Gesamtherstellung:
W. Bertelsmann Verlag, Bielefeld

Lektorat:
Regina Dostal

Gestaltung:
lok. design division, Marion Schnepf, Bielefeld

Das Werk einschließlich aller seiner Teile ist urheberrechtlich geschützt. Jede Verwertung außerhalb der engen Grenzen des Urheberrechtsgesetzes ist ohne Zustimmung des Verlags unzulässig und strafbar. Dies gilt insbesondere für Vervielfältigungen, Übersetzungen, Mikroverfilmungen und die Einspeicherung und Verarbeitung in elektronischen Systemen.
Printed in Germany.

ISBN 3-7639-0445-X
Bestell-Nr. 70.02.005a

VORWORT

Der Studienführer richtet sich primär an Studierende und Absolventen aller Fachrichtungen, die sich für ein Studium in den USA oder in Kanada interessieren. Der Band enthält jedoch auch wichtige Hinweise für diejenigen, die einen Auslandsaufenthalt zu Forschungszwecken, zum Erlernen einer Fremdsprache oder im Rahmen eines Praktikums beabsichtigen. Neben detaillierten Informationen über die USA und Kanada erhält der Leser auch zahlreiche praktische Tipps, die eine sinnvolle und effektive Planung des Auslandsaufenthaltes erleichtern.

Im **ersten Kapitel** werden verschiedene Möglichkeiten vorgestellt, wie ein Auslandsstudium bzw. Auslandsaufenthalt aussehen kann.

Den Hauptteil des Studienführers bilden die **zwei Länderkapitel USA und Kanada.** Jedes Länderkapitel beginnt mit einer ausführlichen **Darstellung des Hochschulwesens:** Hochschultypen, Studienaufbau, Abschlüsse und Studienberatung. Der Abschnitt **Wahl der Hochschule** zeigt Wege, sich in der äußerst vielfältigen amerikanischen Hochschullandschaft zurechtzufinden. Einen weiteren Schwerpunkt bildet das Thema **Bewerbung.** Hier wird dem Leser geholfen, die für ein Auslandsstudium notwendigen Schritte rechtzeitig und in einer sinnvollen Reihenfolge zu unternehmen. Informiert wird über Zulassungsvoraussetzungen, Bewerbungsweg, Rückkehr und Anerkennung von Studienleistungen. In einem praktischen Teil werden Aspekte des täglichen **Lebens im Gastland** angesprochen; es geht um Einreise, Wohnen, Versicherungsschutz, Reisen im Gastland etc. Die beiden Länderkapitel enden mit einem ausführlichen Serviceteil. Darin finden sich die **Adressen der Hochschulen** und anderer wichtiger **Informationsquellen.** Hier bedeutet die Angabe der Internet-Adressen eine erhebliche Erleichterung beim Zugriff auf weitere Informationen. Eine **Bibliographie** und ein ausführliches **Glossar** stehen jeweils am Ende der Länderkapitel.

Im **vierten Kapitel** findet der Leser Informationen über **weitere Möglichkeiten für Studienaufenthalte,** über **Stipendien und andere Förderungsmöglichkeiten** sowie die Adressen **länderübergreifender Informationsstellen.**

Nicht jeder, der einen Studienaufenthalt im nordamerikanischen Raum erwägt, hat sich von vornherein auf eines der Länder festgelegt. Daher wurden die früher als Einzelpublikationen veröffentlichten DAAD-Studienführer *Vereinigte Staaten von Amerika* und *Kanada* in einem Band zusammengefasst. Dieser bietet jetzt auch mehr praktische Hinweise und Hilfestellungen für den Leser. Das Plus an Inhalt und Service, aber auch die in den vergangenen Jahren gestiegene Nachfrage bedeuten mehr Aufwand und damit steigende Kosten. Aus diesem Grund wird der Studienführer in Zusammenarbeit mit dem W. Bertelsmann Verlag erstellt. Er ist direkt beim Verlag und im Buchhandel erhältlich.

Deutscher Akademischer Austauschdienst (DAAD) und W. Bertelsmann Verlag

INHALT

EINLEITUNG ... 8

I AUSLANDSSTUDIUM: WANN UND WIE LANGE? ... 9

1 **Vollstudium** ... 10
2 **Teilstudium** ... 11
3 **Integriertes Auslandsstudium** ... 12
4 **Auslandspraktika** ... 12
5 **Sprach- und Fachkurse** ... 12

II USA ... 13

1 **Bildungswesen und Hochschulsystem** ... 14
1.1 Schulsystem ... 16
1.2 Geschichte des Hochschulwesens ... 16
1.3 Aufbau des Hochschulsystems ... 17
  2-years community colleges ... 17
  4-year colleges ... 18
  Universities ... 18
1.4 Verwaltungsstruktur der Hochschulen ... 19
1.5 Studienjahr ... 19
  Summer schools ... 20
1.6 Studienaufbau und Abschlüsse ... 20
  Undergraduate studies ... 20
  Graduate studies ... 21
  Ausbildung in den Bereichen Kunst, Musik, Tanz und Theater ... 25
1.7 *Credits* und *grades* ... 25
1.8 Lehrveranstaltungen und Prüfungen ... 26
1.9 Studienberatung und Studentenvereinigungen ... 27
1.10 Bibliotheken ... 27

2 **Wahl der Hochschule** ... 28

3	**Bewerbung**	30
3.1	Zulassungsvoraussetzungen und -verfahren	30
	Undergraduate studies	31
	Graduate studies	32
3.2	Zulassungstests	32
3.3	Sprachliche Voraussetzungen	34
3.4	Einschreibung	34
3.5	Anrechnung und Anerkennung von Studienzeiten und Studienleistungen	34
4	**Studiengebühren**	37
5	**Leben in den USA**	37
5.1	Einreise und Aufenthalt	37
5.2	Lebenshaltungskosten	39
5.3	Wohnen	39
5.4	Krankenversicherung, ärztliche Behandlung	41
5.5	Arbeitsmöglichkeiten für Studierende	41
5.6	Geldfragen und Banksystem	42
5.7	Unterwegs in den USA	42
5.8	Vergünstigungen für Studierende	43
5.9	Elektrische Geräte, Computer, Telefon	43
5.10	Stilfragen	44
5.11	Die USA im Internet	44
6	**Serviceteil: Übersichten und Adressen**	46
6.1	Amerikanische Hochschulen	46
6.2	Informationsstellen: Botschaften, Konsulate, Kulturinstitute, *Educational Advising Centers* und andere Institutionen	62
6.3	Nützliche Internet-Adressen	65
6.4	Literaturtipps	66
6.5	Glossar	67
III	**KANADA**	73
1	**Bildungswesen und Hochschulsystem**	75
1.1	Schulsystem	75
1.2	Geschichte des Hochschulwesens	75

1.3 Aufbau des Hochschulsystems 76
    Community colleges/Collèges communautaires 76
    Colleges/Universities 78
1.4 Verwaltungsstruktur der Hochschulen 79
1.5 Studienjahr 79
1.6 Studienaufbau und Abschlüsse 79
    Undergraduate studies/Premier cycle 80
    Graduate studies/Deuxième et troisième cycles 80
1.7 Studienberatung und Studentenvereinigungen 81

2 Bewerbung 81
2.1 Zulassungsvoraussetzungen 82
2.2 Zulassungsbeschränkungen 82
2.3 Sprachliche Voraussetzungen 83
2.4 Zulassungsverfahren und Einschreibung 83
    Undergraduate studies/Premier cycle 84
    Graduate studies/Deuxième et troisième cycles 84
    Studieren in Quebéc 84
2.5 Anerkennung von Studienzeiten und Studienleistungen 84

3 Studiengebühren 86

4 Leben in Kanada 86
4.1 Einreise und Aufenthalt 86
4.2 Lebenshaltungskosten 87
4.3 Wohnen 88
4.4 Krankenversicherung, ärztliche Behandlung 88
4.5 Arbeitsmöglichkeiten für Studierende 89
4.6 Geldfragen und Banksystem 89
4.7 Unterwegs in Kanada 90
4.8 Vergünstigungen für Studierende 90
4.9 Elektrische Geräte, Computer, Telefon 91
4.10 Stilfragen 91
4.11 Kanada im Internet 92

5 Erfahrungsbericht: Vancouver – ein Auslandssemester an der SFU 93

6	Serviceteil: Übersichten und Adressen	95
6.1	Hochschulstandorte und Hochschulen in Kanada	95
6.2	Studienangebot an Hochschulen in Kanada	114
6.3	Informationsstellen: Botschaften, Konsulate, Kulturinstitute, Zentren für Kanada- und Québec-Studien und andere Institutionen	186
6.4	Nützliche Internet-Adressen	190
6.5	Literaturtipps	191
6.6	Glossar	191

IV FÖRDERUNGSMÖGLICHKEITEN UND LÄNDERÜBERGREIFENDE INFORMATIONSSTELLEN ... 195

1	**Stipendien und andere Förderungsmöglichkeiten**	196
1.1	Stipendien des DAAD, der Fulbright-Kommission und der kanadischen Regierung	196
1.2	Hochschulkooperationen	197
1.3	Förderung durch amerikanische und kanadische Hochschulen	198
1.4	Andere Stipendien	198
1.5	BAföG	199
2	**Assistententätigkeit, Vermittlung von Lektoren und Wissenschaftlern**	202
3	**Informationsstellen**	202
3.1	DAAD-Adressen im In- und Ausland	202
3.2	Länderministerien und Landesprüfungsämter, die für die Anrechnung und Anerkennung von im Ausland erbrachten Studien- und Prüfungsleistungen in mit einer Staatsprüfung abschließenden Studiengängen zuständig sind	204
3.3	Zuständige Ministerien für die Genehmigung zur Führung ausländischer Hochschulgrade	209
3.4	Informations- und Vermittlungsstellen für Praktika und Famulaturen	210

Ziele, Aufgaben und Programme des DAAD ... 215

Stichwortverzeichnis ... 217

EINLEITUNG

Trotz der Vielzahl europäischer Studienprogramme ist ein Studium in den USA oder in Kanada bei deutschen Studenten sehr beliebt.

In den USA studieren derzeit mehr als 14 Millionen Menschen, darunter über eine halbe Million Ausländer – mehr als in jedem anderen Land der Welt. Allein diese Tatsache veranschaulicht die Dimension des amerikanischen höheren Bildungswesens. Die große Mehrheit der ausländischen Studierenden kommt aus asiatischen Ländern. 2002/2003 studierten ca. 9.300 Deutsche an amerikanischen Hochschulen. Deutschland liegt damit auf Rang 11, hinter asiatischen Ländern (angeführt von Indien und China), Kanada und Mexiko.

An kanadischen Hochschulen waren im Jahr 2003 rund 1.640.000 Studenten eingeschrieben, darunter ca. 33.000 ausländische Studenten. 2003 entschieden sich etwa 1.500 Deutsche, ein Studium in Kanada zu beginnen.

Die Gründe für einen Auslandsaufenthalt sind individuell verschieden. Nicht selten stehen handfeste berufliche Ziele im Vordergrund. Am internationalen Arbeitsmarkt sind Qualifikationen wie Mehrsprachigkeit, Kenntnis fremder Länder und Märkte und nicht zuletzt Mobilität gefragt. Als zweitgrößte Exportnation der Welt hat Deutschland einen erheblichen Bedarf an international ausgebildeten Fachkräften.

Bei dem Wunsch, auf der anderen Seite des Atlantiks zu studieren, mag auch die Lust auf Abenteuer und Unabhängigkeit eine Rolle spielen. Und ein Auslandsstudium eröffnet viele Möglichkeiten, die Kultur und Gedankenwelt des jeweiligen Landes zu erleben. In aller Regel bezeichnen Rückkehrer von amerikanischen oder kanadischen Hochschulen ihren Studienaufenthalt als persönlichen Gewinn.

Damit der Auslandsaufenthalt auch zu einem akademischen Gewinn wird, ist intensive Vorbereitung und Beschäftigung mit dem amerikanischen bzw. kanadischen Hochschulwesen geboten. Bildungseinrichtungen und Aufbau der *post-secondary education* in den USA und Kanada unterscheiden sich signifikant von der deutschen Hochschullandschaft. Um bei der Rückkehr, sei es bei der Wiedereingliederung in den deutschen Studiengang oder bei der Anerkennung eines in den USA oder in Kanada erworbenen Grades, keine bösen Überraschungen zu erleben, müssen Zeitpunkt und Länge des Auslandsstudiums sowie die angestrebten *study programs* bzw. *degrees* (Abschlüsse) sorgfältig geprüft werden.

TEIL I:
AUSLANDSSTUDIUM:
WANN UND WIE LANGE?

Die meisten Studienanfänger haben vor, irgendwann eine Zeit lang im Ausland zu studieren. Die wenigsten jedoch haben eine klare Vorstellung davon, zu welchem Zeitpunkt und für wie lange sie ein Auslandsstudium einplanen sollten. Möglichkeiten gibt es viele: Man kann ein oder mehrere Semester im Ausland studieren. Man kann als Studienanfänger das gesamte Studium oder nur einen Teil an einer ausländischen Hochschule absolvieren. Die einen streben einen ausländischen Hochschulabschluss an, die anderen möchten erst nach einem deutschen Hochschulabschluss ins Ausland, sei es als Post-Doc oder um an Aufbaustudiengängen teilzunehmen. Attraktiv sind auch Auslandsaufenthalte zur Materialsammlung für eine Diplomarbeit oder Dissertation.

Es ist grundsätzlich zu fast jedem Zeitpunkt möglich, ein Hochschulstudium im Ausland aufzunehmen, um es dort abzuschließen oder an einer Hochschule in Deutschland fortzusetzen. Welcher Zeitpunkt sinnvoll ist und wie lange der Auslandsaufenthalt bemessen sein sollte, hängt vom Studienfach, von der Berufsperspektive, von den Lebensvorstellungen des Einzelnen, kurz, vom konkreten Fall ab.

Hier ist noch ein Wort der Vorsicht angebracht. In aller Regel bezeichnen Rückkehrer von amerikanischen oder kanadischen Hochschulen ihren Studienaufenthalt als persönlichen Gewinn. Damit der Auslandsaufenthalt auch zu einem akademischen Gewinn wird, ist intensive Vorbereitung und Beschäftigung mit dem amerikanischen bzw. kanadischen Hochschulwesen geboten. Bildungseinrichtungen und Aufbau der *post-secondary education* in den USA und Kanada unterscheiden sich signifikant von der deutschen Hochschullandschaft. Um bei der Rückkehr, sei es bei der Wiedereingliederung in den deutschen Studiengang oder bei der Anerkennung eines in den USA oder in Kanada erworbenen Grades, keine böse Überraschung

zu erleben, müssen Zeitpunkt und Länge des Auslandsstudiums sowie die angestrebten *study programs* bzw. *degrees* (Abschlüsse) sorgfältig geprüft werden.

1 VOLLSTUDIUM

Studierende, die ihr gesamtes Hochschulstudium im Ausland absolvieren, sind immer noch in der Minderheit, obwohl die Zahl dieser so genannten Langzeitstudenten stetig steigt. Die meisten Langzeitstudenten sind Studienanfänger, und sie streben aus den unterschiedlichsten Gründen an eine ausländische Hochschule. Welcher Art die Motivation auch sein mag, sie muss für ein Gesamtstudium ganz besonders gründlich und nüchtern geprüft werden. Wer durch ein Studium in den USA oder in Kanada den Numerus clausus im Heimatland umgehen möchte, erfährt sehr schnell, dass in der Regel auch an amerikanischen bzw. kanadischen Hochschulen im betreffenden Fach Zulassungsbeschränkungen bestehen. Hinzu kommt der grundsätzlich andersartige Studienaufbau in diesen Ländern. Für Amerikaner und Kanadier stellt das vierjährige *College*-Studium einen anerkannten berufsqualifizierenden Abschluss dar; deutschen Absolventen wird ein *College*-Abschluss zu Hause nur unter bestimmten Bedingungen anerkannt. Wer plant, nach dem Auslandsstudium nach Deutschland zurückkehren, sei es zur Berufsaufnahme oder zum Weiterstudium an einer deutschen Hochschule, muss die Frage der Anerkennung des ausländischen Grades *(Bachelor, Master)* im Vorfeld klären. Dies gilt ganz besonders für jene, die einen reglementierten Beruf wie Arzt, Anwalt etc. ergreifen möchten oder in den öffentlichen Dienst eintreten wollen. Bei einer späteren Berufstätigkeit in einem Land mit vergleichbarem Hochschulsystem oder bei internationalen Unternehmen und Organisationen sind mit einem amerikanischen oder kanadischen Hochschulabschluss keine Nachteile zu erwarten.

Neben akademischen Überlegungen stehen praktische. Ein Studium in den USA oder Kanada ist teuer. Für deutsche Bewerber – meist deren Eltern – ist es häufig ein Schock, wenn sie mit den Kosten eines Langzeitstudiums konfrontiert werden. Durch eine Nebentätigkeit kann nichts dazuverdient werden, da deutsche Studierende keine Arbeitserlaubnis bekommen. Studienanfänger, die ihr gesamtes Studium im Ausland absolvieren möchten, haben auch keinen Zugang zu deutschen Stipendien, da diese in der Regel eine Mindeststudienzeit an einer deutschen Hochschule voraussetzen und für Langzeitstudien nicht vergeben werden. Es bleibt die Hoffnung auf Kostenreduzierung durch ein amerikanisches bzw. kanadisches Stipendium. Mehr dazu und zur Förderung durch BAföG steht im Teil IV.

einem an einer deutschen Hochschule absolvierten Studium im Ausland eine Zusatzqualifikation erwirbt, z. B. im Bereich Fremdsprachenunterricht, wo die *ESL-study programs (English as a second language)* bei ausländischen Studenten auf reges Interesse stoßen.

Der kulturelle Austausch, vor allem zwischen den USA und Deutschland, ist von außerordentlicher Intensität. So bestehen zwischen deutschen und US-Hochschulen ca. 1.100 formalisierte Kooperationsabkommen, und darüber hinaus gibt es eine Fülle von weiteren informellen Partnerschaften und Formen der Zusammenarbeit. Öffentliche wie private Stipendienprogramme fördern Austauschstudenten. Hier ist individueller Einsatz gefragt: Informationen zu einzelnen Programmen (und deren Finanzierung) müssen erarbeitet werden. Man findet sie in Teil IV dieses Buches, bei den Studentensekretariaten, den Fakultäten, den Akademischen Auslandsämtern und den *Advising Centers*.

2 TEILSTUDIUM

Grundsätzlich kann ein Auslandsstudienabschnitt jederzeit eingeschoben werden. Am sinnvollsten und am häufigsten praktiziert sind einjährige Auslandsaufenthalte, die nach abgeschlossenem Grundstudium angetreten werden. Man hat bereits einen Überblick über das Fachgebiet gewonnen und kann sein Fachwissen an der ausländischen Hochschule vertiefen. Die meisten Studierenden, die nur einen Teil ihres Studiums im Ausland absolvieren, studieren als **Austauschstudenten** im Rahmen eines Austauschprogrammes. Zunehmend populär werden auch **Postgraduierten-Studien**, z. B. in Form eines **Aufbau- oder Vertiefungsstudiums**. In vielen Fällen mag es für die berufliche Karriere hilfreich sein, wenn man nach

Beurlaubung oder Exmatrikulation?

Wer an einer deutschen Hochschule eingeschrieben ist und als Studienfortsetzer an eine amerikanische oder kanadische Hochschule geht, sollte sich für die Zeit des Auslandsstudiums beurlauben lassen. Von der Möglichkeit einer Exmatrikulation wird abgeraten, weil dadurch u. U. der Studienplatz gefährdet wird und der Krankenversicherungsschutz verloren geht. In jedem Fall sollte man mit dem Studentensekretariat und der Krankenversicherung rechtzeitig klären, welche Regelungen vor der Abreise getroffen werden müssen.

3 INTEGRIERTES AUSLANDSSTUDIUM

Bei den integrierten Studiengängen handelt es sich um Kooperationsvereinbarungen zwischen Hochschulen bzw. Fachbereichen von Hochschulen aus zwei oder mehr Ländern, also um bi- oder multinationale Studienangebote, die eine Auslandsphase als obligatorischen Bestandteil des Studiums vorsehen. In vielen Fällen ist neben dem Studium auch ein Praktikum im Ausland vorgeschrieben. Die Studieninhalte sind zwischen den Partnerhochschulen abgestimmt, sodass Studiendauer und -verlauf sowie die Anerkennung von Studienleistungen und -abschlüssen von vornherein geregelt und sichergestellt sind. Auskunft über diese Studiengänge erteilen die an Hochschulpartnerschaften teilnehmenden Hochschulen, die Akademischen Auslandsämter und die *Educational Advising Centers* für die USA bzw. die Kanada-Zentren für Kanada.

> Informationen über bestehende Hochschulkooperationen sind im Internetangebot der Hochschulrektorenkonferenz abrufbar: www.hochschulkompass.hrk.de.

4 AUSLANDSPRAKTIKA

Eine weitere Form des Auslandsaufenthalts ist die Ableistung von Praktika, die bei manchen Studiengängen obligatorischer Bestandteil des Studiums sind. Für die Vermittlung von Praktika ins Ausland gibt es eine Reihe von Organisationen, die vor allem fächerspezifisch ausgerichtet sind. Einzelheiten über die Vermittlungsvoraussetzungen und -bedingungen sind von fachorientierten Vermittlungsorganisationen bzw. über die zuständigen Stellen an den Hochschulen (Akademische Auslandsämter, Praktikantenämter, Fachbereiche, Auslandsbeauftragte) zu erfahren. Die Anschriften der Vermittlungsorganisationen finden Sie im Teil IV.

Die Homepage des DAAD (www.daad.de) und die Website der Fachhochschule Hannover (www.fh-hannover.de/usa) enthalten Informationen zu Auslandspraktika und Links zu weiteren Vermittlerorganisationen und Praktikabörsen. Der *Council on International Educational Exchange (CIEE)* informiert unter www.ciee.org über ein umfangreiches Angebot an Praktikums- und Jobmöglichkeiten für Studierende in den USA und Kanada.

5 SPRACH- UND FACHKURSE

Sprach- bzw. Fachkurse dauern in der Regel nur einige Wochen und sind für Studierende interessant, die „schnuppern" möchten und nur eine kurze Zeit an einer Institution im Ausland verbringen wollen. Fast alle Kurse werden während der Sommermonate angeboten; die Angebotspalette ist unübersehbar. Es lohnt sich, an den Hochschulen nachzufragen. Weitere Hinweise zu den Sommerkursen finden Sie im Abschnitt 1.5 „Studienjahr" des USA-Teils.

TEIL II:
USA

1 BILDUNGSWESEN UND HOCHSCHULSYSTEM

Das amerikanische Hochschulsystem ist stark dezentralisiert und äußerst vielfältig. Die Institutionen unterscheiden sich nach Zielen, Organisationsstruktur, Art der *study programs* (akademisch bzw. berufsorientiert) sowie nach Finanzierung (öffentlich/privat). Es gibt keine zentrale Stelle, die den Bildungsbereich kontrolliert bzw. koordiniert. Folgende Punkte definieren den Charakter des amerikanischen Bildungswesens und illustrieren zugleich die Hauptunterschiede zum deutschen überwiegend staatlich organisierten und finanzierten Bildungssystem:

- Im Gegensatz zu vielen anderen Ländern gibt es in den USA kein nationales Gesetz zum Bildungswesen. Die Bundesregierung *(national government)* besitzt in Bildungsfragen eine sehr begrenzte Autorität, die sie mit anderen Regierungseinrichtungen auf Ebene der Bundesstaaten *(state government)* und Gemeindeebene *(local government)* sowie mit den Bildungseinrichtungen teilt. Die Struktur dieser geteilten Verantwortlichkeit für Bildungspolitik und Bildungsplanung ist außerordentlich komplex; die Hauptautorität in Bildungsfragen liegt jedoch bei den Institutionen selbst und den Gemeinden.
- Die Bildungseinrichtungen/Hochschulen sind höchste Autorität für alle akademischen Fragen: Sie entscheiden autonom über Zulassung, Lehrplan, Anerkennung usw.
- Berufsqualifizierende Lizenzen für Mediziner, Lehrer usw. werden von den zuständigen (Berufs-)Verbänden *(licensing agencies)*, in der Regel auf Bundesstaatenebene, vergeben.
- Das amerikanische Bildungswesen versteht sich als Anbieter einer Vielfalt von Bildungs- und Ausbildungsmöglichkeiten, für die Studierenden bezahlen. An die Vorstellung vom postsekundären Bildungswesen als kommerzialisierten Dienstleistungsbereich müssen sich viele deutsche Studierende erst gewöhnen, aber Werbung und Öffentlichkeitsarbeit ist Teil der amerikanischen Hochschullandschaft und für Amerikaner selbstverständlich. Verständnis des Aspekts der Kommerzialisierung und ein kritischer, gelassener Umgang damit kann bei der Suche nach dem geeigneten Studienort nur von Vorteil sein.

Öffentliche und private Hochschulen

Von den derzeit 4.180 US-Hochschulen sind 2.450 in privater (einige davon in konfessioneller) Trägerschaft, etwa 1.700 sind öffentliche Einrichtungen. Die *public institutions* werden durch Gelder der Bundesstaaten, Gemeinden oder Städte sowie durch Studiengebühren finanziert. In mehreren Staaten gibt es *State University Systems*, d. h., selbständige staatliche Hochschulen an verschiedenen Standorten sind administrativ zusammengefasst, wie z. B. die *State University of New York* mit mehreren Standorten im Staat New York. Die privaten Hochschulen *(private institutions)* finanzieren sich primär über Studiengebühren. Beide Hochschultypen erhalten zudem erhebliche Beträge aus privaten Spenden.

Die Trägerschaft sagt nichts über die Qualität einer Hochschule aus; sowohl unter den privaten wie unter den öffentlichen Einrichtungen befinden sich Hochschulen mit internationalem Ruf.

Bildungssystem in den USA

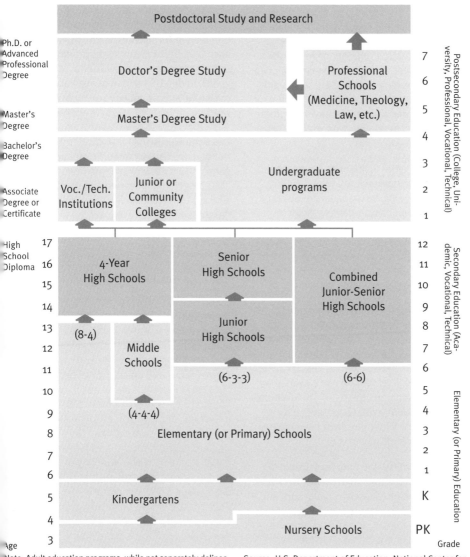

Note: Adult education programs, while not separately delineated above, may provide instruction at the elementary, secondary, or higher education level. Chart reflects typical patterns of progression rather than all possible variations.

Source: U.S. Department of Education, National Center for Education Statistics.

Nach: U.S. Network for Education Information. Betreiber: National Library of Education (NLE), Washington, D.C.

1.1 Schulsystem

Vor der Grundschule besucht die Mehrzahl der amerikanischen Kinder eine *nursery school* oder einen *kindergarten*. Hier muss bei der Bezeichnung der vorschulischen Institutionen aufgepasst werden: Eine *nursery school* entspricht im deutschen System einem Kindergarten, während der amerikanische *kindergarten* in Deutschland einer Vorschule gleichzusetzen ist.

Auf die sechs- oder achtjährige Grundschule *(elementary/primary school)* folgt die sechs- oder vierjährige *high school*, an der etwa drei Viertel eines Geburtsjahrgangs graduieren. Die anderen Schüler gehen früher von der *high school* ab, im Regelfall nach Ende der gesetzlichen Schulpflicht von meist 10 Schuljahren. Schulpflicht besteht meist bis zum Alter von 16 Jahren, in einigen Staaten bis 17 oder 18.

Der Begriff *high school* bezeichnet den Schultyp, der auf die Grundschule folgt. Hier ist zu unterscheiden zwischen der *combined junior and senior high school* (sechs Jahre), der *junior high school* (drei Jahre) gefolgt von der *senior high school* (drei Jahre) und der *4-year high school* (nach einer achtjährigen Grundschulbildung). Die *middle school* bereitet (nach vierjährigem Grundschulunterricht) in vier Jahren auf die *4-year high school* vor.

Die *high school* ist eine Ganztagsschule, die nach dem Kurssystem funktioniert. Die Schüler lernen nicht im Klassenverband, sondern, je nach Fach, in immer neu zusammengesetzten Gruppen. Das Kursangebot umfasst theoretische, praktische und berufsbildende Fächer, aus denen sich die Schüler ihre individuellen Stundenpläne zusammenbauen.

Eine berufliche Bildung mit Berufsschulen und dem dualen System, wie wir es von Deutschland kennen, gibt es im amerikanischen sekundären Bildungsbereich nicht. Wer von der *high school* abgeht und nicht auf dem College weiterstudiert, erwirbt seine praktischen und beruflichen Fertigkeiten in der Regel im Beruf nach dem Prinzip *learning by doing* bzw. *on-the-job training*. Die qualifizierte Berufsbildung gehört in den USA in den postsekundären Bereich und wird an *colleges* und *universities* erworben.

Das Schulwesen liegt fast vollständig in den Händen der Einzelstaaten. Es gibt zwar, im Gegensatz zum postsekundären Bereich, gesetzlich geregelte Rahmenbedingungen, trotzdem sind die Unterschiede in den einzelnen Bundesstaaten zum Teil erheblich.

1.2 Geschichte des Hochschulwesens

Die ersten postsekundären Bildungseinrichtungen auf amerikanischem Boden entstanden in der frühen Kolonialzeit. Die meisten dieser *colonial colleges* sahen ihren Auftrag primär darin, Pfarrer und Priester auszubilden. Die ältesten Universitäten sind aus theologischen Colleges hervorgegangen, wie z. B. die *Harvard University*, die 1636 z. T. aus Staatsmitteln, z. T. als Stiftung des puritanischen Geistlichen John Harvard gegründet wurde. Es folgten weitere religiös ausgerichtete Gründungen *(anglican, baptist, congregational* etc.), beispielsweise das *College of William and Mary* (1693), *Yale College* (später *Yale University*, 1701), *King's College* (heute *Columbia University*, 1754) oder das *College of Rhode Island* (heute *Brown University*, 1764). Die *Philadelphia Academy* (1740), die heutige *University of Pennsylvania*, war zu der Zeit das einzig nicht religiös ausgerichtete *colonial college*. Die heutige *Princeton University* wurde 1746 zwar als presbyterianisches *College of New Jersey* gegründet, nahm aber bald auch Studierende anderer Glaubensrichtungen auf, ein Beispiel, dem nach und nach weitere *colonial colleges* folgten. Zur Zeit der Amerikanischen Revolution studierten 731 Studenten an 9 Colleges, 1860 war die Zahl der Colleges auf 217 gestiegen. Die Mehrzahl war nach wie vor religiös ausgerichtet.

Durch den *Morrill Land Grant Act* entstand 1862 ein Netz von staatlich geförderten Hochschulen, die primär praktische Fächer wie Landwirtschaft oder Mechanik anboten. Gegen Ende des 19. Jahrhunderts begann eine grundlegende Reform des Hochschulwesens nach dem Vorbild europäischer Universitäten: man legte Wert auf Forschung und eine gründliche Graduiertenausbildung *(graduate education)* und betonte die berufsorientierte Hochschulbildung *(professional education)*, indem man verstärkt Fächer wie Medizin oder Jura in die Lehrpläne aufnahm.

Seit 1890 herrscht im amerikanischen Hochschulbereich stetes Wachstum mit einigen Höhepunkten wie zwischen 1890 und dem Ersten Weltkrieg oder nach dem Zweiten Weltkrieg, als staatlich geförderte Universitätsforschung die Zahl der Hochschuleinrichtungen und Studenten in die Höhe katapultierte. Eine Verdopplung der Studentenzahlen gab es in den 60er Jahren, als die *state university systems* expandierten und neue *community colleges* entstanden. Seit Mitte der 70er Jahre haben sich die Zahlen jedoch wenig verändert.

1.3 Aufbau des Hochschulsystems

Das amerikanische Bildungswesen zählt über 10.000 so genannte *post-secondary institutions* mit rund 14,5 Mio. eingeschriebenen Studierenden. Die Bandbreite dieser Einrichtungen ist enorm; sie reicht von der weltbekannten Eliteuniversität bis zur kleinsten Institution, die berufsorientierte oder andere Spezialisierungsmöglichkeiten anbietet. Zu den *post-secondary institutions* gehören nicht akkreditierte *non-degree institutions*, akkreditierte *non-degree institutions* und akkreditierte Hochschulen, die akademische Grade verleihen. Dieser Studienführer konzentriert sich auf die letzte Gruppe.

Auch das Studienangebot an den Institutionen, die keine akademischen Grade verleihen, kann für ausländische Studierende durchaus attraktiv sein. Intensivsprachkurse bzw. *ESL-Kurse (English as a second language)* finden zunehmend Anklang auch bei deutschen Studenten. Von den über 9.300 Deutschen, die im Studienjahr 2002/2003 in den USA studierten, belegten über 10 % Kurse außerhalb der regulären *undergraduate* und *graduate studies*. Wer sich für Studienangebote an einer dieser Institutionen interessiert, kann sich bei einem der *Educational Advising Centers* informieren. Die Adressen sind am Ende des Länderkapitels USA aufgeführt.

Der öffentliche und private Hochschulbereich läßt sich einteilen in:

- *2-year community colleges*
- *4-year colleges*
- *(graduate) universities*

2-year community colleges

Es gibt derzeit rund 1.700 *community colleges* (öffentlich) oder *junior colleges* (meist in privater Trägerschaft), die zweijährige berufsbildende Ausbildungsgänge *(career programs)* sowie die Studieninhalte der ersten beiden Jahre eines *4-year college (transfer programs)* anbieten.

Career programs bereiten Studenten auf den direkten Berufseinstieg vor. Die Ausbildungsgänge sind praxisbezogen und werden in Bereichen wie *nursing, computer technology, travel and tourism* angeboten. Community colleges unterhalten häufig eine enge Beziehung zur örtlichen oder regionalen Wirtschaft und können dadurch ihre Studieninhalte leichter dem Bedarf des Arbeitsmarktes anpassen. Als Abschluss wird der *Associate of Applied Arts (A.A.S.)* verliehen.

Transfer programs entsprechen den ersten beiden Studienjahren an einem *4-year college* und sind damit für Studenten attraktiv, die nach zwei Jahren an ein *4-year college* wechseln wollen. Als Abschluss wird ein ein *Associate of Art (A.A.)* oder ein *Associate of Science (A.S.)* verliehen.

Von den an amerikanischen Hochschule eingeschriebenen rund 14,5 Mio. Studenten besucht fast ein Drittel diesen Schultyp, ein Zeichen dafür, welche Breitenwirkung diese *colleges* in den USA haben. Auch bei ausländischen Studenten ist dieser Schultyp zunehmend populär: Gut 20 % der *community college students* sind *international students*. Da es sich bei den (öffentlichen) *community colleges* um so genannte *commuter institutions* handelt, sind die Studiengebühren relativ niedrig; Wohnheime gibt es in der Regel keine, die Studierenden wohnen zu Hause und pendeln *(commute)*. Deutsche Abiturienten sollten sich jedoch gründlich überlegen, ob sie einen Studienaufenthalt dort durchführen wollen. Die Studieninhalte bewegen sich weitgehend auf dem Niveau der gymnasialen Oberstufe. Nur wer bewusst eine Zeit lang „aussteigen" und Amerika mit Muße, ohne größere fachliche Anforderungen und akademischen Stress erleben möchte, mag mit einem *community college* die richtige Wahl treffen.

> Die an *community colleges* erbrachten Leistungsnachweise werden bei Rückkehr nach Deutschland grundsätzlich nicht anerkannt.

4-year colleges

Der Begriff *college* bezeichnet einerseits über 800 eigenständige Institutionen mit vierjährigen Ausbildungsgängen, andererseits den Teil einer *university*, der die *College*-Ausbildung durchführt. In den insgesamt etwa 2.450 *colleges* findet *undergraduate education* statt, gleichzeitig – fast so wichtig wie die akademische Bildung – entwickeln die jungen 17- und 18-jährigen *first-year students* fern vom Elternhaus ihre Persönlichkeit. Die *undergraduate studies* führen zum Erwerb eines akademischen Grades, normalerweise des *Bachelor* wie z. B. *Bachelor of Arts (B.A.)* oder *Bachelor of Science (B.S.)*. Etwa ein Fünftel eines Jahrgangs studieren nach Erwerb des *Bachelor* weiter; für den größten Teil der *College*-Graduierten endet hier die Hochschulausbildung.

Universities

Universities sind Einrichtungen, die zusätzlich zur *undergraduate education* Studiengänge auf dem *graduate level* anbieten. Die *graduate school* ist somit der Teil einer Universität, in dem Studierende verstärkt zu selbständigem wissenschaftlichem Arbeiten angeleitet werden und das wissenschaftliche Studium vertieft und erweitert wird. An einigen *graduate schools* ist das Studienangebot auf bestimmte Fächer beschränkt. Auch bieten nicht alle *graduate schools* den Doktorgrad *(Ph.D.)* an; viele enden mit dem *Master's degree*. Deshalb ist es ratsam, sich genau zu erkundigen, ob an der Gasthochschule das gewählte Studienfach auch auf dem gewünschten Niveau angeboten wird. Die größten Universitäten haben *(undergraduates* eingeschlossen) rund 50.000 Studierende, z. B. die *University of Minnesota – Twin Cities* – oder die *Ohio State University – Main Campus*.

> Es gibt Hochschulen, die sich zwar *university* nennen, aber inhaltlich und formal einem *college* entsprechen und keine *graduate school* haben. Andererseits nennen sich einige technische Universitäten *Institute of Technology*, sind jedoch Volluniversitäten. Bei der Bezeichnung der Lehrinstitutionen heißt es aufpassen.

Jede Hochschule gliedert sich in einen Verwaltungsbereich und in einen akademischen Bereich, der wiederum aus *departments, schools* oder *institutes* besteht. In beiden Bereichen leiten Dekane (z. B. *Dean of Admissions, Dean of Housing* oder *Dean of Natural Science, Dean of Graduate School)* einen bestimmten Verwaltungssektor bzw. eine Fakultät.

Der Lehrkörper besteht aus *instructors, assistant professors, associate professors* und *full professors*. *Full* und *associate professors*, die sich in ihrem Bereich durch Publikationen etc. einen Namen gemacht haben, haben meist *tenure*, d. h. einen Anstellungsvertrag auf Lebenszeit. Als Verwaltungschef/Geschäftsführer steht an der Spitze eines *department* die *chairperson*, in der Regel ein Mitglied des Lehrkörpers, das für eine bestimmte Zeit diese Aufgabe übernimmt.

1.4 Verwaltungsstruktur der Hochschulen

Amerikanische Hochschulen sind autonome Organisationen, vergleichbar mit selbständigen Wirtschaftsunternehmen unter amerikanischem Recht *(academic institutions as corporations)*. Dies bedeutet, dass sie im Hinblick auf akademische Fragen, Finanzen, Öffentlichkeitsarbeit, Verwaltung und Studentenangelegenheiten autonom sind. Dies führt auch zum Bild der amerikanischen Hochschullandschaft als „*academic marketplace*", das jedoch in den USA selbst nicht negativ behaftet ist. Den Hochschulen oder, um beim Bild zu bleiben, den „*educational corporations*" steht ein Verwaltungsrat *(Board of Trustees)* vor, der das Topmanagement (Präsident, Vizepräsidenten) bestellt und die Einstellung von Verwaltungspersonal und Lehrkörper *(faculty)* bestätigt.

1.5 Studienjahr

Ein *academic year* dauert in der Regel von Ende August/Anfang September bis Mai/Juni, also 9 Monate. Die meisten Hochschulen haben das Semestersystem mit einem *fall/autumn term* bis Ende Dezember und einem *spring term* von Januar bis Mai. An einigen wenigen Hochschulen ist das akademische Jahr in Trimester (meist 16 Wochen) oder *quarters* (vier Perioden zu je 10–12 Wochen) eingeteilt. Die genauen Daten verzeichnet der jährlich erscheinende *calendar* der einzelnen Hochschulen. Obwohl es prinzipiell möglich ist, zu jedem Semester, Trimester oder *quarter* anzufangen, wird empfohlen, sein Studium im *fall term* zu beginnen, da aufeinander aufbauende Kurse generell im ersten *term* nach dem Sommer beginnen. Die Lehrveranstaltungen werden durch ca. zweiwöchige Weihnachtsferien und ca. einwöchige Osterferien unterbrochen.

Summer schools

Viele Hochschulen bieten während der Sommermonate so genannte *summer schools/summer sessions* an. Darunter versteht man zum einen ein zusätzliches reguläres, wenn auch reduziertes Studienangebot *(credit courses)*, zum anderen (Intensiv-)Sprachkurse. Diese Kurse werden während der allgemein vorlesungsfreien Zeit an Hochschulen angeboten. Die einen besuchen *summer schools*, um ihr Studium schneller abzuschließen, die anderen können versäumte Scheine nachholen bzw. nicht bestandene Lehrveranstaltungen wiederholen.

Einige der Fachkurse richten sich verstärkt an ausländische Studierende und schließen mit *certificates* ab. Wer auf diese Art und Weise seine Sommerferien in den USA verbringen möchte und die Studiengebühren nicht scheut, sollte sich die Gasthochschule sorgfältig aussuchen und wenn möglich auf persönliche Erfahrungsberichte zurückgreifen. Das Angebot an *language courses* ist unübersehbar. Fast jede Hochschule führt im Sommer Sprachkurse für *international students* durch.

Die im Abschnitt 7.3 „Nützliche Internet-Adressen" angegebenen Websites enthalten auch Informationen über *summer schools,* außerdem informiert der *Council on International Educational Exchange (CIEE)* mit Informationsbüros in Bonn und Berlin unter www.ciee.org über Sprach- und Fachkurse, über ein umfangreiches Angebot an Praktikums- und Jobmöglichkeiten für Studierende in den USA und Kanada und über *high school USA programs*.

> *Summer activities (camps, schools* etc.) sind in Amerika ein ständig wachsender Dienstleistungsbereich mit geschäftlichen Interessen. Die Gebühren sind hoch, und es gibt in der Regel keine Stipendien. Man sollte also detaillierte Informationen einholen, bevor man sich für einen derartigen Kurs einschreibt.

1.6 Studienaufbau und Abschlüsse

Das Studium in den USA ist in zwei deutlich voneinander abgegrenzte Abschnitte eingeteilt: die in der Regel vierjährigen *undergraduate studies* und die darauf folgenden zweijährigen *graduate studies*. Die für reglementierte akademische Berufe qualifizierenden *professional studies* folgen eigenen Regeln und Abläufen. Das amerikanische Hochschulsystem kennt rund 2.500 akademische Grade, die sich in vier große Gruppen einteilen lassen: *Associate degrees (community colleges), Bachelor's degrees (undergraduate studies), Master's degrees (graduate studies) und doctoral degrees*. Die am häufigsten verliehenen Grade werden im Folgenden genannt.

Undergraduate studies

Das *undergraduate*-Studium ist straff organisiert und bietet, insbesondere in den ersten beiden Jahren, nicht so viele Wahlmöglichkeiten, wie sich das manche deutsche Studenten wünschen. Studierende der ersten beiden Studienjahre, die *freshmen/first-year students* bzw. *sophomores/second-year students* müssen an den meisten Hochschulen eine Reihe von Pflichtveranstaltungen in den Bereichen *liberal arts* oder *general education* absolvieren, bevor sie mit ihrer fachlichen Spezialisierung beginnen können. Zu *liberal arts* zählt eine Vielzahl von Fächern in den Bereichen Geisteswissenschaften *(humanities* oder *arts)*, Sozialwissenschaften und Naturwissenschaften. *Undergraduate students* erwerben also während der ersten beiden Studienjahre Grundwissen in mehreren Fachgebieten und können sich erst dann ihren Fachstudien zuwenden, wenn sie die *general education requirements* erfüllt haben.

In der zweiten Hälfte des Collegestudiums beginnt die Spezialisierung und die Wahlfreiheit bei der Gestaltung des Studiums. *Juniors* (Studenten des dritten Collegejahres) und *seniors* (Studenten des vierten Collegejahres) konzentrieren sich auf ein *study program* mit ein oder mehreren Fächern. Jeder Student muss mindestens ein *major* (Hauptfach) wählen; *minors* (Nebenfächer) sind freiwillig, häufig werden jedoch ein oder zwei *minors* in einem mit dem Hauptfach zusammenpassenden Fach belegt. Es kann auch mehr als ein *major* gewählt werden, nur muss dann mit einer längeren Studienzeit gerechnet werden.

Im Bereich der *undergraduate studies* werden zwei verschiedene Abschlüsse verliehen: der *Associate degree* (siehe Abschnitt 1.3 „2-year colleges") und der *Bachelor's degree*. Je nach Studienschwerpunkt *(major)* wird der Grad als *Bachelor of Arts (B.A.)* oder *Bachelor of Science (B.S.)* verliehen. An manchen Hochschulen wird der Bachelor durch den Zusatz des studierten Faches näher umschrieben, z. B. *Bachelor of business administration (B.B.A.)*, *Bachelor of education (B.Ed.)* oder *Bachelor of nursing (B.S.N.)*. Die meisten *undergraduate study programs* dauern vier Jahre. Ausnahmen sind das Architekturstudium *(B.Arch.)* und das Studium einiger ingenieurwissenschaftlicher Fächer, die mindestens fünf Jahre dauern.

Am *College* findet sowohl die wissenschaftliche *(academic)* als auch die berufliche *(professional)* Ausbildung statt. Siehe unter „*first professional studies*".

Graduate studies

Im Bereich der *graduate education* unterscheidet das amerikanische Hochschulsystem folgende Kategorien:

- *Master's degree programs*
- *First professional studies*
- *Research doctorate programs*
- *Postdoctoral programs*

Master's degree programs

Der *master's degree* wird als Abschluss eines ein- bis dreijährigen *graduate programs* verliehen. Voraussetzung für die Zulassung zu einem *graduate program* ist ein erster Studienabschluss, z. B. *Bachelor* oder *first professional degree*.

In *study programs* mit nicht unmittelbar berufsbezogenen Fächern, in denen der Schwerpunkt auf Forschung und Lehre liegt, wird der *Master* als *research degree* verliehen. *Study programs* mit schwerpunktmäßig berufsvorbereitender Ausrichtung führen zum *Master* als *professional degree*. Ist der *Master* nicht Voraussetzung für ein sich anschließendes *doctoral program*, sondern Endstufe einer Ausbildung, so spricht man von einem *terminal degree*. In vielen Fachbereichen können Studierende zwischen *professional master's degree programs* und *research master's degree programs* wählen. Während amerikanische Studenten diese Entscheidung im Hinblick auf ihren Berufswunsch leicht fällen, sind ausländische Studenten oft ratlos. Hier hilft nur, sich die Lehrpläne genauestens anzuschauen und zu vergleichen. Im Zweifel sollte man sich für das *study program* entscheiden, das dem deutschen vergleichbaren Studium inhaltlich am nächsten kommt. Außerdem sollte man aus Gründen der Anerkennung nach der Rückkehr immer für einen *Master* mit Prüfungen *(comprehensives)* und Diplomarbeit *(thesis)* optieren.

Die am häufigsten verliehenen Grade sind:
- *Master of Architecture (M.Arch.)*: meist ein *professional degree*, der nach zwei- bis dreijährigem Studium verliehen wird.
- *Master of Arts (M.A.)*: wird in aller Regel als *research degree* in einer Vielzahl von Fächern erworben. Studiendauer ist je nach Fach zwei bis drei Jahre.
- *Master of Arts in Teaching (M.A.T.)*: *professional degree* nach einjährigem Studium.
- *Master of Business Administration (M.B.A.)*: *professional degree* nach zweijährigem Studium.
- *Master of Education (M.Ed.)*: wird nach durchschnittlich zwei Jahren als *professional* sowie *research degree* verliehen.
- *Master of Fine Arts (M.F.A.)*: wird nach zwei- bis dreijährigem Studium als *professional degree* erworben.
- *Master of Library Science (M.L.S.)*: *professional degree* nach zweijährigem Studium.
- *Master of Music (M.M.)*: wird nach zwei- bis dreijährigem Studium in der Regel als *professional degree*, bisweilen jedoch auch als *research degree* verliehen.
- *Master of Public Health (M.P.H.)*: wird als *professional degree* nach zweijährigem Studium erworben.
- *Master of Science (M.S.)*: wird nach zwei- bis dreijähriger Studiendauer als *professional* oder *research degree* verliehen.
- *Master of Social Work (M.S.W.)*: wird nach zweijährigem Studium als *professional degree* erworben.
- *Master of Theology (Th.M.)*: wird in der Regel als *research degree*, bisweilen als *professional degree* verliehen.

First professional studies
Das amerikanische Hochschulwesen trennt zwischen *academic* und *professional degrees*, eine Unterscheidung, die ausländische Studierende häufig verwirrt. Zuerst muss klargestellt werden: Beide Abschlüsse sind akademische Grade. Im Unterschied zum *academic degree*, der für das Studium von rein wissenschaftlichen Fächern verliehen wird, bezeichnet der *professional degree* den Abschluss von berufsqualifizierenden Ausbildungsgängen wie z. B. *engineering*, *agriculture* oder *architecture*.

Weitere Verwirrung stiftet die Tatsache, dass etliche Fächer als *undergraduate studies* sowie als *graduate studies* angeboten werden, wie z. B. *architecture*. Der *College*-Abschluss des *Bachelor of Architecture (B.Arch.)* zählt in diesem Fall als *first professional degree*. Ein zwei- bis dreijähriges Architekturstudium an der *graduate school* führt dann zum *Master of Architecture (M.Arch.)*, dem *second professional degree*.

Einige Fächer werden nicht als *undergraduate programs* angeboten und beginnen als Fachstudium erst nach dem *College*. Dazu gehören *Chiropractic*, *Dentistry*, *Law*, *Medicine*, *Optometry*, *Osteopathy*, *Pharmacy*, *Podiatry*, *Theology* und *Veterinary Medicine*. Zulassungsvoraussetzung für diese Studiengänge ist ein *undergraduate degree* mit einer für das Fachstudium relevanten Ausrichtung, z. B. für das Medizinstudium ein *Bachelor of Science* mit Schwerpunkt in naturwissenschaftlichen Fächern.

Spezialisierungsmöglichkeiten gibt es in den meisten *first professional programs* erst zum Ende der Studienzeit oder nach Studienabschluss. In den medizinischen Berufen folgen *internship* (Praktikum) und *residency* (Spezialisierung) in der Regel auf die Graduierung. Bei Humanmedizinern dauert die *residency* je nach Spezialisierung ein bis acht Jahre. Erst die *medical board certification* (Lizenzexamen/Approbation) durch das *National Board of Medical Examiners* führt zur Berufsqualifikation und erlaubt die Berufsausübung. Juristen spezialisieren sich ebenfalls erst nach Abschluss des Studiums durch *training on-the-job* in einem Anwaltsbüro oder durch Zusatzstudien. Auch hier ist zur Berufsausübung eine Lizenzprüfung *(bar examination)* nötig.

Es gibt in den USA nur eine Institution, die *papal degrees (Licentiate/Lic.)* verleihen darf: die *Catholic University of America*.

Über einzelne Fachbereiche der *professional education* informiert man sich am besten bei:
- American Assembly of Collegiate Schools of Business (AACSB): www.aacsb.edu
- American Association of Colleges of Nursing (AACN): www.aacn.nche.edu
- American Association of Colleges of Pharmacy (AACP): www.aacp.org
- American Association of Colleges of Podiatric Medicine (AACPM): www.aacpm.org
- American Association of Colleges of Teacher Education (AACTE): www.aacte.org
- American Association of Dental Schools (AADS): www.aads.jhu.edu
- Association of American Law Schools (AALS): www.aals.org
- Association of American Medical Colleges (AAMC): www.aamc.org
- Association of American Veterinary Medical Colleges (AAVMC): www.aavmc.org
- Association of Collegiate Schools of Planning (ACSP): www.acsp.org
- Association of Schools of Public Health (ASPH): www.asph.org
- Association of Theological Schools in the United States and Canada (ATS): www.ats.edu

First professional degrees

Bei den Abschlüssen in der folgenden Tabelle handelt es sich um *first professional degrees*. Sie sind **nicht** gleichzusetzen mit *research degrees* wie *Master's* oder *Ph.D.*

Fach	Abschluss	Zulassungsvoraussetzung	Studiendauer
Chiropractic	Doctor of Chiropractic (D.C./D.C.M.)	mindestens zweijähriges Collegestudium (Associate oder Bachelor's degree)	3 Jahre
Dentistry	Doctor of Dental Science (D.D.S.) oder Doctor of Medical Dentistry (D.M.D.)	Bachelor's degree oder dreijähriges Collegestudium	4 Jahre
Law	Juris Doctor (J.D.)	Bachelor's degree	3 Jahre
Medicine	Doctor of Medicine (M.D.)	Bachelor's degree oder dreijähriges Collegestudium	4 Jahre
Optometry	Doctor of Optometry (O.D.)	mindestens zweijähriges Collegestudium	4 Jahre
Osteopathy	Doctor of Osteopathy/Osteopathic Medicine (D.O.)	Bachelor's degree oder dreijähriges Collegestudium	4 Jahre
Pharmacy	Doctor of Pharmacy (Pharm.D.)	Bachelor's degree bzw. zweijähriges Collegestudium	2 bzw. 4 Jahre
Podiatry	Doctor of Podiatry (D.P./Pod.D.) oder Doctor of Podiatric Medicine (D.P.M.)	mindestens zweijähriges Collegestudium	4 Jahre
Theology	Master of Divinity (M.Div.) oder Master of Hebrew Letters (M.H.L.)	Bachelor's degree	2–3 Jahre
Veterinary Medicine	Doctor of Veterinary Medicine (D.V.M.)	Bachelor's degree oder dreijähriges Collegestudium	4 Jahre

Research doctorate programs

Ein *research doctorate* ist der höchste akademische Grad, der im postsekundären Bereich verliehen wird. Voraussetzungen für die Zulassung zu einem *doctoral program* sind ein *bachelor's*, *master's* oder *first professional degree*. Ob man nach dem *bachelor's degree* direkt zu den Doktoratsstudien zugelassen wird oder zuerst ein *master's degree* erwerben muss, hängt vom Studienfach ab. Beides ist möglich.

Besuch von Lehrveranstaltungen, Seminararbeiten, eine Reihe von Prüfungen *(writtens, comprehensives, advancement to candidacy)*, Forschungsarbeit, Abfassung einer Dissertation *(doctoral thesis/dissertation)* und ihre Verteidigung *(defence)* sind Voraussetzung für die Verleihung des Doktorgrades. Laut Statistik brauchen Studierende, die ohne Unterbrechung eingeschrieben sind, nach den vier bis fünf *College*-Jahren im Durchschnitt noch weitere sieben Jahre, um ein Doktorat zu erwerben. Im Einzelfall – auch abhängig vom Studienfach – kann es natürlich erhebliche Abweichungen vom statistischen Mittelwert geben. Es ist durchaus möglich, den Doktorgrad in vier bis fünf Jahren zu erwerben.

Die meistgebrauchte Bezeichnung für *research doctorates* ist *Doctor of Philosophy (Ph.D.)*. Die *U.S. National Science Foundation (NSF)* erkennt folgende Doktorgrade als dem *Ph.D.* gleichwertig an:

Doctor of Arts (D.A.)
Doctor of Architecture (D.Arch.)
Doctor of Applied Science (D.A.S.)
Doctor of Business Administration (D.B.A.)
Doctor of Chemistry (D.Chem.)
Doctor of Criminal Justice (D.C.J.)
Doctor of Comparative/Civil Law (D.C.L.)
Doctor of Criminology (D.Crim.)
Doctor of Environmental Design (D.E.D.)
Doctor of Engineering (D.Eng.)
Doctor of Environment (D.Env.)
Doctor of Engineering Science (D.E.Sc./Sc.D.E.)
Doctor of Forestry (D.F.)
Doctor of Fine Arts (D.F.A.)
Doctor of Geological Science (D.G.S.)
Doctor of Hebrew Literature/Letters (D.H.L.)
Doctor of Health and Safety (D.H.S.)
Doctor of Hebrew Studies (D.H.S.)
Doctor of Industrial Technology (D.I.T.)
Doctor of Library Science (D.L.S.)
Doctor of Music (D.M.)
Doctor of Musical Arts (D.M.A.)
Doctor of Musical Education (D.M.E.)
Doctor of Ministry (D.Min./D.M.)
Doctor of Modern Languages (D.M.L.)
Doctor of Music Ministry (D.M.M.)
Doctor of Medical Science (D.M.Sc.)
Doctor of Nursing Science (D.N.Sc.)
Doctor of Public Administration (D.P.A.)
Doctor of Physical Education (D.P.E.)
Doctor of Public Health (D.P.H.)
Doctor of Professional Studies (D.P.S.)
Doctor of Design (Dr.Des.)
Doctor of Religious Education (D.R.E.)
Doctor of Recreation (D.Rec./D.R.)
Doctor of Science (D.Sc./Sc.D.)
Doctor of Science in Dentistry (D.Sc.D.)
Doctor of Science and Hygiene (D.Sc.H.)
Doctor of Science in Veterinary Medicine (D.Sc.V.M.)
Doctor of Sacred Music (D.S.M.)
Doctor of Social Science (D.S.Sc.)
Doctor of Social Work (D.S.W.)
Doctor of Education (Ed.D.)
Doctor of Canon Law (J.C.D.)
Doctor of Juristic Science (J.S.D.)
Doctor of the Science of Law (L.Sc.D.)
Doctor of Rehabilitation (Rh.D.)
Doctor of Juridical Science (S.J.D.)
Doctor of Sacred Theology (S.T.D.)
Doctor of Theology (Th.D.)

Postdoctoral programs

Obwohl kein höherer akademischer Grad als ein *research doctorate* erworben werden kann, bewerben sich viele frisch gebackene Doktoren um so genannte *postdoctorate research programs* oder *internships*. Es handelt sich um ein- oder mehrjährige bezahlte (Forschungs-)Tätigkeiten vor allem im medizinischen Bereich, in den *counselling professions* und den Naturwissenschaften. Post-Doc-Stellen gibt es an Hochschulen, Krankenhäusern, staatlichen und privaten Forschungseinrichtungen oder Museen. Diese Programme bringen keine zusätzliche akademische Qualifikation, vergrößern jedoch die beruflichen Chancen.

Ausbildung in den Bereichen Kunst, Musik, Tanz und Theater

Berufsausbildungen in den Bereichen Gestaltende Künste und Design, Musik, Tanz und Theater werden an einer Vielzahl von *colleges, universities* und speziellen Instituten angeboten. Unter den unten angegebenen Internet-Adressen findet man eine Liste aller akkreditierten Einrichtungen, derzeit 240 im Bereich Kunst und Design, 60 im Bereich Tanz, 600 im Bereich Musik und 140 im Bereich Theater. Je nach Schwerpunkt, späterem Berufswunsch und Studienlänge werden die Abschlüsse *Associate, Bachelor, Master, Graduate Performance Certificate, Artist Diploma* etc. verliehen.

> Nähere Informationen erhält man bei den jeweiligen Institutionen, die unter den folgenden Websites aufgeführt sind:
> - National Association of Schools of Art and Design (NASAD): http://nasad.arts-accredit.org
> - National Association of Schools of Dance (NASD): http://nasd.arts-accredit.org
> - National Association of Schools of Music (NASM): http://nasm.arts-accredit.org
> - National Association of Schools of Theatre (NAST): http://nast.arts-accredit.org

1.7 Credits und grades

Ein *degree program* besteht aus einer bestimmten Anzahl von Wahl- und Pflichtfächern *(elective and required courses)*. Die *courses*, die für einen bestimmten akademischen Grad vorgeschrieben sind, variieren je nach Hochschule. Sie sind im jeweiligen *college catalog* aufgeführt. *Credits* werden als Zahl der Wochenstunden je Semester angegeben: Ein dreistündiges Seminar zählt *three credit hours*. *Credits* gibt es nicht nur für den Besuch von Lehrveranstaltungen, sondern auch für Laborpraktika, selbständige Forschung und die Anfertigung von schriftlichen Arbeiten (Diplomarbeiten). Studenten belegen durchschnittlich 16 Wochenstunden, das heißt, sie erwerben 16 *credits* pro Semester. Für jeden bestandenen *course* erwirbt der Studierende also die im *catalog* ausgewiesene Zahl von *credits*. Hat man die für den angestrebten Abschluss nötigen *credits* erreicht, hat man damit die *course requirements* erfüllt.

Die Notenskala im amerikanischen System besteht aus A *(excellent)*, B *(good)*, C *(average)*, D *(below average)* und F *(failing)*. Jede Note *(grade)* entspricht einer Punktzahl *(grade points)*: A *(4 points)*, B *(3 points)*, C *(2 points)* und D *(1 point)*. Hieraus errechnet sich der Notendurchschnitt *(Grade Point Average – GPA)*. Wer ein Seminar mit *three credit hours* mit der Note C abschließt, erhält dafür 6 *credit points* (3 x 2).

Am Ende des Semesters erhalten alle Studierenden einen Computerausdruck *(grade report, transcript of record)*, auf dem sämtliche von ihnen besuchten Lehrveranstaltungen mit *credit hours, grades, credit points* und *Grade Point Average* vermerkt sind.

Die meisten Hochschulen verlangen von *undergraduate students* einen Durchschnitt von mindestens C, von *graduate students* einen Durchschnitt von B oder besser, um zum Weiterstudium im darauf folgenden Semester zugelassen zu werden. Für höhere Semester oder für die Beurteilung von Diplom- und Doktorarbeiten wird häufig P *(pass/*bestanden) bzw. F *(fail/*nicht bestanden*)* – mit Abstufungen wie *honors* oder *outstanding* – verwendet. Die übliche Form der Benotung sind die Buchstaben, doch benoten manche Hochschulen nach wie vor nach der Prozentskala: 100 % (sehr gut) bis 70 % oder 65 % (gerade noch bestanden).

1.8 Lehrveranstaltungen und Prüfungen

Der Unterricht erfolgt in Form von *lecture courses, seminars, laboratory courses, fieldwork courses, practica* oder *clinical courses*. Zu allen Lehrveranstaltungen gehört die ständige Leistungskontrolle in Form von Zwischenprüfungen.

Die *lecture* ähnelt einer Vorlesung an einer deutschen Hochschule, doch gibt es einige Unterschiede: zu einer *lecture* gehören oft *textbook* (Lehrbuch), *reading list* (Pflichtlektüre), *tests* und *quizzes* (häufig *multiple choice)* sowie *term/research papers* (schriftliche Hausarbeiten). Wer meint, sich bei einem *lecture course* entspannt zurücklehnen zu können, irrt. Vorbereitung, Nachbereitung und Mitarbeit sind gefragt, und viele deutsche Studenten empfinden das Arbeitspensum als überraschend groß.

Seminars werden vor allem für fortgeschrittene Studenten oder *graduates* angeboten. Auffallend sind hier die kleinen Klassen. Die 10 bis 15 Seminarteilnehmer (selten mehr, eher weniger) arbeiten eng mit der Lehrkraft zusammen. Diskussionen und gemeinsames Arbeiten bestimmen die drei bis vier Wochenstunden, die ein *seminar* in der Regel dauert. Der Unterrichtsstoff wird meist durch längere schriftliche Prüfungen *(essay questions)* abgefragt.

Fortgeschrittene Studenten können eine begrenzte Anzahl von *credits* (Wochenstunden) in freien Kursen *(independent study/research)* erwerben, d. h., sie bearbeiten unter Anleitung einer Lehrkraft selbständig ein wissenschaftliches Problem, schreiben eine längere schriftliche (Examens-)Arbeit *(thesis)* oder forschen in ihrem Spezialgebiet. Student und Professor treffen sich in regelmäßigen Abständen, wobei der Studierende den Fortschritt der Arbeit mündlich oder schriftlich dokumentieren muss.

Laboratory courses werden vor allem in den Naturwissenschaften angeboten; es handelt sich um Laborkurse, wie sie auch an deutschen Hochschulen üblich sind. Unter die Bezeichnung *fieldwork courses, practica* oder *clinical courses* fällt vieles, das nicht unmittelbar mit dem Unterricht im Klassenzimmer zu tun hat: u. a. Exkursionen, Schul- oder Berufspraktika und natürlich auch die klassische Feldarbeit der Sozialwissenschaftler.

1.9 Studienberatung und Studentenvereinigungen

An amerikanischen Hochschulen existiert eine breite Infrastruktur für die intensive Betreuung der Studierenden. Der *foreign student adviser* kümmert sich speziell um die Belange ausländischer Studenten. Für psychische Probleme gibt es einen psychologischen Beratungsdienst *(counselling service)*; die ärztliche Grundversorgung ist vor allem an Campus-Hochschulen gut organisiert.

Im Hochschulbereich erfüllt der *adviser (academic adviser, student adviser)* eine wichtige Funktion. Ein *adviser* ist Mitglied der Fakultät, also ein Professor, dem mehrere Studenten zur Betreung in akademischen Fragen zugewiesen werden. Der *adviser* sorgt dafür, dass seine Schützlinge die nötigen Pflichtveranstaltungen belegen, sinnvolle Wahlfächer auswählen und ihren Studiengang konsequent durchführen. Für ausländische Studierende wird diese Funktion bisweilen auch vom *foreign student adviser* wahrgenommen.

Für ausländische Studierende sind die diversen *orientation programs*, die von praktisch allen Universitäten angeboten werden, von großer Bedeutung. Dabei handelt es sich um Informationsveranstaltungen zu unterschiedlichen Themen. So führen die meisten Hochschulen spezielle *orientation programs* manchmal eine ganze Woche *(foreign student orientation week)* durch, um ausländische Studierende mit dem Leben auf dem Campus vertraut zu machen und ihnen die Eingewöhnung zu erleichtern. Informationsveranstaltungen dieser Art gibt es auch oft in den Universitätsbibliotheken.

1.10 Bibliotheken

Es ist eine reine Freude, durch amerikanische Universitäts- oder auch öffentliche Bibliotheken zu stöbern. Die meisten sind *open access libraries*, in denen der Besucher freien Zugang zu den Regalen *(stacks)* hat und sich die gewünschten Bücher selbst heraussuchen kann. Geordnet sind sie nach Sachgebieten, und so findet man fast alles Material, das man zu einem bestimmten Thema braucht, an einer Stelle. Fortgeschrittene Studierende oder Examenskandidaten, die aus praktischen Gründen in der Bibliothek selbst arbeiten wollen, können einen Arbeitsplatz *(library booth, stall* oder *carrol)* an Ort und Stelle beantragen, der dann für sie reserviert wird. *Interlibrary loan* (Fernleihe) geht schnell und problemlos.

Da der Bibliotheksbetrieb an allen Hochschulen online funktioniert, sollte man gleich zu Anfang an den *orientation programs* teilnehmen, um die Bibliothek auch optimal nutzen zu können. Die Öffnungszeiten sind so, dass man sich auch später am Abend oder an den Wochenenden das nötige Material holen kann. Übrigens herrscht auch dann noch rege Betriebsamkeit zwischen den *stacks*.

2 WAHL DER HOCHSCHULE

Sofern man nicht als Austauschstudent im Rahmen eines Abkommens an eine Hochschule verwiesen wird, ist die Wahl der Gasthochschule eine Herausforderung. Die praktisch unüberschaubare Anzahl postsekundärer Einrichtungen wird durch die Informationsmöglichkeiten, die das Internet bietet, noch potenziert – man kann sich stundenlang in Websites, Links und Datenbanken mit Suchmaschinen verlieren, ohne einer Entscheidung näher zu kommen. Folgende Tipps mögen helfen:

Zuerst sollte man bestimmte Kriterien definieren und für sich eine Rangfolge aufstellen. Wichtig bei der Entscheidung sind

- Studienfach: Welches *study program* kommt meinen Erwartungen am nächsten? Vergleichen Sie die Studieninhalte, beachten Sie *prerequisites*.
- Finanzielle Mittel: Wie viel Geld steht mir zur Verfügung? Man sollte berücksichtigen, dass öffentliche Hochschulen oft erheblich billiger sind als private Institutionen.
- Hochschulstandort: Was ziehe ich vor – Ost- oder Westküste oder mitten in den USA; Großstadt oder eher Kleinstadt und ländlich; das kühle Montana oder das feuchtheiße Alabama?
- Größe der Hochschule: Fühle ich mich an einer Institution mit 50.000 Studenten wohl oder suche ich den überschaubaren Rahmen einer kleinen Hochschule?
- Stipendien: Habe ich Chancen, für bestimmte Hochschulen ein Stipendium zu bekommen?

Sie sollten sicherstellen, dass es sich bei der gewählten Hochschule um eine *accredited institution* handelt. Die Akkreditierung ist das wichtigste Kriterium für die spätere Anerkennung der amerikanischen Studienleistungen in Deutschland. Mehr zum Thema Akkreditierung finden Sie im Abschnitt 3.5 „Anrechnung und Anerkennung von Studienzeiten und Studienleistungen".

Am besten beginnt man mit einem Besuch beim nächstgelegenen *educational advising center*. Die Adressen dieser USA-Informationsbüros sind im Abschnitt 6.2 aufgeführt. Zusätzlich zur individuellen Beratung bieten die *centers* eine Fülle von Informationsmaterial. Weitere Informationsquellen sind die Akademischen Auslandsämter und Fachbereiche der Hochschulen, die durch Austauschprogramme Kontakt zu amerikanischen Hochschulen haben. Bestehende Hochschulpartnerschaften zwischen deutschen und amerikanischen Hochschulen sind unter www.hochschulkompass.hrk.de abrufbar. Auf diese Weise sollte es auch leicht sein, ehemalige USA-Studenten aufzufinden und sie nach ihren persönlichen Erfahrungen und Tipps zu befragen. Gerade zu Beginn des Planungsstadiums kann ein solches Gespräch sehr hilfreich sein.

Hilfreich bei der Suche nach einer geeigneten Hochschule sind folgende Internet-Adressen:
- Der *Association of American Colleges and Universities (AACU)* gehören über 670 postsekundäre Einrichtungen an, die dem Konzept der *liberal-arts*-Ausbildung verbunden sind. Unter www.aacu-edu.org sind die Mitgliedsinstitutionen (in alphabetischer Reihenfolge und nach Bundesstaat gegliedert) mit Links zu den einzelnen Homepages aufgeführt.
- Zur *Association of American Universities (AAU)* gehören derzeit 62 Universitäten *(research universities)*. Sie sind unter www.aau.edu/aau/members.html abrufbar. Teil der *AAU* ist die *Association of Graduate*

Schools (AGS), die unter www.aau.edu/education/ags/agsindex.htm eine Anzahl von *graduate programs* beschreibt.
- Unter www.acenet.edu *(American Council of Education/ACE)* findet man über 1.800 postsekundäre Einrichtungen jeglichen Typs.
- www.aacc.nche.edu *(American Association of Community Colleges/AACC)* informiert über *community colleges*, ermöglicht die Suche nach Regionen gegliedert und bietet Links zu den einzelnen Einrichtungen.
- www.cic.edu *(Council of Independent Colleges)* enthält Namen und Adressen von über 515 *liberal arts colleges* und *universities*.
- www.csgnet.org *(Council of Graduate Schools)* nennt Institutionen mit Studienprogrammen auf Graduierten-Niveau.
- www.aascu.org *(American Association of State Colleges and Universities/AASCU)* führt über 430 staatliche Hochschulen auf.

oder den Medien durchgeführt, nicht von einer allgemein anerkannten staatlichen Autorität. Wer dennoch ein bisschen in dieses Thema reinschnuppern möchte, kann dies tun unter www.usnews.com/usnews/edu/college/corank.htm *(U.S. News and World Report)*, www.review.com/college *(The Princeton Review)* oder www.memex-press.com/cc *(Critical Comparisons of American Colleges and Universities* – kein Ranking im herkömmliche Sinne, bietet aber objektive Schlüsselinformation zum Kosten-Leistungs-Verhältnis etc.).

Wer die amerikanische Hochschullandschaft nach Hochschultyp und Studienniveau gegliedert durchsuchen möchte, kann dies über folgende Datenbanken tun:
- www.petersons.com
- www.collegeboard.org
- www.collegiate.net

Noch ein Wort zum **Ranking:** Es wird in amerikanischen Hochschulkreisen kritisch beurteilt, trotzdem werden die vielen jährlich erscheinenden Publikationen zum Thema nicht nur von Studienbewerbern beachtet. Ranking – die Beurteilung amerikanischer Hochschulen bzw. Fakultäten und Aufstellung einer Rangfolge – ist aus dem amerikanischen Hochschulwesen nicht mehr wegzudenken. Je nach begutachtender Organisation und Kriterienkatalog können sich die Ergebnisse unterscheiden, deshalb ist Vorsicht geboten. Rankings haben einen kommerziellen Aspekt und werden hauptsächlich von privaten Einrichtungen

3 BEWERBUNG

Bei organisierten Austauschprogrammen sind die Zulassungsformalitäten meist geregelt und das Bewerbungsverfahren eingespielt. Bewerber, die im Rahmen eines solchen Programmes an eine amerikanische Hochschule gehen, erhalten vom Veranstalter einen Leitfaden, der die im konkreten Fall notwendigen Schritte aufzeigt. Wer sein USA-Studium auf eigene Faust organisiert, muss sich gründlichst informieren.

3.1 Zulassungsvoraussetzungen und -verfahren

Es gibt keinen Numerus clausus an amerikanischen Hochschulen. Der Konkurrenzkampf um die Zulassung ist jedoch hart, besonders für *first professional programs*. Einige *study programs* haben Quoten für ausländische Studenten, doch sind auch hier die Plätze sehr begrenzt.

Begriffe wie *limited* oder *competitive admission* bedeuten, dass man als Bewerber mit vielen anderen um die Zulassung kämpft und nur die Besten eine Chance haben. Deutsche Bewerber konkurrieren mit anderen Ausländern und Amerikanern um die vorhandenen Studienplätze.

Die amerikanischen Hochschulen entscheiden völlig autonom über die Zulassungsanträge; es gibt keinerlei rechtliche Ansprüche. Da es kein zentrales Zulassungsverfahren und keine einheitlichen Bewerbungsformulare gibt, existieren z. T. erhebliche Unterschiede im Bewerbungs- und Zulassungsverfahren der einzelnen Hochschulen.

Ein Studienaufenthalt im Ausland muss langfristig geplant werden. Die Bewerbungsfristen amerikanischer Hochschulen liegen meist zwischen Januar und März bei Studienbeginn im September. Wer sich für ein Stipendium bewirbt, sollte eine Vorlaufzeit von gut eineinhalb Jahren einkalkulieren, da Stipendien in der Regel sehr früh ausgeschrieben werden.

Das Bewerbungsverfahren beginnt mit der ersten **Anfrage zur Zulassung,** die mindestens ein Jahr vor der geplanten Studienaufnahme an die amerikanische Hochschule gerichtet werden muss, an der man studieren möchte. Dieses Schreiben wird an das *Office of Admissions* (Studienanfänger) bzw. *Director of Graduate Studies* (Studienfortsetzer) gerichtet und sollte bereits folgende Informationen über den Bewerber enthalten (Schreibmaschine oder Druckschrift): Name, Geburtstag (in der Reihenfolge Monat/Tag/Jahr), Staatsangehörigkeit, Englischkenntnisse, bisheriger Bildungsweg (mit Originalbezeichnung der Prüfungen und Abschlüsse) und – so spezifisch wie möglich – das gewählte *program of study* mit der Angabe, wann man das Studium aufnehmen möchte. Zuletzt sollte man noch Angaben darüber machen, wie man sein Auslandsstudium selbst zu finanzieren gedenkt und ob man finanzielle Unterstützung (z. B. *assistantship*) beantragt. Die erste Anfrage kann per Luftpost, E-Mail oder Fax erfolgen; es werden noch keine Unterlagen wie Leistungsnachweise beigelegt. Die Antwort der Hochschulen erfolgt im Allgemeinen innerhalb von vier bis acht Wochen in Form eines Antragsformulars mit Bewerbungshinweisen.

Für amerikanische Bewerber ist es selbstverständlich, gleichzeitig bei mehreren Hochschulen (nach oben gibt es keine Grenze) die Zulassung zu beantragen. Mehrfachbewerbungen erhöhen natürlich die Chancen einer Zulassung, treiben aber auch die Kosten enorm in die Höhe. Bei Bearbeitungsgebühren *(application fees)* von mindestens 40 bis 100 $ pro Bewerbung stellen Mehrfachbewerbungen schnell eine erhebliche finanzielle Belastung dar.

Undergraduate studies

Voraussetzung für die Zulassung ist das Zeugnis der allgemeinen Hochschulreife. Deutsche Bewerber können auch davon ausgehen, dass ihnen die fachgebundene Hochschulreife oder die Fachhochschulreife den Zugang zu den gleichen Fachstudien wie in Deutschland ermöglicht. Das Zulassungsverfahren wird vom *Office of Admissions* bzw. *Dean of Admissions* der jeweiligen Hochschule organisiert und durchgeführt.

Die Bewerbungsformulare enthalten genaue Anweisungen, welche Unterlagen zusammen mit dem ausgefüllten Formular eingereicht werden müssen. Dies kann von Hochschule zu Hochschule variieren; allgemein werden folgende Unterlagen verlangt:

- Kopie des Reifezeugnisses in beglaubigter Übersetzung mit Übersicht über die besuchten Klassen, Angabe der Unterrichtsfächer und erzielten Noten. Leistungskurse der gymnasialen Oberstufe sollten detailliert dokumentiert werden, da sie für die Einstufung wichtig sind und man sich dadurch evtl. den einen oder anderen *College*-Einführungskurs sparen kann.
- *Statement of purpose:* Motivationsschreiben bzw. Bewerbungsaufsatz *(essay)*, in dem man seine Studienpläne, seine Erwartungen an das Studium und die Hochschule und seine Zielvorstellung darlegt.
- Zwei bis drei Empfehlungsschreiben. Die Bewerbungsunterlagen enthalten Vordrucke.
- Finanzierungsnachweis. Bezieht sich auf die Gesamtkosten für ein Studienjahr, die meist aus den Bewerbungsunterlagen ersichtlich sind. Als Nachweis gilt die Angabe der Finanzierungsquelle (DAAD, andere Organisationen, Eltern, persönliche Ersparnisse) mit Unterschrift und ggf. Stempel des Geldgebers.
- Testergebnisse von TOEFL, SAT oder ACT. Die Tests rechtzeitig absolvieren, da sie ein Teil der Bewerbung und für die Zulassung ein wichtiger Faktor sind.
- Bewerbungsgebühr. Höhe und Zahlungsart wird von der Hochschule angegeben.
- Gesundheitszeugnis mit Impfbescheinigung. Wird nur manchmal verlangt.

Viele Hochschulen verlangen eine Aufnahmeprüfung. Für Studienanfänger ist dies meist der *SAT (Scholastic Aptitude Test)*, bisweilen auch der *ACT (American College Test)*. Die *colleges* teilen mit, ob bzw. welche Prüfung verlangt wird. Zusätzlich zu der Aufnahmeprüfung müssen ausländische Bewerber einen Sprachtest *(TOEFL)* absolvieren. Der Abschnitt 3.2 „Zulassungstests" informiert über die verschiedenen Tests.

Für Studiengänge im künstlerischen Bereich (u. a. Musik, Theater, Gesang) verlangen Hochschulen bisweilen Begabungsnachweise auf Kassette oder Video. Manche Hochschulen bestehen auf einer *audition* vor der endgültigen Zulassung.

Graduate studies

Zulassungsvoraussetzung für deutsche Bewerber ist eine deutsche Hochschulzugangsberechtigung und ein mindestens dreijähriges Studium (bei Beginn des Auslandsstudiums). Eine Darlegung der unterschiedlichen Zulassungsverfahren für Studiengänge, die zu einem *first professional degree* führen, wäre an dieser Stelle zu kompliziert und unübersichtlich. Deshalb wird auf die Internet-Adressen der jeweiligen Berufsverbände in Punkt 2 „Wahl der Hochschule" verwiesen. Dort kann man Detailinformationen abrufen.

Dem Antragsformular sind folgende Unterlagen beizufügen:
- Kopie des Reifezeugnisses in beglaubigter Übersetzung.
- Nachweis in beglaubigter Übersetzung sämtlicher an der deutschen Hochschule erbrachten Studien- und Prüfungsleistungen. *Transcripts* oder *academic records* bezeichnen offizielle Computerausdrucke über die Semesterleistungen eines Studenten mit genauer Kursbezeichnung, Zahl der Wochenstunden und Noten. Da dies an deutschen Hochschulen nicht üblich ist, sollte man selbst seine Hochschulkurse sorgfältig zusammenstellen und Kopien aller Studiennachweise mit Zensurangaben einreichen. Ausführliche und vollständige Dokumente erleichtern der amerikanischen Hochschule die Einstufung.
- *Statement of purpose*. Siehe Abschnitt „undergraduate studies".
- Zwei bis drei Empfehlungsschreiben, am besten von Hochschuldozenten. Siehe auch Abschnitt „undergraduate studies".
- Finanzierungsnachweis. Siehe Abschnitt „undergraduate studies".

- Testergebnisse von *TOEFL, GRE* oder *GMAT*. Siehe auch Abschnitt „undergraduate studies".
- Bewerbungsgebühr. Höhe und Zahlungsart wird von der Hochschule angegeben.
- Gesundheitszeugnis mit Impfbescheinigung. Wird nur manchmal verlangt.

Mit dem Zulassungsbescheid erhält man sechs bis acht Wochen später das Antragsformular für das Visum.

Es kann nicht nachdrücklich genug darauf hingewiesen werden, dass *statement of purpose*, Empfehlungsschreiben und Lebenslauf bei der Auswahl der Bewerber eine entscheidende Rolle spielen. Deshalb sollte man diese Dokumente mit der größten Sorgfalt verfassen und sich dabei unbedingt an in Amerika üblichen Gliederungen und Formulierungen orientieren. Tips und Musterbeispiele findet man unter www.petersons.com/ugrad/application.html und www.accepted.com.

3.2 Zulassungstests

Wer sich für einen Studienaufenthalt in den USA interessiert, muss sich früher oder später notgedrungen mit dem Thema *admission tests* auseinander setzen. Amerikanische Hochschulen verlangen in aller Regel Zulassungstests, und zwar von amerikanischen wie von ausländischen Bewerbern. Viele deutsche Interessenten sehen in diesen Tests die größte Hürde auf dem Weg zu einem Studium in den USA. Dazu ist Folgendes zu sagen: Die Tests stellen ein wichtiges Kriterium bei der Zulassungsentscheidung dar, jedoch nicht das einzige. Wer sich gezielt und intensiv auf einen bestimmten

Test vorbereiten möchte, kann dies mit Hilfe des *Educational Testing Service Network (ETS Net)* tun. *ETS* organisiert die meisten *admission tests* für die amerikanischen Hochschulen und informiert unter www.ets.org über alles, was mit dem Thema zu tun hat: Beschreibung der einzelnen Tests, Gebühren, Prüfungstermine und Prüfungsorte – man kann die Tests in der Regel in Deutschland ablegen –, Musterprüfungen bzw. Musterfragen. Die Anmeldung zu den Prüfungen kann online erfolgen.

Die einzelnen Hochschulen bzw. Fachbereiche teilen ihren Bewerbern mit, welche Tests verlangt werden. Zu den häufigsten Tests gehören:

- *SAT (Scholastic Aptitude Test):* besteht aus *SAT I* (allgemeiner Teil) und *SAT II* (Fachtest). Der häufigste Test für Studienanfänger. Ab März 2005 soll es eine neue Version geben.
- *ACT (American College Test):* wird als Alternative zum *SAT* vor allem im Mittleren Westen und Süden der USA verlangt. *ACT* wird nicht von *ETS* veranstaltet. Einzelheiten zu *ACT* sind unter www.act.org zu finden.
- *GRE (Graduate Record Examination):* wird als *general test* (Fragen aus mehreren Fachgebieten) und/oder *subject test* verlangt. Der *GRE* ist meist Zulassungsvoraussetzung für *graduate studies*. Direkter Zugang zu *GRE*-spezifischer Information bietet www.gre.org.
- *GMAT (Graduate Management Admission Test):* ist an fast allen Hochschulen Voraussetzung für ein *MBA program*. Der Test prüft verbale, mathematische und analytische Fähigkeiten. Weitere Einzelheiten sind unter www.gmat.org abrufbar.
- *TOEFL (Test of English as a Foreign Language):* wird natürlich nur von ausländischen Bewerbern, deren Muttersprache nicht Englisch ist, verlangt. Sie wählen, ob sie den Test auf dem Papier *(paper-based)* oder elektronisch *(computer-based)* ablegen wollen. Die Internet-Seite www.toefl.org bietet Antworten zu allen weiteren Fragen.

- *TSE (Test of Spoken English):* etwa 20-minütiger mündlicher Test, in dem die Fähigkeit des mündlichen Ausdrucks geprüft wird. Dieser Test wird oft verlangt, wenn der Studienaufenthalt eine Stelle als *teaching assistant* beinhaltet.
- *TWE (Test of Written English):* der schriftliche Ausdruck muss in einem Aufsatz (30 Minuten) demonstriert werden. Der *TWE* wird sehr selten verlangt; er kann nur in Verbindung mit dem *TOEFL* gemacht werden.

Unter www.ets.org/cbt/index.html findet man aktuelle Informationen zum *computer-based testing* für *GRE, GMAT* und *TOEFL*. Auch unter www.petersons.com/testprep-channel/college_bound.asp sind ausführliche Infos, Tipps und Strategien zu den Tests zu finden.

Ein unerfreulicher Aspekt beim Thema Test sind die Kosten. Prüfungsgebühren für Sprachtest und Zulassungstest, eventuell Kosten für Vorbereitungsmaterial und Reisekosten zu den Testzentren addieren sich schnell zu mehreren hundert Euro. Dies sollte einkalkuliert werden.

Kontaktadressen zu den oben genannten Tests sind:

Educational Testing Service (ETS)
- Janskerkhof 19
  NL-3512 BM Utrecht
- P.O. Box 6151
  Princeton, New Jersey 08541, USA

3.3 Sprachliche Voraussetzungen

Ein Studium im Ausland kann nur dann Gewinn bringen, wenn keine Sprachschwierigkeiten vorhanden sind. Amerikanische Hochschulen verlangen von allen ausländischen Bewerbern, deren Muttersprache nicht Englisch ist, den *TOEFL (Test of English as a Foreign Language)*. Ob man sich für *undergraduate studies* oder *graduate studies* bewirbt, ob man als Anglistik-Student bereits fließend Englisch spricht oder nicht: Der *TOEFL* ist Pflicht (siehe Abschnitt 3.2 „Zulassungstests").

3.4 Einschreibung

Es ist ratsam, vor der Einschreibung *(registration)* das Vorlesungsverzeichnis gründlich zu studieren und die gewählten Lehrveranstaltungen mit dem *foreign student adviser* abzusprechen. Viele Studenten neigen dazu, die Arbeitsanforderungen in den einzelnen Lehrveranstaltungen zu unterschätzen und sich eine kaum zu schaffende *course load* aufzubürden. Die Einschreibungsfristen liegen meist im Juni/Juli *(preregistration)* und ein bis zwei Wochen vor Vorlesungsbeginn *(registration)*. Die genauen Einschreibedaten müssen bei der betreffenden Hochschule erfragt werden. An vielen Hochschulen ist die Einschreibung auch per Telefon möglich.

3.5 Anrechnung und Anerkennung von Studienzeiten und Studienleistungen

Zum Thema Anrechnung und Anerkennung gehört die **accreditation**. Da die amerikanischen Studienprogramme und Abschlüsse gesetzlich nicht geschützt sind, erfolgt die Qualitätskontrolle, die in Deutschland der Staat ausübt, durch unabhängige, aber von den amerikanischen Bundesbehörden anerkannte Gremien. Diese Gremien beurteilen die Qualität der *study programs* und *degrees* und achten darauf, dass Mindeststandards eingehalten werden. Die *institutional/regional accreditation*, die die Institution als solche anerkennt (dazu gehören praktisch alle *undergraduate study programs)*, erfolgt durch sechs regionale *Associations of Schools and Colleges*. Die fachliche Anerkennung *(professional accreditation)* bezieht sich auf einzelne Fachbereiche der *undergraduate* oder *graduate studies* und erfolgt durch die jeweils zuständigen Berufsverbände, z. B. der Mediziner oder Juristen. Da die Akkreditierung das wichtigste Kriterium bei der späteren Anerkennung der amerikanischen Studienleistungen in Deutschland darstellt, sollte man absolut sicherstellen, dass man eine akkreditierte Gasthochschule wählt.

Seit 1996 gibt es das *CHEA (Council for Higher Education Accreditation*, www.chea.org), in dem die von den amerikanischen Bundesbehörden anerkannten *accreditation agencies* zusammengeschlossen sind. In der Regel können die *Educational Advising Centers* über Fragen zur Akkreditierung Auskunft geben, eine Liste der akkreditierten Hochschulen ist dort einzusehen. In Zweifelsfällen sollte *CHEA* befragt werden. Bei offiziellen Austauschprogrammen *(Fulbright,* Hochschulkooperationen, DAAD etc.) kann man davon ausgehen, dass die beteiligten Hochschulen akkreditiert sind.

Bei Studenten, die im Rahmen eines Kooperationsabkommens zwischen deutschen und amerikanischen Hochschulen in den USA studieren, ist die Frage der **Anrechnung** und der Wiedereingliederung in den deutschen Studiengang in der Regel geklärt. Von zentraler Bedeutung ist sie jedoch für alle deutschen Austauschstudenten oder Abiturienten, die auf eigene Faust ein oder mehrere Studienjahre in den USA verbringen wollen. Zuständig für die Anrechnung von Studienleistungen auf den deutschen Studiengang sind die Fakultäten/Fachbereiche der deutschen Hochschulen, an denen das Studium fortgesetzt werden soll; bei Ausbildungsgängen, die mit einer staatlichen Prüfung abgeschlossen werden (z. B. Lehrer, Ärzte, Apotheker), die zuständigen Landesprüfungsämter.

> Um zu vermeiden, dass das Auslandsstudium die Studienzeit unnötig verlängert, sollte man die Frage der Anrechnung von Studienzeiten und -leistungen bereits vor der Abreise mit den Dozenten der Heimatuniversität besprechen.

Da ein **College-Studium** – zumindest in den beiden ersten Studienjahren – keine den deutschen Hochschulen vergleichbare fachliche Spezialisierung bietet, sind die deutschen Fachbereiche bei der Anerkennung sehr zögerlich. Breit angelegte Einführungskurse für *freshmen* und *sophomores* oder fachfremde Kurse werden, auch wenn es sich dabei um Pflichtkurse handelt, praktisch nie angerechnet. Wer an einem amerikanischen *College* studiert, muss damit rechnen, dass die dort verbrachte Studienzeit nur teilweise für den deutschen Studiengang zählt. Ein *College*-Abschluss *(Bachelor)* gilt weder per se als Zwischenprüfung oder Vordiplom noch als gleichwertig mit dem Fachhochschuldiplom. Im Allgemeinen werden Kurse angerechnet, die dem Inhalt des deutschen Studienplans im gleichen Fach entsprechen; auf dieser Grundlage haben ingenieurwissenschaftliche Studiengänge die größte Chance, mit dem Fachhochschuldiplom gleichwertig anerkannt zu werden. Studienleistungen aus einem Studium als *graduate student* werden allgemein angerechnet, sofern die in den USA absolvierten Studieninhalte in den deutschen Studienplan passen. Ob ein *Master's degree* als formale Voraussetzung zur Promotionszulassung an einer deutschen Hochschule akzeptiert wird, wird im Einzelfall und meist negativ entschieden. Wer dies langfristig und in gezielter Absprache mit Dozenten seiner deutschen Hochschule plant, hat bessere Karten. Dass das Auslandsstudium durch offizielle *transcripts, academic records* etc. dokumentiert werden muss und nur *credit courses* angerechnet werden, dürfte selbstverständlich sein.

Die **Anerkennung amerikanischer Studienabschlüsse zur Berufsausübung** von Ärzten, Lehrern, Apothekern etc. nehmen die staatlichen Prüfungsämter oder von staatlicher Stelle berufene Prüfungskommissionen vor. Die Adressen der jeweils zuständigen Stellen sind im Teil IV (Länderministerien und Landesprüfungsämter) aufgeführt.

Zuständig für die **Anerkennung von amerikanischen Hochschulabschlüssen zum Zweck des Weiterstudiums** an einer deutschen Hochschule (z. B. Promotion oder Aufbaustudium) ist die jeweilige Hochschule und dort die betreffenden Fakultäten/Fachbereiche. Den zuständigen Stellen steht die Zentralstelle für ausländisches Bildungswesen (ZAB) als gemeinsame Gutachterstelle für die Bewertung ausländischer Bildungsnachweise zur Verfügung. Auch Privatpersonen können sich dort informieren: ZAB, Nassestraße 8, 53113 Bonn, Telefon (02 28) 5 01-2 64 oder im Internet unter www.kmk.org/zab/home.htm.

Die **Führung des ausländischen Titels bzw. der Berufsbezeichnung** muss von den zuständigen Ministerien genehmigt werden. Die Adressen sind ebenfalls in Teil IV aufgeführt. Grundvoraussetzung für die Anerkennnung aller Grade ist die Akkreditierung der Hochschule. Weitere wichtige Kriterien sind Gesamtstudienzeit und Gleichwertigkeit von Studieninhalten und Abschlussarbeit *(thesis)*. In den meisten Bundesländern werden anerkannte Abschlüsse in der Originalform mit dem Zusatz „USA" geführt, zum Beispiel Ph. D. (USA).

Obwohl es die berühmte Ausnahme von der Regel gibt, werden im Allgemeinen nicht angerechnet oder anerkannt: *Associate degrees* der *community colleges*; Grade, die an amerikanischen Institutionen außerhalb der USA erworben werden; *correspondence courses* (Fernstudium); *audit courses* (Kurse, die als Gasthörer belegt wurden) und alle Studienleistungen, die an nicht anerkannten *(non-accredited)* Hochschulen geleistet wurden.

Die Anrechnung von in Deutschland erbrachten Schul- bzw. Hochschulleistungen auf ein Studium an amerikanischen Hochschulen fällt unter den Begriff **Einstufung** *(classification)*. Meist wird die Einstufung zusammen mit dem Zulassungsverfahren *(admission)* festgelegt. Gelegentlich schaffen es Studierende, die mit der Entscheidung unzufrieden sind, nach Ankunft eine Einstufung in ein höheres Semester zu erreichen. Man sollte jedoch nicht darauf zählen. Für **Studienanfänger**, die ihr Studium in den USA beginnen wollen, gilt als Zulassungsvoraussetzung die Hochschulreife nach mindestens 12 Schuljahren, um als *freshman* ins erste Collegejahr aufgenommen zu werden. Ob und wie ein 13. Schuljahr angerechnet wird, liegt allein im Ermessen der jeweiligen Institution. Praktiziert werden in diesem Fall Einstufungen sowohl ins erste als auch ins zweite oder gelegentlich sogar ins dritte Collegejahr.

Studienfortsetzer, die ihr in Deutschland begonnenes Studium an einer amerikanischen *graduate school* weiterführen möchten, sollten mindestens drei deutsche Studienjahre mit Zwischenprüfung bzw. Vordiplom nachweisen. Da die Zulassungskriterien gerade für *graduate schools* erheblich variieren, sollten deutsche Bewerber so früh wie nur möglich die spezifischen Zulassungvoraussetzungen und die Einstufungspraktiken der Gasthochschule in Erfahrung bringen. Für Teilnehmer an Hochschulkooperationsprogrammen oder anderen organisierten Austausch- und Stipendienprogrammen ist die Frage der Einstufung meist geregelt.

Gängige Einstufungspraktiken von US-Hochschulen für deutsche Bewerber

Abschluss oder Studienleistungen in Deutschland	Anzustrebender „degree level" in den USA
Fachhochschulreife/ Abitur	Undergraduate/Bachelor's
während des Fachhochschulstudiums	Undergraduate/Bachelor's
weniger als 6 Semester Universität	Undergraduate/Bachelor's
Fachhochschuldiplom	Undergraduate/Bachelor's oder Graduate/Master's
6 Semester Universität plus Vordiplom/ Zwischenprüfung	Graduate/Master's/Professional
Universitätsabschluss	Graduate/Master's/ Professional/Ph.D.

4 STUDIENGEBÜHREN

Alle amerikanischen Hochschulen verlangen Studiengebühren *(tuition)*, deren Spanne sehr breit ist. An dieser Stelle soll auch deutlich gesagt werden, dass die teuersten Hochschulen nicht generell die besten sein müssen. Da sich die privaten Hochschulen primär aus den Studiengebühren finanzieren, ist die *tuition* dort meist bedeutend höher als an staatlichen Hochschulen. An *public institutions/state universities* sind die Studiengebühren für Bürger des jeweiligen Bundesstaates *(residents)* meist geringer als für *out-of-state students*. Ausländische Studierende zählen leider nicht als *residents*, auch wenn sie im betreffenden Bundesstaat wohnen.

Die folgende Tabelle gibt Durchschnittswerte der Studiengebühren für ein akademisches Jahr.

Hochschultyp	Abschluss	Studien-gebühr
Public Community Colleges	Associate Degree	4.400 $
Private Junior Colleges	Associate Degree	11.800 $
Public Colleges	Bachelor's Degree	7.000 $
Public Universities	Bachelor's Degree	7.800 $
Private Colleges	Bachelor's Degree	17.000 $
Private Universities	Bachelor's Degree	23.000 $
Public Universities	First Professional	12.100 $
Private Universities	First Professional	25.000 $
Public Universities	Graduate Degrees	7.900 $
Private Universities	Graduate Degrees	18.200 $

Die Studiengebühren können auch innerhalb desselben Hochschultyps (und abhängig vom jeweiligen *study program*) erheblich variieren. Die exakte Studiengebühr ist für den Einzelfall bei der betreffenden Hochschule zu erfragen.

5 LEBEN IN DEN USA

5.1 Einreise und Aufenthalt

Aufgrund der verstärkten Sicherheitsmaßnahmen und Kontrollen bei der Einreise in die USA brauchen deutsche Besucher einen gültigen maschinienlesbaren (bordeauxfarbenen) Reisepaß. Das gilt für alle Reisenden, also auch für Kinder jeglichen Alters. Während Touristen oder Geschäftsleute, die nicht länger als 90 Tage in den USA bleiben, unter bestimmten Bedingungen ohne Visum einreisen können, ist für Aufenthalte anderer Art ein Visum erforderlich. Wer also zu Studien-, Lehr- oder Forschungsaufenthalten in die USA reist, muss ein Visum beantragen. Dasselbe gilt für Besucher, die in den USA ein Praktikum absolvieren wollen oder an Austauschprogrammen teilnehmen.

Das Gesetz über Einwanderung und Staatsbürgerschaft sieht zwei Kategorien von Nichteinwanderungsvisa für Teilnehmer eines Austauschprogramms in den USA vor: Das „J"- und das „Q"-Visum.

Das „J"-Besucherprogramm soll den Austausch von Personen mit Kenntnissen und Fähigkeiten in den Bereichen Bildung, Kunst und Wissenschaft fördern. Die Teilnahme ist möglich für:
- Studenten aller akademischen Grade
- Auszubildende, die eine Ausbildung in Firmen, Institutionen und Behörden erhalten
- Lehrkräfte an Grundschulen, weiterführenden Schulen und Sonderschulen
- Professoren, die an einer Hochschule lehren oder Forschung betreiben möchten
- Forschungswissenschaftler
- Personen in der Ausbildung in medizinischen und damit verbundenen Bereichen
- internationale Besucher, die zu Reisezwecken, zur Beobachtung, Konsultation, For-

schung, Weiterbildung, zur Weitergabe und Anwendung von speziellen Kenntnissen und Fähigkeiten in die USA kommen
- Teilnehmer organisierter Programme mit direktem Personenaustausch.

Das „Q"-Programm für den internationalen kulturellen Austausch ermöglicht eine praktische Ausbildung, die Arbeitsaufnahme, und es soll zur Weitergabe von Informationen über die Geschichte, Kultur und Traditionen im Herkunftsland des Teilnehmers in den USA beitragen.

Jeder, der in den USA studieren möchte, muss ein Studentenvisum beantragen. Auch hier gibt es zwei Arten: ein Visum für akademische Studien (F-Visum) und ein Visum, das für nichtakademische oder berufsbezogene Studien bestimmt ist (M-Visum).

Seit März 2004 müssen alle Visa-Antragsteller mit dem Visa-Informationsdienst zur Beantragung des Visums einen Termin in Berlin oder Frankfurt für ein persönliches Visa-Interview mit dem Konsul vereinbaren.

Die Unterlagen, die (zurzeit) für die Visabeantragung benötigt werden, sind:
- Maschinenlesbarer Reisepass, der mindestens für die Dauer des Aufenthaltes gültig ist
- Passbild (Vorsicht – auch hier gibt es Vorschriften über Größe usw.)
- Nachweis der Absicht, die USA nach einem vorübergehenden Aufenthalt wieder zu verlassen
- Von der Schule oder Universität ausgefülltes Formblatt I-20 (für F- und M-Visum), von der Austauschorganisation ausgefülltes Formblatt DS-2019 (für J-Visum) oder I-797 von der Institution oder dem Arbeitgeber (für Q-Visum)

- Vollständig ausgefülltes und unterschriebenes Antragsformular DS-156
- Antragsteller für F-, J- und M-Visa müssen das Formular DS-158 einreichen.
- Männliche Antragsteller zwischen 16 und 45 Jahren brauchen zusätzlich das Formular DS-157.
- Überweisungsbeleg über die Visa-Antragsgebühr einer deutschen Bank über 85 Euro

Die genannten Antragsformulare, die vom Antragsteller selbst auszufüllen sind, können unter www.usembassy/travel/dindex.htm heruntergeladen werden. Hier sollten Sie sich auch unbedingt informieren, ob es aktuelle Änderungen im Antragsverfahren gegeben hat oder ob eventuell andere und/oder zusätzliche Formulare für Ihren speziellen Fall notwendig sind. Außerdem bietet die amerikanische Botschaft einen Visa-Informationsdienst an, bei dem man sich über das Prozedere genau erkundigen kann. Hier wird auch der Termin für ein Visa-Interview beantragt:

Visa-Informationsdienst
Telefon: 01 90-85 00 55
(Englisch oder Deutsch)
Live Service – ist von montags bis freitags von 7 Uhr bis 20 Uhr erreichbar.
Telefax: 01 90-85 00 58-02 für Visa-Antragsformulare über Fax-Abruf
Der Service ist gebührenpflichtig und kostet 1,86 Euro/Min.

Zuständige Konsulate
- **Berlin: Clayallee 170, 14195 Berlin**
Für Personen mit Wohnsitz in Berlin, Brandenburg, Bremen, Hamburg, Mecklenburg-Vorpommern, Niedersachsen, Sachsen, Sachsen-Anhalt, Schleswig-Holstein und Thüringen

- **Frankfurt am Main:** Siesmayerstraße 21, 60323 Frankfurt am Main
  Für Personen mit Wohnsitz in Baden-Württemberg, Bayern, Hessen, Nordrhein-Westfalen, Rheinland-Pfalz und Saarland

Die USA sind kein preisgünstiges Land, und die Tatsache, dass einige Produkte billiger sind als in Deutschland, kann nicht darüber hinwegtäuschen, dass die Preise generell höher sind. Die je nach Bundesstaat unterschiedlich hohe *sales tax* (zwischen 3 und 7 %) bzw. die üblichen 15 bis 20 % Trinkgeld auf Dienstleistungen treiben die Kosten nochmals in die Höhe.

5.2 Lebenshaltungskosten

Eine verbindliche Summe kann hier natürlich nicht genannt werden, doch ist es ratsam, von Orientierungsdaten auszugehen. Am ehesten lassen sich die Lebenshaltungskosten für Studierende berechnen, die in einem Wohnheim auf dem Campus wohnen, sich selbst verpflegen bzw. in der Cafeteria essen und weder Geld für öffentliche Verkehrsmittel brauchen noch ein Auto unterhalten müssen. In diesem – wohl preiswertesten – Fall muss, zusätzlich zu den Studiengebühren, mit ca. 1.000 $ pro Monat gerechnet werden.

Bei Studierenden, die außerhalb des Universitätsgeländes *(off campus)* wohnen, werden die Kosten hauptsächlich von der Höhe der Miete bestimmt, die je nach Stadt und Region sehr unterschiedlich ist. Hier erkundigt man sich am besten bei seiner zukünftigen Gasthochschule nach dem vor Ort üblichen Preisniveau. Auf öffentliche Verkehrsmittel kann man im Prinzip nur in Großstädten zurückgreifen, und dort auch nur, wenn man sehr zentral (und damit meist sehr teuer) wohnt. Schon in den *suburbs* (den für Amerika typischen Vorstadtgebieten) wohnt man meist zu weit von der nächsten Metro-Station entfernt und scheut die seltenen und langwierigen Busverbindungen. Dann muss auch noch das notwendig werdende Auto mit Versicherung einkalkuliert werden.

Ein Spartipp, den Sie von Anfang an verfolgen sollten: Nie etwas zum regulären Preis kaufen! Amerika ist, mehr als jedes andere Land, das Land der Sonderangebote. *Sales, special offers, reduced items* gibt es während des ganzen Jahres.

5.3 Wohnen

On campus

Viele amerikanische Hochschulen sind sogenannte *campus universities*, d. h., alle zu einer Hochschule gehörigen Einrichtungen – Unterrichts- und Forschungsstätten, Verwaltung, Bibliothek, Wohnheime, Cafeterias, Einkaufsläden, Freizeiteinrichtungen wie Sportzentren, Cafés und Partyräume, Universitätspolizei *(campus security)* – befinden sich auf einem geschlossenen Gelände. Diese kleine Gemeinschaft ist einer Kleinstadt nicht unähnlich; man findet fast alles, was man zum täglichen Leben braucht.

Die meisten ausländischen Studierenden optieren, zumindest für die Anfangszeit, für ein Leben auf dem Campus, d. h. in einem Studentenwohnheim *(dormitory, student residence)*. Die Vorteile liegen auf der Hand: Die Unterkunft in einem Wohnheim ist meist preisgünstiger als eine Privatunterkunft und erleichtert den Kontakt zu amerikanischen und anderen Kommilitonen. Hier darf es einen allerdings nicht stören, dass man – zumindest als *undergraduate student* – in der Regel das Zimmer mit einer oder auch zwei weiteren Personen teilt. Ein-Bett-Zimmer gibt es an den meisten Hochschulen nur für *graduate students,* und auch da nicht grundsätzlich. *Life on campus* bringt einen näher an die *extra-curricular activities,* die Veranstaltungen, die Spaß und nicht Büffelei bedeuten: Sportveranstaltungen, Theateraufführungen, freiwilliges Engagement bei der Campus-Zeitung, beim Campus-Radio oder Campus-Fernsehen, Veranstaltungen ethnischer Studentengruppen usw. Man spart sich die Kosten für öffentliche Verkehrsmittel (die es ohnehin nur im großstädtischen Umfeld gibt) bzw. für ein Auto, indem man auf dem Campus zu Fuß geht oder einen – oft kostenlosen – Pendelbus benutzt.

Trotz dieser Vorteile gibt es natürlich besonders auch unter deutschen Studierenden kritische Stimmen, die dem Leben *on campus* nichts abgewinnen können. Die einen empfinden es als zu reglementiert, die anderen haben die Phase des Sichaustobens fern vom Elternhaus hinter sich und finden ihre amerikanischen Kommilitonen bestenfalls noch nicht erwachsen. An den meisten Hochschulen herrscht ein allgemeines Nikotin- und Alkoholverbot, und an manchen gibt es noch oder wieder eine Kleiderordnung. Einige mag stören, dass sie ihr Zimmer mit einer fremden Person teilen müssen. Viele lernen jedoch, trotz anfänglicher Schwierigkeiten, das Leben *on campus* zu akzeptieren und die Vorteile zu genießen.

Off campus

Obwohl die meisten Campus-Hochschulen genügend Plätze in ihren Wohnheimen haben und ausländischen Bewerbern keine Wohnungssuche auf dem privaten Markt zumuten, gibt es gewisse Engpässe. Vor allem Hochschulen in Großstädten haben oft nur begrenzte Wohnheimmöglichkeiten und können nicht alle Wohnungssuchenden bedienen. Zu der Gruppe derer, die bewusst und freiwillig *off campus* wohnen möchten, gesellt sich also die Gruppe derer, die notgedrungen eine Unterkunft außerhalb des Hochschulgeländes suchen muss. Die wohl üblichste und auch preiswerteste Art, *off campus* zu wohnen, ist die der Wohngemeinschaft. Sowohl Mietwohnungen als auch Miethäuser sind erfreulicherweise mit dem Notwendigsten ausgestattet. Unmöbliert bedeutet, dass Einbauküche mit Kühlschrank und Herd, Waschmaschine, Trockner und oft sogar der Rasenmäher vorhanden sind. Was man an Möbeln und Geschirr braucht, kann man sich leicht und preiswert auf den vor allem in Sommer und Herbst überall stattfindenden privaten Verkäufen *(garage sales, yard sales)* zusammenkaufen.

Studierenden, die im Rahmen eines offiziellen Austauschprogramms oder einer Hochschulpartnerschaft an eine amerikanische Hochschule kommen, bleibt die **Wohnungssuche** in der Regel erspart. Sie bekommen ein Zimmer in einem Wohnheim zugewiesen. Wer im Laufe des Aufenthalts in eine Privatunterkunft *off campus* umziehen möchte, kann dies im Prinzip jederzeit tun. Studierende, die auf eigene Initiative außerhalb eines organisierten Programms in die USA reisen, sollten die Wohnungsfrage (zumindest für die Anfangszeit) vor Abreise klären. *Undergraduate students* finden in aller Regel einen Wohnheimplatz auf dem Campus, dies gilt auch für ausländische Studierende. Zimmer in *graduate student dormitories* werden schon eher mal knapp. Es wird dringend davor gewarnt, in der Hoffnung loszufliegen, es werde sich schon etwas ergeben. Wenn man sich rechtzeitig an das *international* office, housing office oder den foreign student adviser wendet, sind die Chancen recht gut, mit deren Hilfe eine Unterkunft zu finden.

5.4 Krankenversicherung, ärztliche Behandlung

In den USA gibt es keine gesetzlichen Krankenversicherungen im deutschen Sinn. Die Kosten für medizinische Versorgung sind hoch; für eine einfache Konsultation muss man mit 100 bis 200 $ rechnen, Krankenhauskosten belaufen sich pro Tag und ohne Arzthonorar leicht auf 900 $. Alle Studierenden sollten also größten Wert auf ausreichenden Versicherungsschutz legen. Deutsche Versicherungen werden in den USA meist nicht als Kostenträger anerkannt, außerdem dehnen sie den Schutz häufig nicht ohne erhebliche Mehrkosten auf das Ausland aus. Arztrechnungen sind im Regelfall sofort zu bezahlen, das heißt, dass man zuerst aus eigener Tasche die Kosten begleichen muss. Die Rückerstattung durch den deutschen Versicherungsträger lässt bisweilen auf sich warten. Jeder Studierende sollte sich vor der Ausreise bei seiner deutschen Krankenkasse nach Versicherungsmöglichkeiten für die USA erkundigen und gleichzeitig bei der Gasthochschule (foreign student adviser) bzw. beim Stipendienträger nach den Möglichkeiten einer sinnvollen Krankenversicherung nachfragen. In der Regel senden die Hochschulen ihren zukünftigen Studenten relevante Krankenversicherungs-Informationen zu.

Weitere Informationen erhalten Sie unter www.daad.de und bei der Studienberatung USA der FH Hannover unter http://wwwserv1.rz.fh-hannover.de/usa/alp.htm.

5.5 Arbeitsmöglichkeiten für Studierende

Forschungs- und Studentenvisa beinhalten keine Arbeitserlaubnis. Abgesehen davon, dass die straff organisierten Lehrveranstaltungen wenig Zeit für eine Nebentätigkeit lassen, kann eine illegale Arbeitsaufnahme zu Gefängnisstrafen und Ausweisung führen. Man sollte sich also davor hüten, illegal einen bezahlten Job anzunehmen, um seine Geldmittel aufzubessern.

Studienrende mit einem F- oder J-Visum dürfen auf dem Campus arbeiten, einschließlich *Assistantships*, wie oben erwähnt. Erlaubt sind bis zu 20 Stunden pro Woche während der Vorlesungszeit, in den Ferien das Doppelte – vorausgesetzt man ist als Full-Time-Student eingeschrieben. Jede Tätigkeit erfordert eine *Social Security Card* und die Genehmigung vom *International Student Advisor* der Gastuniversität. Diese Regelung gilt an manchen Universitäten aber nur für „*Degree Students*", nicht aber für *visiting (non-degree) students*. J-Visum-Inhaber brauchen die Genehmigung ihres „*Program Sponsors*".

Die einzige Möglichkeit, etwas Geld dazuzuverdienen, bieten Tätigkeiten an der Hochschule, z. B. als *teaching assistant* oder *research assistant*. Erlaubt sind auch andere Arbeiten auf dem Campus (*on-campus jobs*) wie die Beschäftigung als Mitarbeiter in der Bibliothek, als Kellner in der Cafeteria oder Ähnliches. Tätigkeiten dieser Art sind sehr gesucht, die Erfolgsaussichten dementsprechend gering. Information über das Angebot an *on-campus jobs* erhält man bei der jeweiligen Gasthochschule. Außerhalb des Campus zu arbeiten ist außer ggf. bei studienintegrierten Praktika grundsätzlich nicht gestattet. Man kann sich bereits in Deutschland, unter Berücksichtigung des jeweiligen Visums, bei den amerikanischen Generalkonsulaten verbindlich über Arbeitsgenehmigungen informieren. In den USA wendet man sich mit visums- und arbeitsrechtlichen Fragen an den *foreign student adviser*.

5.6 Geldfragen und Banksystem

Es ist ratsam, eine Kreditkarte und einen soliden Betrag in Dollar-Reiseschecks mitzunehmen. Fast alle Kreditkarten, einschließlich Eurocard/Mastercard, werden akzeptiert. Reiseschecks werden generell angenommen und wie Bargeld behandelt.

Der amerikanische Dollar hat 100 Cent. Die Münzen heißen *cent* (1 c), *nickel* (5 c), *dime* (10 c) und *quarter* (25 c). Bei der Barzahlung sind Banknoten über 50 $ unbeliebt, da sie oft gefälscht sind. Man sollte sich keine größeren Scheine geben lassen. In den USA werden praktisch alle Ausgaben mit der Kreditkarte oder per Scheck erledigt, selbst bei kleinen Beträgen im Supermarkt wird die Karte gezückt. Größere Zahlungen werden grundsätzlich bargeldlos erledigt. Banküberweisungen von Deutschland in die USA sind möglich, können jedoch etliche Tage in Anspruch nehmen. Die Banken sind in der Regel Montag bis Freitag von 9.00 bis 15.00 Uhr geöffnet. An den zahlreichen *cash machines* kann man rund um die Uhr Geld abheben, *drive-through*-Banken erlauben einem, die Geldgeschäfte bequem vom Auto aus zu erledigen.

Euroscheckkarten bzw. Euroschecks sind unbekannt und werden auch von den meisten Banken nicht akzeptiert. Euro in bar kann man – wenn überhaupt – nur mit Schwierigkeiten eintauschen.

Es empfiehlt sich, bald nach Eintreffen ein Bankkonto bei einer amerikanischen Bank zu eröffnen. Dafür sind Pass, feste Anschrift und regelmäßige Einkünfte Voraussetzung. Die meisten amerikanischen Hochschulen bieten ihren Studierenden die Möglichkeit, ihre Geldgeschäfte auf dem Campus über spezielle Bankverbindungen mit *student accounts* abzuwickeln. Am besten wählt man seine amerikanische Bank erst nach Eintreffen an der Gasthochschule.

Stipendiaten müssen vor der Abreise mit dem Stipendiengeber klären, wie der Transfer der Stipendiengelder durchgeführt wird. Zur Sicherheit sollte man auch in diesem Fall genügend Geldmittel mitnehmen, da sich finanzielle Transaktionen durchaus verzögern können.

5.7 Unterwegs in den USA

Das Angebot an Transatlantikflügen und Verbindungen innerhalb Amerikas ist unüberschaubar. Es lohnt sich, bei mehreren Veranstaltern nachzufragen und die Preise zu vergleichen. Wer seinen Auslandsaufenthalt auch dazu nutzen möchte, die USA zu bereisen, sollte sich bereits in Deutschland nach attraktiven Möglichkeiten erkundigen. Die preiswertesten Angebote für **Flugreisen** innerhalb der USA gibt es oft in Verbindung mit der Buchung eines Transatlantikflugs.

Während in Großstädten der innerstädtische Verkehr mit **Bus** und **Metro** gut funktioniert, kommen Vorstadtbewohner in der Regel nicht ohne **Auto** aus. Die amerikanischen *suburbs* sind so weitläufig, dass sie durch öffentliche Verkehrsmittel nicht abgedeckt sind. Wer nicht auf dem Campus oder in der Nähe einer Bus-/U-Bahn-Haltestelle wohnt, muss sich ein Auto anschaffen. Das Angebot an Gebrauchtwagen ist riesig. Vorsicht ist geboten, da es keine dem TÜV vergleichbare Kontrolle gibt. Das Verkehrsrecht ist in den Bundesstaaten unterschiedlich geregelt, am besten erkundigt man sich vor Ort bei der *American Automobile Association (AAA – Triple A* genannt), die Mitgliedern deutscher Automobilclubs meist Sonderbedingungen bieten. Die Adressen findet man in den gelben Seiten *(yellow pages)*. Da in Amerika der Führerschein als persönliche Legitimation (z. B. bei der Ausstellung eines Schecks) tagtäglich gebraucht wird, sollten alle Studenten die *driver's license* erwerben. Der *foreign student adviser* kann auch hier Auskunft geben.

Wer Amerika entdecken möchte, hat die Wahl zwischen Flugzeug, Zug, Bus und Auto. Aufgrund der großen Entfernungen wird innerhalb der USA oft geflogen. Zwischen vielen Städten gibt es *shuttles*, d. h. Verbindungen, die man ohne vorherige Buchung nutzt. Man steigt in das Flugzeug wie in den Bus. Sonderangebote findet man in den Tageszeitungen. Wer Zeit hat, sollte Amerika mit dem **Greyhound** bereisen. Das *Greyhound*-Angebot *(Americapass, discounts for students* etc.) ist unter www.greyhound.com abrufbar. Etwas teurer und bequemer reist man mit dem Zug. **Amtrak** informiert über Fahrpläne, Preise, Sonderangebote etc. unter www.amtrak.com. Unter Studenten sehr beliebt sind Überführungsfahrten von Fahrzeugen in eine andere Stadt, die von so genannten **drive-away companies** organisiert werden. Die Adressen findet man in den gelben Seiten.

5.8	Vergünstigungen für Studierende

Gegen Vorlage des Studentenausweises bekommt man in den USA in der Regel verbilligte Tickets für kulturelle oder sportliche Veranstaltungen. Die Devise heißt, öfter mal nach Ermäßigungen für Studenten fragen, es lohnt sich immer wieder.

5.9	Elektrische Geräte, Computer, Telefon

Für europäische **elektrische Geräte** (220 V/ 50 Hz), die nicht auf die in Amerika üblichen 110 V/60 Hz umschaltbar sind, benötigt man einen Transformator und für die Steckdosen einen Zwischenstecker (Amerika-Stecker). Die wenigen für den täglichen Gebrauch nötigen Geräte, wie Rasierapparat oder Föhn, kauft man sich am besten in den USA und erspart sich die Suche nach Zwischenstecker und Transformator.

Wichtig für das Studium an einer amerikanischen Hochschule ist der Zugang zu hochschulinternen Terminals oder ein eigener **Computer.** Wer bereits ein Notebook hat, sollte es mitnehmen. Ansonsten wird man wohl etwa 500 bis 1.000 $ für die Anschaffung eines *laptops* in den USA einkalkulieren müssen.

Wer sich einen eigenen **Telefonanschluss** legen lässt, sollte die Angebote verschiedener Anbieter gründlich studieren und im Hinblick auf die individuelle Nutzung vergleichen. Eine Telefongesellschaft mag zwar die billigsten Auslandstarife anbieten, verlangt dafür aber vielleicht bei Gesprächen innerhalb der USA hohe Gebühren. Generell gilt, dass Ortsgespräche in der niedrigen Grundgebühr enthalten sind und Telefonieren preisgünstig ist.

5.10	Stilfragen

Das Amerikabild in Deutschland ist nach wie vor geprägt durch moderne Technik, Microsoft und Computer, durch Pop und Hollywood, durch moderne packende Literatur, durch McDonald's und *fast food*. Viele glauben, „die Amerikaner" zu kennen, und erwarten vertraute Verhaltensweisen und Anschauungen. Was viele deutsche Studierende nach Ankunft in den USA befällt, ist nicht gerade ein Kulturschock, aber es ist die Erkenntnis, dass – wider Erwarten – eine gewisse Zeit der Anpassung und Eingewöhnung notwendig ist, weil doch mehr als erwartet anders ist als in Deutschland.

So müssen sich viele Deutsche an den – wie sie empfinden – restriktiven Umgang mit Alkohol, Nikotin und dem eigenen Körper gewöhnen. Alkoholgenuss ist in der Öffentlichkeit verboten, schon das sichtbare Tragen alkoholischer Getränke kann strafbar sein. Alkohol darf nicht an unter 21-Jährige abgegeben werden; nicht selten wird in Restaurants oder Bars der Ausweis verlangt. Alkoholgesetze sind Sache des Bundesstaats, des *county* oder auch der Gemeinde und variieren dementsprechend stark. So gibt es Regionen, in denen sonntags generell kein Alkohol verkauft bzw. ausgeschenkt wird. Rauchverbote findet man in den USA ebenfalls häufiger als in Deutschland, und sie werden in aller Regel eingehalten. Öffentliche Gebäude sind in den meisten Bundesstaaten rauchfreie Zonen, bei Zuwiderhandlung drohen empfindliche Ordnungsstrafen. Auch beim Thema Körper gibt es Empfindlichkeiten, auf die deutsche Studierende besser Rücksicht nehmen. In den USA gilt es nicht als frei und natürlich, seinen Körper nackt zu zeigen. So sollte man nicht überrascht sein, wenn es selbst in den Damenwaschräumen im Studentenwohnheim nicht üblich ist, sich ohne Kleider zu zeigen. Das Umziehen in der Öffentlichkeit (z. B. am Strand) gilt als Erregung öffentlichen Ärgernisses, selbst wenn es dezent hinter einem Handtuch passiert. Ebenso ist Nacktbaden rechtswidrig, auch für Kleinkinder. Das Beachten dieser Verhaltensregeln hilft, unangenehme Situationen zu vermeiden.

Der persönliche Umgang in Amerika ist freundlich, offen und höflich. Es ist allgemein üblich, sich mit dem Vornamen anzureden, was jedoch nicht bedeutet, dass man damit zum großen *buddie* (Freund) von jemandem avanciert. Die Anrede mit dem Vornamen ist kein Aufruf zur Distanzlosigkeit, und die lockere amerikanische Art sollte nicht darüber hinwegtäuschen, dass Freundschaften Zeit zum Wachsen brauchen. Auch im riesigen und überfüllten Supermarkt begrüßt die Kassiererin die Kunden mit einem freundlichen *„And how are you today?"*, eine Begrüßungsfloskel, die einfach nett gemeint ist und Stress abbaut. Dasselbe gilt für die Kellnerin im traditionellen *diner* (Familienrestaurant), die ihre Kunden schon mal mit *honey* (Liebling) anredet.

5.11	Die USA im Internet

Tourismus
Detaillierte Informationen über alle amerikanischen Städte bekommt man unter http://maps.yahoo.com/py/maps.py. Bei Eingabe von Start- und Zieladresse erhält man Wegbeschreibungen, und man kann sich sogar Rundreiserouten zusammenstellen lassen. Eine Liste mit *bed-and-breakfast*-Unterkünften findet man unter www.traveldata.com; über www.hotelguide.net oder www.hostaltravel.com wird die Suche nach einem Hotel leicht gemacht. Für den kleineren Geldbeutel bietet www.hiayh.org die Adressen sämtlicher Jugendherbergen in

den USA und informiert über Jugendprogamme und -veranstaltungen.
Wer eine Campingreise plant, sollte unter www.gocampingamerica.com nachschauen.

Kultur

Kulturinteressierte können unter www.culturefinder.com über 300.000 *cultural events nationwide* (Oper, Theater, Tanz, Konzert etc.) abrufen; www.ticketmaster.com bietet Informationen über kulturelle und sportliche Veranstaltungen.

Bücher, Musik, Videos

Eine fast endlose Auswahl an Fachliteratur, Bestsellern, den neuesten Videos, alten Musikkassetten, Geburtstagskarten und vieles mehr hat man bei www.amazon.com, www.borders.com und www.bn.com. Zurücklehnen, entspannen, durch das Riesenangebot *browsen* und bequem online kaufen, was gefällt.

Medien

Nicht nur das aktuelle Tagesgeschehen, sondern eine Fülle von Informationen von Arbeitsangeboten über leckere Kochrezepte bis zum Wetter bieten die meisten Zeitungen, wie die Zeitung der Hauptstadt unter www.washingtonpost.com, die *New York Times* unter www.nytimes.com oder die *Los Angeles Times* unter www.latimes.com. Agenturmeldungen der *Associated Press* sind unter www.ap.org abrufbar. Schließlich noch eine kleine Auswahl aus Fernsehen und Radio: *International and national news* bieten *CNN* unter www.cnn.com, *ABC News* unter www.abcnews.go.com oder *CBS News* unter www.cbs.com.

6 SERVICETEIL: ÜBERSICHTEN UND ADRESSEN

6.1 Amerikanische Hochschulen

Im Folgenden werden die Mitgliedshochschulen des **Council of Graduate Schools in the United States/CGS** (www.cgsnet.org) aufgeführt. Eine Auflistung der kompletten Adressen nähme bei der großen Anzahl der Hochschulen zu viel Platz in Anspruch. Stattdessen sind die jeweiligen Website-Adressen angegeben, die detaillierte Informationen zu allen Bereichen bieten, die für ausländische Bewerber von Interesse sind: Zulassung, Bewerbung, Fristen, Gebühren, Studieninhalte, Unterkunft, Stipendien und Adressen einschließlich E-Mail. Die meisten Mitgliedshochschulen des *CGS* bestehen aus *graduate schools* und *colleges;* sie sind damit auch für Studienanfänger und jüngere Semester interessant.

Im Anschluss werden einige **top 4-year colleges** aus unterschiedlichen *rankings (U.S. News and World Report, The Princeton Review, Money's Value Rankings)* aufgelistet.

Die Liste der aufgeführten Hochschulen nennt nur einen Teil der Hochschulen; die Auswahl beinhaltet **keine** Wertung. Weitere Hochschulen mit anerkannten *study programs* und Abschlüssen findet man in den unter Literaturtipps und in Form von Internet-Adressen angegebenen ergänzenden Informationsquellen.

CGS-Mitgliedshochschulen

Die Auflistung der *CGS*-Mitgliedshochschulen ist nach vier Regionen (von West nach Ost) sortiert:
- **West** (Alaska, Arizona, California, Colorado, Hawaii, Idaho, Montana, Nevada, New Mexico, Oregon, Utah, Washington, Wyoming)
- **Midwest** (Illinois Indiana, Iowa, Kansas, Michigan, Minnesota, Missouri, North Dakota, Nebraska, Ohio, South Dakota, Wisconsin)
- **South** (Alabama, Arkansas, Florida, Georgia, Kentucky, Louisiana, Mississippi, North Carolina, Oklahoma, Puerto Rico, South Carolina, Tennessee, Texas, Virginia, West Virginia)
- **Northeast** (Connecticut, District of Columbia, Delaware, Massachusetts, Maryland, Maine, New Hampshire, New Jersey, New York, Pennsylvania, Rhode Island, Vermont)

West

Alaska/AK
- University of Alaska Anchorage
  www.uaa.alaska.edu
- University of Alaska Fairbanks
  www.uaf.edu

Arizona/AZ
- Arizona State University
  www.asu.edu
- Northern Arizona University
  www.nau.edu
- University of Arizona
  http://grad.arizona.edu
- University of Phoenix
  www.phoenix.edu

California/CA
- Azusa Pacific University
  www.apu.edu
- California Institute of Integral Studies
  www.ciis.edu
- California Institute of Technology
  www.caltech.edu
- California State Polytechnic University, Pomona
  www.csupomona.edu
- California State University, Bakersfield
  www.csubak.edu

- California State University, Chico
  www.csuchico.edu
- California State University, Dominguez Hills
  www.csudh.edu
- California State University, Fresno
  www.csufresno.edu
- California State University, Fullerton
  www.fullerton.edu
- California State University, Hayward
  www.csuhayward.edu
- California State University, Long Beach
  www.csulb.edu
- California State University, Los Angeles
  www.calstatela.edu
- California State University, Northridge
  www.csun.edu
- California State University, Sacramento
  www.csus.edu
- California State University, San Bernadino
  www.csusb.edu
- California State University, San Marcos
  www.csusm.edu
- California State University, Stanislaus
  www.csustan.edu
- Claremont Graduate University
  www.cgu.edu
- Fielding Graduate Institute
  www.fielding.edu
- Humboldt State University
  www.humboldt.edu
- La Sierra University
  www.lasierra.edu
- Loma Linda University
  www.llu.edu
- Loyola Marymount University
  www.lmu.edu
- National University
  www.nu.edu
- Naval Postgraduate School
  www.nps.navy.mil
- Pepperdine University
  www.pepperdine.edu
- San Diego State University
  www.sdsu.edu
- San Francisco State University
  www.sfsu.edu
- San Jose State University
  www.sjsu.edu
- Santa Clara University
  www.scu.edu
- Standford University
  www.stanford.edu
- University of California, Berkeley
  www.berkeley.edu
- University of California. Davis
  www.ucdavis.edu
- University of California, Irvine
  www.uci.edu
- University of California, Los Angeles
  www.ucla.edu
- University of California, Riverside
  www.ucr.edu
- University of California, San Diego
  www.ucsd.edu
- University of California, San Francisco
  www.ucsf.edu
- University of California, Santa Barbara
  www.ucsb.edu
- University of California, Santa Cruz
  www.ucsc.edu
- University of San Diego
  www.sandiego.edu

- University of Southern California
  www.usc.edu
- University of the Pacific
  www.uop.edu

Colorado/Co

- Colorado School of Mines
  www.mines.edu
- Colorado State University
  www.colostate.edu
- University of Colorado
  Health Science Center
  www.uchsc.edu
- University of Colorado at Boulder
  www.colorado.edu
- University of Colorado at Denver
  www.cudenver.edu
- University of Denver
  www.du.edu
- University of Northern Colorado
  www.unco.edu

Hawaii/HI

- University of Hawaii at Manoa
  www.hawaii.edu

Idaho/ID

- Boise State University
  www.boisestate.edu
- Idaho State University
  www.isu.edu
- University of Idaho
  www.uidaho.edu

Montana/MT

- Montana State University
  www.montana.edu
- University of Montana
  www.umt.edu

Nevada/NV

- University of Nevada-Las Vegas
  www.unlv.edu
- University of Nevada, Reno
  www.unr.edu

New Mexico/NM

- American Indian Graduate Center
  www.aigc.edu
- Eastern New Mexico University
  www.enwu.edu
- New Mexico Highlands University
  www.nmhu.edu
- New Mexico State University
  www.nmsu.edu
- University of New Mexico
  www.unm.edu

Oregon/OR

- Oregon State University
  www.orst.edu
- Portland State University
  www.pdx.edu
- University of Oregon
  www.uoregon.edu

Utah/UT

- Brigham Young University
  www.byu.edu
- University of Utah
  www.utah.edu
- Utah State University
  www.usu.edu

Washington/WA

- Central Washington University
  www.cwu.edu
- Eastern Washington University
  www.ewu.edu
- University of Washington
  www.washington.edu
- Washington State University
  www.wsu.edu
- Western Washington University
  www.wwu.edu

Wyoming/WY

- University of Wyoming
  www.uwyo.edu

Midwest

Illinois/IL

- Argosy University
  www.argosyu.edu
- Bradley University
  www.bradley.edu
- Chicago School of professional Psychology
  www.csopp.edu
- Concordia University
  www.curf.edu
- Eastern Illinois University
  www.eidu.edu
- Illinois Institute of Technology
  www.iit.edu
- Illinois State University
  www.ilstu.edu
- Institute for Clinical Social Work
  www.icsw.edu
- Loyola University of Chicago
  www.luc.edu
- Northeastern Illinois University
  www.neiu.edu
- Northern Illinois University
  www.niu.edu
- Northwestern University
  www.northwestern.edu
- Rush University
  www.rushu.rush.edu
- Rosalind Franklin University of Medicine & Sciences
  www.rosalindfranklin.edu
- Southern Illinois University Carbondale
  www.siu.edu
- Southern Illinois University Edwardsville
  www.siue.edu
- University of Chicago
  www.uchicago.edu
- University of Illinois at Chicago
  www.uic.edu
- University of Illinois at Springfield
  www.uis.edu
- University of Illinois at Urbana-Champaign
  www.uiuc.edu
- Western Illinois University
  www.wiu.edu

Indiana/IN

- Ball State University
  www.bsu.edu
- Indiana State University
  www.indstate.edu
- Indiana University
  www.indiana.edu

- Purdue University
  www.purdue.edu
- University of Notre Dame
  www.nd.edu
- University of Southern Indiana
  www.usi.edu

Iowa/IA

- Iowa State University
  www.iastate.edu
- Saint Ambrose University
  www.sau.edu
- University of Iowa
  www.uiowa.edu
- University of Northern Iowa
  www.uni.edu

Kansas/KS

- Emporia State University
  www.emporia.edu
- Fort Hays State University
  www.fhsu.edu
- Kansas State University
  www.ksu.edu
- Pittsburg State University
  www.pittstate.edu
- University of Kansas
  www.ukans.edu
- Wichita State University
  www.wichita.edu

Michigan/MI

- Andrews University
  www.andrews.edu
- Central Michigan University
  www.cmich.edu
- Eastern Michigan University
  www.emich.edu
- Grand Valley State University
  www.gvsu.edu
- Michigan State University
  www.msu.edu
- Michigan Technological University
  www.mtu.edu
- Northern Michigan University
  www.nmu.edu
- Oakland University
  www.oakland.edu
- University of Michigan
  www.umich.edu
- Wayne State University
  www.wayne.edu
- Western Michigan University
  www.wmich.edu

Minnesota/MN

- Minnesota State University, Mankato
  www.mankato.msus.edu
- St. Cloud State University
  www.stcloudstate.edu
- University of Minnesota
  www.umn.edu
- Walden University
  www.waldenu.edu

Missouri/MO

- Central Missouri State University
  www.cmsu.edu
- Rockhurst University
  ww.rockhurst.edu
- Saint Louis University
  www.slu.edu

- Southeast Missouri State University
  www.semo.edu
- Southwest Missouri State University
  www.smsu.edu
- Truman State University
  www.truman.edu
- University of Missouri, Columbia
  www.missouri.edu
- University of Missouri, Kansas City
  www.umkc.edu
- University of Missouri-St. Louis
  www.umsl.edu
- Washington University
  www.artsci.wustl.edu

North Dakota/ND

- North Dakota State University
  www.ndsu.nodak.edu
- University of North Dakota
  www.nodak.edu

Nebraska/NE

- Creighton University
  www.creighton.edu
- University of Nebraska at Kearney
  www.unk.edu
- University of Nebraska at Omaha
  www.unomaha.edu
- University of Nebraska Medical Center
  www.unmc.edu
- University of Nebraska-Lincoln
  www.unl.edu
- Wayne State College
  www.wsc.edu

Ohio/OH

- Air Force Institute of Technology
  www.afit.edu
- Ashland University
  www.ashland.edu
- Bowling Green State University
  www.bgsu.edu
- Case Western Reserve University
  www.cwru.edu
- Cleveland State University
  www.csuohio.edu
- Hebrew Union College –
  Jewish Institute of Religion
  www.huc.edu
- John Carroll University
  www.jcu.edu
- Kent State University
  www.kent.edu
- Medical College of Ohio
  www.mco.edu
- Miami University
  www.muohio.edu
- Ohio State University
  www.ohio-state.edu
- Ohio University
  www.ohiou.edu
- University of Akron
  www.uakron.edu
- University of Cincinnati
  www.uc.edu
- University of Dayton
  www.udayton.edu
- University of Findlay
  www.findlay.edu
- University of Toledo
  www.utoledo.edu

- Wrigth State University
  www.wright.edu
- Youngstown State University
  www.ysu.edu

South Dakota/SD

- South Dakota School of Mines & Technology
  www.sdsmt.edu
- South Dakota State University
  www.sdstate.edu

Wisconsin/WI

- Marquette University
  www.mu.edu
- Medical College of Wisconsin
  www.mcw.edu
- University of Wisconsin – La Crosse
  www.uwlax.edu
- University of Wisconsin – Eau Claire
  www.uwec.edu
- University of Wisconsin – Madison
  www.wisc.edu
- University of Wisconsin – Milwaukee
  www.uwm.edu
- University of Wisconsin – River Falls
  www.uwrf.edu
- University of Wisconsin – Superior
  www.uwsuper.edu

South

Alabama/AL

- Alabama A & M University
  www.aamu.edu
- Auburn University
  www.auburn.edu
- University of Alabama
  www.ua.edu
- University of Alabama at Birmingham
  www.uab.edu
- University of Alabama in Huntsville
  www.uah.edu
- University of South Alabama
  www.usouthal.edu

Arkansas/AR

- Arkansas State University
  www.astate.edu
- University of Arkansas
  www.uark.edu
- University of Arkansas at Little Rock
  www.ualr.edu
- University of Central Arkansas
  http://spo.uca.edu

Florida/FL

- Florida A & M University
  www.famu.edu
- Florida Atlantic University
  www.fau.edu
- Florida International University
  www.fiu.edu
- Florida State University
  www.fsu.edu
- Nova Southeastern University
  www.nova.edu
- University of Central Florida
  www.ucf.edu
- University of Florida
  www.ufl.edu
- University of Miami
  www.miami.edu

- University of South Florida
  www.usf.edu
- University of West Florida
  www.uwf.edu

Georgia/GA

- Albany State University
  www.asurams.edu
- Armstrong Atlantic State University
  www.armstrong.edu
- Clark Atlanta University
  www.cau.edu
- Emory University
  www.emory.edu
- Georgia Institute of Technology
  www.gatech.edu
- Georgia Southern University
  www.georgiasouthern.edu
- Georgia State University
  www.gsu.edu
- Kennesaw State University
  www.kennesaw.edu
- Medical College of Georgia
  www.mcg.edu
- State University of West Georgia
  www.westga.edu
- University of Georgia
  www.uga.edu
- Valdosta State University
  www.valdosta.edu

Kentucky/KY

- Eastern Kentucky University
  www.eku.edu
- Murray State University
  www.murraystate.edu
- Northern Kentucky University
  www.nku.edu
- Spalding University
  www.spalding.edu
- University of Kentucky
  www.uky.edu
- University of Louisville
  www.louisville.edu
- Western Kentucky University
  www.wku.edu

Louisiana/LA

- Louisiana State University and A & M College
  www.lsu.edu
- Louisiana State University Health Science Center
  www.lsuhsc.edu
- Northwestern State University of Louisiana
  www.nsula.edu
- Southern University A & M College
  www.subr.edu
- Tulane University
  www.tulane.edu
- University of Louisiana at Lafayette
  www.louisiana.edu
- University of New Orleans
  www.uno.edu
- Grambling State University
  www.gram.edu
- Xavier University of Louisiana
  www.xula.edu

Mississippi/MS

- Alcorn State University
  www.alcorn.edu
- Jackson State University
  www.jsums.edu

- Mississippi State University
  www.msstate.edu
- University of Mississippi
  www.olemiss.edu
- University of Southern Mississippi
  www.usm.edu

North Carolina/NC

- Appalachian State University
  www.appstate.edu
- Duke University
  www.duke.edu
- Elon University
  www.elon.edu
- East Carolina University
  www.ecu.edu
- Fayetteville State University
  www.uncfsu.edu
- High Point University
  www.highpoint.edu
- Meredith College
  www.meredith.edu
- North Carolina Agricultural & Technical State University
  www.ncat.edu
- North Carolina Central University
  www.nccu.edu
- North Carolina State University at Raleigh
  www.ncsu.edu
- University of North Carolina at Chapel Hill
  www.unc.edu
- University of North Carolina at Charlotte
  www.uncc.edu
- University of North Carolina at Greensboro
  www.uncg.edu
- University of North Carolina at Wilmington
  www.uncw.edu
- Wake Forest University
  www.wfu.edu
- Western Carolina University
  www.wcu.edu

Oklahoma/OK

- Cameron University
  www.cameron.edu
- East Central University
  www.ecok.edu
- Langston University
  www.lunet.edu
- Oklahoma State University
  www.okstate.edu
- University of Central Oklahoma
  www.ucok.edu
- University of Oklahoma
  www.ou.edu
- University of Oklahoma Health Sciences Center
  www.ouhsc.edu
- University of Tulsa
  www.utulsa.edu

South Carolina/SC

- Clemson University
  www.clemson.edu
- Columbia College
  www.columbiacollegesc.edu
- Medical University of South Carolina
  www.musc.edu
- South Carolina State University
  www.scsu.edu
- University of Charleston, South Carolina
  www.univchas.cofc.edu

- University of South Carolina
  www.sc.edu

Tennessee/TN

- Austin Peay State University
  www.apsu.edu
- East Tennessee State University
  www.etsu.edu
- Meharry Medical College
  www.mmc.edu
- Middle Tennessee State University
  www.mtsu.edu
- Tennessee State University
  www.tnstate.edu
- Tennessee Technological University
  www.tntech.edu
- University of Memphis
  www.memphis.edu
- University of Tennessee at Chattanooga
  www.utc.edu
- University of Tennessee Health Science Center
  www.utmem.edu
- University of Tennessee, Knoxville
  www.utk.edu
- Vanderbilt University
  www.vanderbilt.edu

Texas/TX

- Abilene Christian University
  www.acu.edu
- Angelo State University
  www.angelo.edu
- Baylor College of Medicine
  www.bcm.tmc.edu
- Baylor University
  www.baylor.edu
- Lamar University
  www.lamar.edu
- Rice University
  www.rice.edu
- Southern Methodist University
  www.smu.edu
- Texas A & M University
  www.tamu.edu
- Texas A & M University – Commerce
  www.tamu-commerce.edu
- Texas A & M University – Corpus Christi
  www.tamucc.edu
- Texas Christian University
  www.tcu.edu
- Texas Southern University
  www.tsu.edu
- Texas State University – San Marcos
  www.txstate.edu
- Texas Tech University
  www.ttu.edu
- Texas Woman's University
  www.twu.edu
- Trinity University
  www.trinity.edu
- University of Houston
  www.uh.edu
- University of Houston – Clear Lake
  www.cl.uh.edu
- University of North Texas
  www.tsgs.unt.edu
- University of North Texas Health Sciences Center at Fort Worth
  www.hsc.unt.edu
- University of Saint Thomas
  www.stthom.edu

- University of Texas – Pan American
  www.panam.edu
- University of Texas at Arlington
  www.uta.edu
- University of Texas at Austin
  www.utexas.edu
- University of Texas at Brownsville
  www.utb.edu
- University of Texas at Dallas
  www.utdallas.edu
- University of Texas at El Paso
  www.utep.edu
- University of Texas at San Antonio
  www.utsa.edu
- University of Texas Grad School of Biomedical Science at Galveston
  http://gsbs.utmb.edu
- University of Texas Grad School of Biomedical Science at Houston
  http://gsbs.gs.uth.tmc.edu
- University of Texas Health Science Center at San Antonio
  www.uthscsa.edu

Virginia/VA

- College of William and Mary
  www.wm.edu
- George Mason University
  www.gmu.edu
- Hampton University
  www.hamptonu.edu
- James Madison University
  www.jmu.edu
- Longwood University
  www.longwood.edu
- Norfolk State University
  www.nsu.edu
- Old Dominion University
  www.odu.edu
- Radford University
  www.radford.edu
- University of Virginia
  www.virginia.edu
- Virginia Commonwealth University
  www.vcu.edu
- Virginia Polytechnic Institute and State University
  www.vt.edu

West Virginia/WV

- Marshall University
  www.marshall.edu
- West Virginia University
  www.wvu.edu

Northeast

Connecticut/CT

- Central Connecticut State University
  www.ccsu.edu
- Southern Connecticut State University
  www.southernet.edu
- University of Bridgeport
  www.bridgeport.edu
- University of Connecticut
  www.uconn.edu
- University of Hartford
  www.hartford.edu
- University of New Haven
  www.newhaven.edu
- Wesleyan University
  www.wesleyan.edu

- Yale University
  www.yale.edu

District of Columbia/DC

- American University
  www.american.edu
- Catholic University of America
  www.cua.edu
- Gallaudet University
  www.gallaudet.edu
- Georgetown University
  www.georgetown.edu
- George Washington University
  www.gwu.edu
- Howard University
  www.founders.howard.edu
- University of the District of Columbia
  www.udc.edu

Delaware/DE

- University of Delaware
  www.udel.edu

Massachusetts/MA

- Boston College
  www.bc.edu
- Boston University
  www.bu.edu
- Brandeis University
  www.brandeis.edu
- Clark University
  www.clarku.edu
- Emerson College
  www.emerson.edu
- Fitchburg State College
  www.fsc.edu
- Harvard University
  www.harvard.edu
- Lesley University
  www.lesley.edu
- Massachusetts Institute of Technology
  www.mit.edu
- Northeastern University
  www.neu.edu
- Salem State College
  www.salemstate.edu
- Tufts University
  www.tufts.edu
- University of Massachusetts Amherst
  www.umass.edu
- University of Massachusetts Boston
  www.umb.edu
- University of Massachusetts Lowell
  www.uml.edu
- University of Massachusetts Medical School
  www.umassmed.edu
- Worcester Polytechnic Institute
  www.wpi.edu

Maryland/MD

- Bowie State University
  www.bowiestate.edu
- Coppin State University
  www.coppin.edu
- Hood College
  www.hood.edu
- Johns Hopkins University
  www.jhu.edu
- Morgan State University
  www.morgan.edu
- Towson University
  www.towson.edu

- University of Maryland at Baltimore
  www.umaryland.edu
- University of Maryland, Baltimore County
  www.umbc.edu
- University of Maryland, College Park
  www.umd.edu
- University of Maryland, Eastern Shore
  www.umes.edu
- University of Maryland, University College
  www.umuc.edu

Maine/ME
- University of Maine
  www.ume.maine.edu
- University of Southern Maine
  www.usm.maine.edu

New Hampshire/NH
- Dartmouth College
  www.dartmouth.edu
- University of New Hampshire
  www.unh.edu

New Jersey/NJ
- Caldwell College
  www.caldwell.edu
- Drew University
  www.drew.edu
- Kean University
  www.kean.edu
- Montclair State University
  www.montclair.edu
- New Jersey Institute of Technology
  www.njit.edu
- Princeton University
  www.princeton.edu
- Rowan University
  www.rowan.edu
- Rutgers – The State University of New Jersey
  www.rutgers.edu
- Seton Hall University
  www.shu.edu
- The College of New Jersey
  www.tcnj.edu
- Thomas Edison State College
  www.tesc.edu
- University of Medicine & Dentistry of New Jersey
  www.umdnj.edu
- William Paterson University
  www.wpunj.edu

New York/NY
- Alfred University
  www.alfred.edu
- Brooklyn College –
  The City University of New York
  www.brooklyn.cuny.edu
- Buffalo State College
  www.buffalo.edu
- City University of New York
  www.cuny.edu
- College of New Rochelle
  www.cnr.edu
- College of Saint Rose
  www.strose.edu
- Columbia University
  www.columbia.edu
- Cornell University
  www.cornell.edu
- Fordham University
  www.fordham.edu

- Hofstra University
  www.hofstra.edu
- Ithaca College
  www.ithaca.edu
- Mercy College
  www.mercy.edu
- New York Institute of Technology
  www.nyit.edu
- New York Medical College
  www.nymc.edu
- New York University
  www.nyu.edu
- Pace University
  www.pace.edu
- Polytechnic University
  www.poly.edu
- Queens College of the City University of New York
  www.qc.edu
- Rensselaer Polytechnic Institute
  www.rpi.edu
- Rochester Insitute of Technology
  www.rit.edu
- Rockefeller University
  www.rockefeller.edu
- Sarah Lawrence College
  www.slc.edu
- St. Bonaventure University
  www.sbu.edu
- St. John's University
  www.stjohns.edu
- State University of New York at Binghampton
  www.binghampton.edu
- State University of New York – College at Brockport
  www.brockport.edu
- State University of New York at Stony Brook
  www.sunysb.edu
- State University of New York Upstate Medical University
  www.upstate.edu
- Syracuse University
  www.syr.edu
- University at Albany, State University of New York
  www.albany.edu
- University at Buffalo – State University of New York
  www.buffalo.edu
- University of Rochester
  www.rochester.edu
- Yeshiva University
  www.yu.edu

Pennsylvania/PA

- Arcadia University
  www.arcadia.edu
- Bloomsburg University of Pennsylvania
  www.bloomu.edu
- Bryn Mawr College
  www.brynmawr.edu
- California University of Pennsylvania
  www.cup.edu
- Carnegie-Mellon University
  www.cmu.edu
- Clarion University of Pennsylvania
  www.clarion.edu
- Drexel University
  www.drexel.edu
- Duquesne University
  www.duq.edu
- Indiana University of Pennsylvania
  www.iup.edu

- Kutztown University of Pennsylvania
  www.kutztown.edu
- Lehigh University
  www.lehigh.edu
- Millersville University of Pennsylvania
  www.millersv.edu
- Pennsylvania State University
  www.psu.edu
- Shippensburg University
  www.ship.edu
- Temple University
  www.temple.edu
- Thomas Jefferson University
  www.jefferson.edu
- University of Pennsylvania
  www.upenn.edu
- University of Pittsburgh
  www.pitt.edu
- University of Scranton
  www.uofs.edu
- Villanova University
  www.villanova.edu
- West Chester University
  www.wcupa.edu
- Widener University
  www.widener.edu

Rhode Island/RI

- Brown University
  www.brown.edu
- University of Rhode Island
  www.uri.edu

Vermont/VT

- University of Vermont
  www.uvm.edu

4-Jahres-*Colleges*

- Amherst College (MA)
  www.amherst.edu
- Barnard College (NY)
  www.barnard.edu
- Bates College (ME)
  www.bates.edu
- Bowdoin College (ME)
  www.bowdoin.edu
- Bryn Mawr College (PA)
  www.brynmawr.edu
- Carleton College (MN)
  www.carleton.edu
- Claremont McKenna College (CA)
  www.mckenna.edu
- Colby College (ME)
  www.colby.edu
- Colorado College (CO)
  www.coloradocollege.edu
- Davidson College (NC)
  www.davidson.edu
- Dickinson College (PA)
  www.dickinson.edu
- Elmira College (NY)
  www.elmira.edu
- Grinnell College (IA)
  www.grinnell.edu
- Hamilton College (NY)
  www.hamilton.edu
- Hastings College (NE)
  www.hasting.edu
- Haverford College (PA)
  www.haverford.edu
- Middlebury College (VT)
  www.middlebury.edu

- Mount Holyoke College (MA)
  www.mtholyoke.edu
- Oberlin College (OH)
  www.oberlin.edu
- Occidental College (CA)
  www.oxy.edu
- Reed College (OR)
  www.reed.edu
- Rice University (TX)
  www.rice.edu
- Scripp's College (CA)
  www.scrippscol.edu
- Smith College (MA)
  www.smith.edu
- Spelman College (GA)
  www.spelman.edu
- Swarthmore College (PA)
  www.swarthmore.edu
- Trinity College (CT)
  www.trincoll.edu
- Vassar College (NY)
  www.vassar.edu
- Washington and Lee University (VA)
  www.wlu.edu
- Warren Wilson College (NC)
  www.warren-wilson.edu
- Wellesley College (MA)
  www.wellesley.edu
- Wesleyan University (CT)
  www.wesleyan.edu
- Williams College (MA)
  www.williams.edu
- Whittier College (CA)
  www.whittier.edu

6.2	Informationsstellen: Botschaften, Konsulate, Kulturinstitute, *Educational Advising Centers* und andere Institutionen

Botschaft der Vereinigten Staaten
von Amerika
Neustädtische Kirchstraße 4–5
10117 Berlin
Telefon (0 30) 83 05-0
Telefax (0 30) 23 85 62 90
www.us-botschaft.de

Über diese Internetadresse sind auch die unten genannten Generalkonsulate zu erreichen.

Educational Information Service der US-Botschaft
Info-Line zu Bildungsinformationen –
Dienstag, Mittwoch, Donnerstag 14 bis 17 Uhr
Telefon: (0 30) 31 80 08 99

Generalkonsulate der Vereinigten Staaten von Amerika

- Willi-Becker-Allee 10
  40227 Düsseldorf
  Telefon (02 11) 7 88-89 27
  Telefax (02 11) 7 88-89 38

- Siesmayerstraße 21
  60323 Frankfurt/Main
  Telefon: (0 69) 75 35-0
  Telefax: (0 69) 75 35-22 77

- Alsterufer 27/28
  20354 Hamburg
  Telefon: (0 40) 4 11 71-1 00
  Telefax: (0 40) 41 32 79 33

- Wilhelm-Seyfferth-Straße 4
  04107 Leipzig
  Telefon: (03 41) 2 13-8 40

- Königinstraße 5
  80539 München
  Telefon: (0 89) 28 88-0
  Telefax: (0 89) 2 80-99 98

Botschaft der Bundesrepublik Deutschland
4654 Reservoir Road, N.W.
Washington D.C. 20007-1998
Telefon: (0 01-2 02) 2 98 81 40
Telefax: (0 01-2 02) 2 98 42 49
www-germany-info.org

Generalkonsulate der Bundesrepublik Deutschland

- 285 Peachtree Center Av., N.E.,
  Marquis Two Tower – Suite 901
  Atlanta, Georgia 30303-1221
  Telefon: (0 01-4 04) 6 59 47 60
  Telefax: (0 01-4 04) 6 59 12 80
  (zuständig für Alabama, Georgia, Mississippi, North Carolina, South Carolina, Tennessee)
  www.germany-info.org/atlanta

- Three Copley Place, Suite 500
  Boston, Massachusetts 02116
  Telefon: (0 01-6 17) 5 36 44 14
  Telefax: (0 01-6 17) 5 36 85 73
  (zuständig für Connecticut – außer Fairfield County –, Maine, Massachusetts, New Hampshire, Rhode Island, Vermont)
  www.germany-info.org/boston

- 676 North Michigan Av., Suite 3200
  Chicago, Illinois 60611
  Telefon: (0 01-3 12) 5 80 11 99
  Telefax: (0 01-3 12) 5 80 00 99
  (zuständig für Illinois, Indiana, Iowa, Kansas, Kentucky, Michigan, Minnesota, Missouri, Nebraska, North Dakota, Ohio, South Dakota, Wisconsin)
  www.germany-info.org/chicago

- 1330 Post Oak Blvd., Suite 1850
  Houston, Texas 77056-3018
  Telefon: (0 01-7 13) 6 27 77 70
  Telefax: (0 01-7 13) 6 27 05 06)
  (zuständig für Arkansas, Louisiana, New Mexico, Oklahoma, Texas)
  www.germanconsulatehouston.org

- 6222 Wilshire Blvd., Suite 500
  Los Angeles, California 90048
  Telefon: (0 01-3 23) 9 30 27 03
  Telefax: (0 01-3 23) 9 30 28 05
  (zuständig für Arizona, Colorado, Nevada, Utah und einige Counties in California)
  www.germany-info.org/losangeles

- 100 N. Biscayne Blvd.
  Miami, Florida 33132
  Telefon: (0 01-3 05) 3 58 02 90
  Telefax: (0 01-3 05) 3 58 03 07
  (zuständig für Florida, Puerto Rico, American Virgin Islands)
  www.miami.diplo.de

- 871 United Nations Plaza
  New York, N.Y. 10017
  Telefon: (0 01-2 12) 6 10 97 00
  Telefax: (0 01-2 12) 9 40-04 02
  (zuständig für New York, New Jersey, Pennsylvania, Fairfield County in Connecticut)
  www.germanconsulate.org/newyork

- 1960 Jackson St.
  San Francisco, California 94109
  Telefon: (0 01-4 15) 7 75 10 61
  Telefax: (0 01-4 15) 7 75 01 87
  (zuständig für den größten Teil von California, Alaska, Hawaii, Idaho, Montana, Oregon, Washington, Wyoming sowie die amerikanischen Außengebiete Baker-, Howland-, Jarvis-, Johnstoninsel, Midway und Palmyrainsel)
  www.germanconsulate.org/sanfrancisco

Educational Advising Centers

- Carl-Schurz-Haus
  Deutsch-Amerikanisches Institut e.V.
  Kaiser-Joseph-Straße 266
  79098 Freiburg
  Telefon: (07 61) 2 92 44 16
  Telefax: (07 61) 2 92 44 17
  www.carl-schurz-haus.de

- Amerika-Zentrum Hamburg e.V.
  Curio-Haus
  Rothenbaumchaussee 15
  20148 Hamburg
  Telefon: (0 40) 45 01 04 22
  Telefax: (0 40) 44 80 96 98
  www.amerikazentrum.de

- Deutsch-Amerikanisches Institut
  Sofienstraße 12
  69115 Heidelberg
  Telefon: (0 62 21) 60 73 15
  Telefax: (0 62 21) 60 73 73
  www.dai-heidelberg.de

- Kennedy-Haus Kiel
  Deutsch-Amerikanisches Institut
  Holtenauerstraße 9
  24103 Kiel
  Telefon: (04 31) 55 48 66
  Telefax: (04 31) 55 54 83
  www.amerika-gesellschaft.de

- Bayerisch-Amerikanisches Zentrum
  Amerika-Haus München
  Karolinenplatz 3
  80333 München
  Telefon: (0 89) 5 52 53 70
  Telefax: (0 89) 55 35 78
  www.amerikahaus.de

- Deutsch-Amerikanisches Institut
  Gleissbühlstraße 13
  90402 Nürnberg
  Telefon: (09 11) 2 30 69-12
  Telefax: (09 11) 2 30 69 23
  www.dai-nuernberg.de

- Deutsch-Amerikanisches Zentrum
  Haidplatz 8
  93047 Regensburg
  Telefon: (09 41) 5 24 76
  Telefax: (09 41) 5 21 98

- Deutsch-Amerikanisches Institut
  Berliner Promenade 15
  66111 Saarbrücken
  Telefon: (06 81) 3 11 60
  Telefax: (06 81) 37 26 24
  www.dai-sb.de

- Deutsch-Amerikanisches Zentrum
  James F. Byrnes Institute
  Charlottenplatz 17
  70173 Stuttgart
  Telefon: (07 11) 22 81 80
  Telefax: (07 11) 2 28 18 40
  www.daz.org

- Deutsch-Amerikanisches Institut
  Karlstraße 3
  72072 Tübingen
  Telefon: (0 70 71) 7 95 26-0
  Telefax: (0 70 71) 7 95 26 26
  www.dai-tuebingen.de

- Fachhochschule Hannover
  Studienberatung USA
  Ricklinger Stadtweg 118
  30459 Hannover
  Telefon: (05 11) 92 96-21 54
  Telefax: (05 11) 92 96-21 00
  www.fh-hannover.de/usa

Goethe-Institute

- Colony Square, Plaza Level
  1197 Peachtree St., NE
  Atlanta, GA 30361-2401
  Telefon: (0 01-4 04) 8 92 23 88
  Telefax: (0 01-4 04) 8 92 38 32
  www.goethe.de/atlanta

- 170 Beacon Street
  Boston, MA 02116
  Telefon: (0 01-6 17) 2 62 60 50
  Telefax: (0 01-6 17) 2 62 26 15
  www.goethe.de/boston

- 150 North Michigan Avenue, Suite 200
  Chicago, IL 60601
  Telefon: (0 01-3 12) 2 63 04 72
  Telefax (3 12) 2 63 04 76
  www.goethe.de/chicago

- 5750 Wilshire Blvd., Suite 100
  Los Angeles, CA 90036
  Telefon: (0 01-3 23) 5 25 33 88
  Telefax (3 23) 9 34 35 97
  www.goethe.de/losangeles

- 1014 Fifth Avenue
  New York, NY 10028
  Telefon: (0 01-2 12) 4 39 87 00
  Telefax: (0 01-2 12) 4 39 87 05
  www.goethe.de/newyork

- 530 Bush Street
  San Francisco, CA 94108
  Telefon: (0 01-4 15) 2 63-87 60
  Telefax: (0 01-4 15) 2 63-87 61
  www.goethe.de/sanfrancisco

- 814 Seventh Street, NW
  Washington, D.C. 20001-3718
  Telefon: (0 01-2 02) 2 89 12 00
  Telefax: (0 01-2 02) 2 89 35 35
  www.goethe.de/washington

6.3 Nützliche Internet-Adressen

- www.ed.gov/NLE/USNEI ist die beste Adresse für alle, die sich detailliert über das amerikanische Bildungswesen informieren möchten. *US Network for Education Information (USNEI)* wurde 1996 als zentrale Referenzorganisation für Bildungsfragen im internationalen Kontext geschaffen und ist auch das offizielle nationale *U.S. Education Information Center*.

- www.collegeboard.org enthält Buchtipps und eine *College*-Datenbank.

- www.studyusa.com bietet speziell für ausländische Studenten Informationen über das Hochschulstudium in den USA.

- www.petersons.com informiert über *undergraduate* und *graduate studies,* enthält eine umfassende Datenbank zu Hochschulen und Studiengebieten, beschreibt Sommerprogramme, nennt Finanzierungsmöglichkeiten und vieles mehr.

- www.daad.de bietet umfangreiche Informationen über internationale Studienmöglichkeiten.

- www.fh-hannover.de/usa bietet umfassende Informationen zu Studium, Praktikum, Leben und Reisen in den USA.

- www.usembassy.de ist die Internet-Adresse der amerikanischen Botschaft in Deutschland mit einer Fülle von Informationen über Visa, Studium in den USA, Fördermöglichkeiten usw.

- www.usembassy.de/exchanges/form.htm – Educational Information Service der US-Botschaft – der Online-Auskunftsdienst für Bildungsinformationen zu den USA.
- www.usia.gov ist die Internet-Adresse der *United States Information Agency (USIA)*, die u. a. über internationalen Kultur- und Wissenschaftsaustausch informiert.

6.4 Literaturtipps

Es folgt eine Auswahl der Standardwerke, die größtenteils in den *Educational Advising Centers* oder z. T. auch in den Akademischen Auslandsämtern einzusehen sind. Diese Handbücher erscheinen jährlich bzw. in häufigen Neuauflagen und sind meist auch als CD-ROM erhältlich. Einige können online unter der angegebenen Web-Adresse bestellt werden.

If You Want to Study in the United States; Booklet 4, Getting Ready to Go: Practical Information for Living and Studying in the United States. Herausgeber: U.S. Department of State, Educational Information and Resources Branch. Herunterzuladen unter http://educationusa.state.gov/life/pubs/iywts4.pdf.

The College Board – International Student Handbook. *Herausgeber: College Board.* Information über Zulassungsbedingungen, Kosten und Förderungsmöglichkeiten für ausländische Bewerber; www.collegeboard.org.

Directory of Graduate Programs. *Herausgeber: Council of Graduate Schools und Educational Testing Service.* Informationen in mehreren Bänden über *graduate study programs,* Zulassungsbedingungen, Kosten, Finanzierungsbeihilfen etc.

Peterson's 4-Year Colleges. Nennt 2.000 *colleges* mit ausführlicher Beschreibung der *academic programs*, Studiengebühren, des Lebens auf dem Campus; www.petersons.com.

Peterson's Graduate & Professional Programs. Dem *Directory of Graduate Programs* vergleichbare mehrbändige Publikation über *graduate programs* an über 1.700 Institutionen. Führt sämtliche *degree programs* auf, nach Studienbereich und Hochschule gegliedert; www.petersons.com.

Barron's Profiles of American Colleges. Informiert über *undergraduate studies*, Schwerpunkte der Colleges und enthält spezielle Information für ausländische Studierende; www.barronseduc.com.

Lovejoy's College Guide. Bietet Informationen über 4.200 Einrichtungen der amerikanischen *post-secondary education.*

Peterson's Summer Opportunities for Kids & Teenagers. Über 1.800 *summer programs* unterschiedlicher Art, einschließlich *academic programs.*

Funding for U.S. Study: A Guide for Foreign Nationals. *Herausgeber: Institute of International Education,* E-Mail: iiebooks@iie.org. Beschreibt über 600 Stipendien für ausländische Bewerber.

6.5 Glossar

Academic adviser:
Studienbetreuer.

Academic year:
Studienjahr, das im August/September beginnt und im Mai/Juni endet. Es ist entweder in *semesters*, *trimesters* oder *quarters* unterteilt.

Accreditation, accredited programs:
Anerkennung von Hochschulen/*study programs* durch unabhängige akademische Gremien bzw. Berufsverbände.

Admission:
Zulassung zu einer Hochschule.

Alumni/alumnae:
Ehemalige Studierende (Graduierte) einer Hochschule. Viele *alumni* zeigen ihre Verbundenheit mit ihrer Hochschule ein Leben lang, indem sie z. T. erhebliche Summen für die Universität spenden oder zu großen Festen *(home coming,* Jubiläumsfeiern) auf den Campus zurückkehren.

Area Code:
Ortskennzahl beim Telefonieren.

Assistantship:
Stipendium/Finanzierungshilfe für *graduate students*, die als *graduate/teaching/research assistant* einige Stunden pro Woche arbeiten, d. h., sie stehen einer Professor oder einem Institut zur Verfügung und unterrichten, korrigieren, sammeln Material oder verrichten Laborarbeit. Von einer *assistantship* lässt sich gerade so der Lebensunterhalt bestreiten; attraktiv ist, dass es häufig mit einem *tuition waiver* (Erlass der Studiengebühren) verbunden ist.

Certificate:
Abschluss, der nicht als akademischer Grad zählt. *Community colleges* verleihen ihn für Studien, die weniger als 2 Jahre dauern. Häufig werden *certificates* für Spezialisierungskurse, Fach- oder Zusatzkurse an *colleges/universities* vergeben.

Classification:
Einstufung eines Studienbewerbers (z. B. als *undergraduate* oder *graduate).*

Clinic:
Der Begriff wird für verschiedene Veranstaltungsformen verwendet. Oft ist er synonym zu Kurs, Labor oder Arbeitstreffen.

College:
a) Institution, an der *undergraduate education* stattfindet. Entweder eigenständig *(4-year college)* oder Teil einer *university.*
b) Der Begriff *college* bezeichnet (wie der Begriff *school)* bisweilen auch den Fachbereich, z. B. *College of Agriculture.*

College/university catalog:
Offizielle Publikation einer Hochschule, in der über das Studienangebot, Zulassungsvoraussetzungen, Infrastruktur auf dem Campus (Wohnheime, Labors etc.) und das studentische Leben allgemein informiert wird.

Commencement:
Abschlussfeier des akademischen Jahres, bei der die akademischen Grade formal verliehen werden. An amerikanischen Hochschulen ein wichtiges Ereignis und Fest, zu dem sich Eltern, Dozenten und andere, die sich mit der Hochschule verbunden fühlen, versammeln.

Community college:
Öffentliches *2-year college* mit berufsbildenden Studiengängen.

Continuing education:
Alle Studienmöglichkeiten an Hochschulen und anderen Einrichtungen, die der Fortbildung dienen, z. B. Spezialisierungsstudien.

Correspondence courses:
Fernstudien, die in großer Vielfalt angeboten werden und ins amerikanische Bildungswesen integriert werden können. In Deutschland werden diese Studien nicht anerkannt.

Course:
Regelmäßig stattfindende Lehrveranstaltung (in der Regel 1 bis 5 Stunden pro Woche).

Credits:
Für jede erfolgreich absolvierte Lehrveranstaltung werden *credits* vergeben. Studierende brauchen eine bestimmte Anzahl *credits*, um einen akademischen Grad zu erwerben.

Curriculum:
Lehrplan/Studienverlauf. Heute ist jedoch der Begriff *program* gebräuchlicher.

Curriculum vitae/c.v.:
Lebenslauf.

Dean:
Dekan/Direktor; höchste Autorität eines Fachbereichs bzw. Verwaltungsbereichs.

Degree:
Akademischer Grad, der beim Abschluss eines Studiengangs an einer Einrichtung des postsekundären Bereichs verliehen wird.

Department:
Administrative Einheit einer Hochschule (Fachbereich), z. B. *English department*.

Deposit:
Anzahlung bzw. Kaution (bei Studiengebühren oder Wohnungsmiete).

Doctorate (Ph.D.):
Doktorgrad – höchster akademischer Grad, der frühestens drei Jahre nach dem *Bacherlor's degree* und/oder *Master's degree* verliehen werden kann.

Dormitory:
Studentenwohnheim.

Drop:
Siehe *withdrawal*.

Electives:
Wahlkurse – im Gegensatz zu *requirements*.

Evening classes/school:
Abendstudium (hauptsächlich für Berufstätige; es steht jedoch oft auch regulären Studenten offen).

Extracurricular/extramural activities:
Veranstaltungen und Tätigkeiten, die zwar im Rahmen der Hochschule, aber außerhalb der rein akademischen Anforderungen auf freiwilliger Basis ausgeübt werden: u. a. Engagement in Sportvereinen, kulturellen oder religiösen Vereinigungen.

Faculty:
Lehrkörper einer Insitution; bisweilen auch akademisch qualifizierte Mitglieder der Verwaltung.

Fees:
Gebühren, die von Instutionen zusätzlich zu den Studiengebühren *(tuition)* erhoben werden, um die Kosten der Verwaltung etc. zu decken.

Fellowship:
Stipendium (in der Regel für einen *graduate* oder *postgraduate student*).

Financial aid:
Oberbegriff für jede Art der Finanzierungshilfe (u. a. Darlehen, Studentenjobs).

Foreign student adviser (FSA):
Mitarbeiter in der Hochschulverwaltung, der besonders in der Anfangszeit wichtigster Ansprechpartner für *international students* ist, sie aber auch während des gesamten Studienaufenthalts betreut.

Freshman:
Studienanfänger *(first year student)* an einem *college* (oder an einer *high school*); manchmal wird der Begriff generell für Neuankömmlinge benutzt.

Full-time student:
Vollzeitstudent (im Gegensatz zu *part-time student*)

Grade:
Note/Zensur.

Grade-point average/GPA:
Notendurchschnitt; Bewertungssystem von akademischen Leistungen.

Graduate school:
Teil der *university*, der Studiengänge auf dem *graduate level* anbietet, d. h. nach Abschluss eines *Bachelor's degree*.

High school:
Amerikanische Sekundarschule.

Higher education:
Ausbildungsmöglichkeiten an *colleges, universities, junior/community colleges, professional schools* etc. (gleichbedeutend mit *postsecondary education*).

Internship:
Berufspraktikum für Graduierte (und fortgeschrittene Studierende), vor allem im medizinischen Bereich und in der Verwaltung.

Junior:
Student des dritten *College*-Jahres.

Letter of recommendation/ personal recommendation:
Empfehlungsschreiben eines Professors oder Arbeitgebers.

Liberal arts bzw. *liberal arts and sciences* oder *arts and sciences:*
Breit angelegte Studien der verschiedenen Disziplinen der Geistes-, Sozial- und Naturwissenschaften (meist ohne spezielles Hauptfach). Vermittelt wird schwerpunktmäßig Methodik und Grundwissen in mehreren Fächern.

Major:
Hauptfach (*undergraduates* wählen ihr Hauptfach in der Regel im dritten Studienjahr).

Minor:
a) Nebenfach,
b) Minderjährige(r).

Money order:
Möglichkeit, in Amerika Bargeld zu überweisen.

Nonresident:
Jemand, der nicht im jeweiligen Bundesstaat (sondern *out-of-state*) wohnt.

Out-of-State:
Siehe *nonresident.*

Placement service:
Dienstleistung der Hochschulen: Sie helfen ihren Graduierten bei der Stellensuche.

Placement test:
Einstufungsprüfung.

Plan of study:
Detaillierte Beschreibung eines Ausbildungsgangs; Lehrplan.

Postdoctorate studies:
Studien auf hohem Niveau für Personen, die bereits einen Doktortitel erworben haben.

Prerequisites:
Akademische Leistungen, die Bedingung sind für die Zulassung zu bestimmten Lehrveranstaltungen.

Professional education:
Ausbildungsgänge, die zu berufsqualifizierenden Studienabschlüssen führen, z. B. *architecture* oder *pharmacy*. *Professional school* bezeichnet die Fachbereiche, in denen *professional education* angeboten wird.

Program:
Studiengang mit genau definiertem Studienplan/Curriculum/Lehrplan – Der Begriff *program* definiert einen bestimmten Ausbildungsgang im Hinblick auf Inhalt *(program in engineering)*, Abschluss *(degree program, Master's program)* oder Niveau *(graduate/undergraduate program)*.

Ranking:
Beurteilung – meist durch die Medien – der Hochschulen/Fachbereiche nach Kriterien wie Zahl der Veröffentlichungen dort lehrender Professoren, Berufschancen der Graduierten etc.

Records (transcript of records):
Papiere, die den Studienverlauf belegen: Studienbuch, Seminarscheine, Zeugnisse etc.

Registration:
Einschreibung für die Kurse, die man während eines Semesters, Trimesters oder *quarter's* belegt.

Resident:
Bürger des jeweiligen amerikanischen Bundesstaats *(in-state resident)*.

Scholarship:
Stipendium, das in der Regel an *undergraduates* vergeben wird (häufig als Erlass der Studiengebühren).

School:
Schule, *college*, Fakultät *(medical school)*.

Score, test scores:
Testergebnisse.

Senior:
Student im vierten *College*-Jahr.

Sophomore:
Student im zweiten *College*-Jahr *(second-year student)*.

Survey course:
Kurs, der einen Überblick über die Hauptthemen eines Wissensgebiets gibt.

Syllabus:
Gliederung des Themenbereichs, der in einem Semesterkurs behandelt wird; Inhaltsangabe.

Thesis:
Längere, selbständige schriftliche Arbeit, die für den Erwerb eines *Bachelor's, Master's* oder *doctoral degree* Voraussetzung ist.

Transcript:
Offizieller Nachweis aller akademischer Leistungen (Lehrveranstaltungen, Zahl der *credits*, Noten).

Tuition:
Studiengebühr.

Undergraduate studies:
Zwei- oder vierjähriges Studium an einem College oder einer Universität, das mit einem *associate* oder *bachelor's degree* abschließt.

University:
Eine Hochschule, die sowohl *undergraduate studies* als auch *graduate studies* anbietet.

Vocational training/education:
Berufsvorbereitende Ausbildungsgänge, die vor allem an zweijährigen *community colleges* angeboten werden.

Withdrawal:
Abmeldung von einem Kurs, für den man sich eingeschrieben hat.

TEIL III:
KANADA

Kanada ist mit ca. 10 Mio. km² das zweitgrößte Land der Erde. Weite Gebiete sind jedoch nur gering oder nicht besiedelt. Die meisten der über 30 Mio. Einwohner leben in den Ballungszentren entlang der US-amerikanischen Grenze und im Süden der Provinzen Ontario und Québec.

nissen der autochthonen Bevölkerung und anderer ethnischer Gruppen gerecht zu werden, vornehmlich seit Einführung der Politik des Multikulturalismus in den 70er Jahren. Kanada erhielt seine Verfassung *(Constitution)* 1982.

1867 schlossen sich vier Provinzen durch das *British North America Act/Acte de l'Amérique du Nord britannique* zu einem einzigen unabhängigen Staat, dem *Dominion of Canada*, zusammen. Heute besteht der Staat Kanada aus zehn Provinzen (von West nach Ost):

- British Columbia/Colombie Britannique
- Alberta
- Saskatchewan
- Manitoba
- Ontario (1867)
- Québec (1867)
- Newfoundland/Terre Neuve
- New Brunswick/Nouveau Brunswick (1867)
- Nova Scotia/Nouvelle Écosse (1867)
- Prince Edward Island/Île-du-Prince-Édouard

Hinzu kommen die drei Territorien ohne Provinzstatus Yukon Territory/Territoire du Yukon, Northwest Territories/Territoires du Nord-Ouest und, seit 1. April 1999, Nunavut.

Die Geschichte Kanadas ist vom Dualismus der beiden Gründervölker, Briten und Franzosen, geprägt. Die so entstandene Doppelkultur manifestiert sich u.a. in verschiedenen Gesetzgebungen, Bildungssystemen und Sprachen. Seit dem *Official Language Act/Loi sur les langues officielles* (1969) sind Englisch und Französisch offiziell gleichberechtigte Staatssprachen. Frankophone Kanadier leben nicht nur in der französischsprachigen Provinz Québec oder in der bilingualen Provinz New Brunswick, sondern z. B. auch in Ontario *(Franco-Ontariens)* und Saskatchewan *(Fransaskois)*. Daneben wird aber auch versucht, den besonderen Bedürf-

1 BILDUNGSWESEN UND HOCHSCHULSYSTEM

In Kanada gibt es kein Bildungsministerium auf Bundesebene und kein einheitliches Bildungssystem. Grundsätzlich liegt die Zuständigkeit für das Bildungswesen seit dem *British North America Act/Acte de l'Amérique du Nord britannique* von 1867 bei den Provinzregierungen *(Department of Education/Ministère de l'éducation)*. Diese Kulturhoheit wird in der kanadischen Verfassung bestätigt. Aufgrund dieser dezentralen Kulturhoheit sowie den unterschiedlichen englischen und französischen Traditionen gibt es wesentliche Unterschiede in den Bildungssystemen der Provinzen, z. B. bei den Pflichtschuljahren und im tertiären Bereich.

1.1 Schulsystem

Die Ausbildung an Grundschulen *(elementary, primary school/école élémentaire, primaire)* dauert in der Regel sechs Jahre (in Ontario und Manitoba acht Jahre, in British Columbia sieben Jahre). Ihr gehen in verschiedenen Provinzen ein oder zwei Jahre Vorschule *(pre-elementary/pré-scolaire)* voraus.

Der Sekundarbereich umfasst fünf bis sechs Jahre, entweder drei Jahre *junior high school/premier cycle du secondaire* und zwei bis drei Jahre *senior high school/deuxième cycle du secondaire* oder beides zusammen in einer *combined junior senior high school/premier et deuxième cycles réunis du secondaire*. Eine Ausnahme ist Québec, wo der Sekundarbereich bereits nach der Jahrgangsstufe 11 endet. Im Anschluss daran ist für die Zulassung zu einer Hochschule eine zweijährige Ausbildung an einem *Collège d'enseignement général et professionnel (CEGEP)* erforderlich.

Der Unterricht erfolgt nicht im Klassenverbund, sondern der Schüler belegt einzelne Kurse, in denen *credits/crédits* erworben werden. Ist die erforderliche Anzahl erbracht, erfolgt die Einordnung in die nächsthöhere Stufe. In den höheren Stufen nimmt die Zahl der Pflichtveranstaltungen kontinuierlich ab, was eine Spezialisierung erlaubt. Der Sekundarbereich eröffnet die Möglichkeit zu einer allgemeinen, einer technisch orientierten oder einer berufsbezogenen Ausbildung. Am Ende erhält der Schüler ein Abschlusszeugnis *(high school diploma/diplôme d'études secondaire)*.

1.2 Geschichte des Hochschulwesens

Die ersten *colleges* in Kanada waren konfessionelle Einrichtungen, die die jeweiligen religiösen Überzeugungen ihrer Gründungsväter widerspiegelten. So gründete der erste Bischof Neufrankreichs, Monseigneur de Laval, 1663 das *Séminaire de Québec*. Dieses Priesterseminar bildete die Basis zur Gründung der *Université Laval* im Jahre 1852. Montréal kam 1876 als Standort dazu, und 1920 wurde aus den bestehenden Einrichtungen die *Université de Montréal* gegründet. Zur Zeit der Konföderation (1867) gab es in Kanada 17 *colleges*, 13 davon konfessionell ausgerichtet.

Die kanadischen Universitäten orientieren sich an den französischen *collèges classiques* und an den englischen Hochschulen. Auf Grund dieser Tradition tragen einige Hochschulen auch heute noch den Namen *college*. Als weitere Modelle dienten die schottischen (u. a. Dalhousie, McGill) und die staatlichen amerikanischen Hochschulen (1906 Alberta, 1907 Saskatchewan, 1908 British Columbia u.a.).

Wegen der hohen Kosten, die sich aus der Vielzahl der (meist privaten) Einrichtungen ergaben, wurde eine Möglichkeit zur Konsolidierung gesucht. Die Regierung von Ontario entzog beispielsweise 1868 den konfessionellen Institutionen ihre Unterstützung und zwang sie auf diese Weise, mit der öffentlichen Hand zusammenzuarbeiten. So schlossen sich die drei konfessionellen Universitäten *Victoria College*, *St. Michael's College* und *Trinity College* der Universität Toronto an, wobei ihre Autonomie bestehen blieb, das Fächerspektrum aber begrenzt wurde. Der Unterricht in den meisten Fachrichtungen und die Verleihung der Abschlüsse, außer in Theologie, ging an die öffentliche Institution über. Dieses Modell wurde von vielen kanadischen Hochschulen übernommen. Die meisten Hochschulen sind heute in öffentlicher Trägerschaft.

Seit den 50er Jahren wächst die Zahl der Vollzeitstudierenden an kanadischen Hochschulen kontinuierlich; heute hat Kanada – nach den Vereinigten Staaten – weltweit den höchsten Prozentsatz an Studierenden.

1.3	Aufbau des Hochschulsystems

Im tertiären Bildungsbereich Kanadas unterscheidet man zwei große Gruppen: die Hochschulen **(colleges/universities)**, die ein Fachstudium anbieten und akademische Grade *(degrees)* verleihen, und die **community colleges/collèges communautaires,** die allgemeine und berufsbezogene Ausbildungsgänge anbieten und *diplomas/certificates* verleihen.

Die im kanadischen Bildungswesen gebräuchlichen Bezeichnungen für Einrichtungen im tertiären Bereich können für ausländische Studierende sehr verwirrend sein, deshalb folgen hier einige generelle Erläuterungen zur Terminologie von Hochschuleinrichtungen in Kanada. Der Begriff **university** bezeichnet in der Regel Lehr- und Forschungsstätten, an denen ein erster und zweiter akademischer Grad und oft auch ein dritter, der Doktorgrad, erworben werden kann. Manche Einrichtungen dieser Art werden jedoch auch als *colleges* oder *institutes* bezeichnet, was meist historische Gründe hat: Es sind Einrichtungen, die als *college* gegründet wurden und trotz Universitätsstatus ihre alte Bezeichnung behalten haben.

Der Begriff **college** bezeichnet in der Regel (wenn sich nicht eine *university* dahinter verbirgt) eine Ausbildungsstätte, die mit einem ersten akademischen Grad (in der Regel dem *B.A.)* endet. Schließlich gibt es noch die *university colleges*, die – wie der Name suggeriert – sowohl *degrees* als auch *college diplomas/certificates* verleihen.

> Absolute Priorität bei der Suche nach einem Studienort in Kanada sollte die Wahl des geeigneten *study programs* haben. Inhalt, Länge und Abschluss des gewählten Studienprogramms haben mehr Aussagekraft als der Name der Hochschule.

Community colleges/ Collèges communautaires

Der Begriff *community college* wird für eine Vielzahl von postsekundären Studieneinrichtungen verwendet, die in der Regel keine Universitätsgrade *(degrees)* verleihen. So haben die zurzeit 148 postsekundären Einrichtungen, die zur *Association of Canadian Community Colleges (ACCC)* gehören, eine Reihe unterschiedlicher Bezeichnungen: außer *community colleges* heißen sie u. a. *technical institutes, colleges of applied art and technology, technical schools, institutes of applied arts and sciences, university colleges* oder, in *Québec, collèges*

Hochschulsystem in Kanada

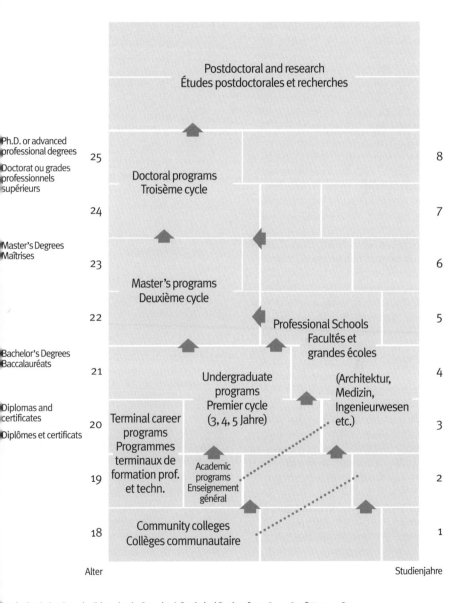

Nach: Statistics Canada, Education in Canada: A Statistical Review for 1983–1984. Ottawa 1984.

d'enseignement général et professionnel (CEGEP). Diese Institutionen haben primär die Aufgabe, Studierende in zwei bis vier Studienjahren auf berufliche Tätigkeiten im Bereich des Handels und der Industrie vorzubereiten. Die Studieninhalte orientieren sich an den Bedürfnissen des Arbeitsmarktes; einige Studienprogramme beinhalten Praktika. Absolventen dieser berufsorientierten Ausbildung erhalten nach erfolgreichem Abschluss ein *certificate* oder *college diploma*.

Das berufsbezogene Studium, ohne Verleihung eines Universitätsgrades, ist auch heute noch das Hauptmerkmal der *community colleges*. Seit Jahren ist jedoch eine wachsende Zahl dieser Institutionen zu verzeichnen, die auch akademische Grade *(degrees)* verleihen. Andere bieten Studiengänge an, die den Übergang zur Universität im zweiten oder dritten Jahr ermöglichen. *CEGEP* bietet z. B. zwei unterschiedliche Ausbildungsprogramme an: ein dreijähriges berufsorientiertes Studienprogramm, das zum *diploma* führt, und einen zweijährigen akademisch orientierten Ausbildungsgang, dessen erfolgreicher Abschluss den Wechsel zur Universität ermöglicht. Einige *colleges* u. a. in Alberta und British Columbia bieten so genannte *university transfer programs/programmes de transfert à l'université* an, die es erlauben, nach dem Sekundarabschluss ein Ausbildungsniveau zu erreichen, das einem ersten oder zweiten Universitätsjahr entspricht. Dadurch ist es möglich, an der Universität in das zweite oder dritte Studienjahr eingeschrieben zu werden.

Community colleges legen ihre Zulassungsbedingungen und Gebühren selbst fest und bestimmen auch ihre eigenen Richtlinien zur Beurteilung ausländischer Zeugnisse. Man kann in der Regel davon ausgehen, dass ein deutscher Sekundarschulabschluss oder ein anerkanntes Äquivalent für die Zulassung ausreichen. Bewerber müssen gegebenenfalls an Eingangsprüfungen teilnehmen; für manche Studienprogramme werden Vorbereitungskurse verlangt. Für die Zulassung wendet man sich – ein Jahr vor der geplanten Studienaufnahme – an den *Registrar/Registraire* der jeweiligen Institution. Bewerbungen für Einrichtungen in der Provinz Ontario müssen an den *Ontario College Application Service* gerichtet werden. Weitere Einzelheiten zu Zulassungsvoraussetzungen, Qualifikationen, Sprachkenntnissen, Studiengebühren, Studienprogrammen etc. sind bei den entsprechenden Institutionen und bei der *Association of Canadian Community Colleges (ACCC)* zu erfahren. Die Adressen sind im Abschnitt 6 „Serviceteil: Übersichten und Adressen" aufgeführt.

Colleges/Universities

Die *Association of Universities and Colleges of Canada (AUCC)* verzeichnet derzeit 92 Mitgliedsinstitutionen. Dazu gehören große Universitäten mit bis zu 60.000 Studierenden, die ein breites Spektrum an Studienprogrammen (*undergraduate* und *graduate*) anbieten, sowie kleine Einrichtungen, die berufsvorbereitende Studienprogramme in unterschiedlichen Bereichen wie Ingenieurwesen, Landwirtschaft, Design usw. durchführen. Einige Hochschulen haben ihre konfessionelle Ausrichtung beibehalten, sich aber mit öffentlichen Institutionen zusammengeschlossen, um die Verleihung der akademischen Grade zu sichern (vgl. Abschnitt 1.2 „Geschichte des Hochschulwesens").

Neben den englischsprachigen Hochschulen gibt es zehn französischsprachige und vier zweisprachige, wobei die Sprache der jeweiligen Institution nicht in jedem Fall die Sprache des geographischen Umfelds ist: die englischsprachige McGill University z. B. liegt im französischsprachigen Montréal.

1.4 Verwaltungsstruktur der Hochschulen

In der Regel werden die Rechtsverordnungen zur Gründung einer neuen Hochschule oder zur Änderung einer bestehenden Einrichtung von den Provinzregierungen erlassen. Ist eine Hochschule als Körperschaft des öffentlichen Rechts geschaffen, so gehen die Vollmachten auf Organe der Hochschule über.

Fast alle kanadischen Hochschulen sind in einem Zweikammer-System organisiert. Die einer Universität verliehenen Vollmachten gehen auf ein Selbstverwaltungsorgan über, dem *Board of Governors*. Ihm obliegt auch die Aufsicht über die finanziellen Angelegenheiten. Diesem Organ gehören u. a. Regierungsvertreter, Angehörige der Verwaltung der Universität, Hochschullehrer und Studenten an. Die Verantwortung für die akademischen Angelegenheiten liegt beim Senat. Er ist zuständig für Zulassung, Vorlesungsplan, Programmentwicklung, akademischen Inhalt und Grade. Ihm gehören der Präsident der Hochschule, Mitglieder des Lehrkörpers, der Verwaltung und meist auch Studenten an. Die Universitäten Laval und Toronto sind nach einem Einkammer-System organisiert, d. h. alle Aufgabenbereiche werden von einem Organ wahrgenommen. Zur Leitung einer Hochschule gehören u. a. Präsident/Rektor, Kanzler, Schatzmeister und die Dekane der Fakultäten und Verwaltungsbereiche. Die Hochschulen sind in *faculties/departments*, unseren Fachbereichen/Seminaren vergleichbar, unterteilt. Den einzelnen Fachbereichen stehen *deans* (Dekane) vor. An vielen Hochschulen gibt es zusätzlich zu den Dekanen der Fachbereiche noch den *Dean of Graduate Studies*, der sich um den Graduierten-Bereich kümmert.

1.5 Studienjahr

Das Studienjahr dauert in der Regel von September bis Mai. In der Regel ist es in drei *terms* oder zwei *semesters* eingeteilt. Einige Universitäten haben parallel das Semester- sowie das Trimester-System, d. h. Studierende werden sowohl im Januar und/oder Mai als auch im September zugelassen. Viele Universitäten bieten zudem Kurse und Studienprogramme während des Sommers *(summer session, intersession)* an.

1.6 Studienaufbau und Abschlüsse

Die meisten kanadischen Studienanfänger sind 18 oder 19 Jahre alt, wenn sie – nach 12 Schuljahren – mit ihren *undergraduate studies* beginnen. Studierende wählen ein bestimmtes Studienprogramm (*undergraduate study program* oder *graduate study program*). Das Studium ist in Studienjahre gegliedert und baut im Prinzip auf den jeweiligen Kursexamina auf. Aufgrund der großen Unterschiede zwischen den kanadischen Hochschulen und ihren Fächerspektren wird an dieser Stelle nur auf einige Charakteristika hingewiesen; Einzelheiten müssen den Vorlesungsverzeichnissen entnommen werden.

Ferner wird hier nicht auf die Möglichkeit, als *part-time student/étudiant à temps partiel* nicht die volle Anzahl von Kursen zu absolvieren, eingegangen. Ein solches Studium wird oft von kanadischen Berufstätigen genutzt, ist jedoch für ausländische Studierende wenig interessant. Dasselbe gilt für ein Studium an einer Fernuniversität. Beide Studienformen, die des Teilzeit- und Fernstudiums, werden in der Regel nicht von deutschen Hochschulen anerkannt.

Das Studium an kanadischen Hochschulen lässt sich in zwei Abschnitte einteilen:
- *undergraduate studies/premier cycle*
- *graduate studies/deuxième et troisième cycles*

Undergraduate studies/Premier cycle

Ein erfolgreicher Sekundarschulabschluss ist generell die Voraussetzung für *undergraduate studies*. *Undergraduate programs* dauern – je nach Provinz und dem Grad der Spezialisierung – drei bis fünf Jahre und führen zu einem ersten Studienabschluss *(Bachelor/Baccalauréat)*. Dieser Abschluss kann eher eine Art Studium generale darstellen *(B.A. – Bachelor of arts/ Baccalauréat des arts; B.Sc. – Bachelor of science/Baccalauréat des sciences; B.Arts.Sc. – Bachelor of arts and science; B.G.S. – Bachelor of general studies)*, kann aber auch schon eine Spezialisierung im Hinblick auf eine Berufsqualifikation vermitteln, z. B. *B.Arch. – Bachelor of architecture/Baccalauréat en architecture* oder *B.Adm./B.Admin. – Bachelor of administation/ Baccalauréat en administration*. Der größte Teil der Studierenden verlässt nach dem *Bachelor* die Hochschule und steigt ins Berufsleben ein.

Der erste Abschluss in den Studienfächern *architecture, engineering, education, medicine, law and dentistry* wird als **first professional degree** bezeichnet und zählt als *undergraduate program*. Zulassungsvoraussetzung für ein *first professional degree program* ist in der Regel ein mindestens zweijähriges *undergraduate*-Studium in einem verwandten Fachgebiet mit hervorragendem Notendurchschnitt. Viele Hochschulen verlangen auch Zulassungstests wie den *LSAT (law)* oder den *DAT (dentistry)*. Genaue Auskunft kann nur die betreffende Hochschule geben.

Graduate studies/Deuxième et troisième cycles

Voraussetzung für die Zulassung als *graduate student* ist der erste Hochschulabschluss *(B.A., B.Sc.)* und ein guter Notendurchschnitt (vgl. Glossar: *honours degree)*.

Graduate studies schließen an den *Bachelor* an und führen zum Erwerb weiterer Hochschulabschlüsse wie *Master's degree/Maîtrise* und *Ph.D./Doctorat*. Der erfolgreiche Abschluss des in der Regel zweijährigen *master's program* ist Voraussetzung zur Aufnahme in ein *doctoral program*. Bei der Einteilung in *cycles* steht am Ende des zweiten Zyklus die *Maîtrise*, am Ende des dritten Studienabschnitts die Promotion *(doctorat)*. Die Zusammenarbeit zwischen Dozenten und Studierenden ist in diesen *graduate programs* wesentlich enger und intensiver als an deutschen Hochschulen. Neben der Kursarbeit ist ein wichtiger Teil die Abfassung der Magister-/Promotionsarbeit.

Für die regulierten Bereiche wie Medizin, Pädagogik, Jura oder Sozialarbeit sind zusätzliche berufsqualifizierende Abschlüsse oder Zertifikate für die Berufsausübung nötig.

> Wenn man in Kanada das Studienfach wechseln will, benötigt man als Ausländer die Zustimmung der Einwanderungsbehörde (siehe Abschnitt 4.1 „Einreise und Aufenthalt").

1.7 Studienberatung und Studentenvereinigungen

Die meisten Hochschulen beschäftigen einen *foreign student adviser* (oder *international* bzw. *overseas adviser*), der zum *Department of Student Services* gehört und sich um die Belange ausländischer Studenten kümmert. Der *adviser* ist Ansprechpartner für akademische Belange wie für Fragen zum täglichen Leben. Auf den Websites der Hochschulen findet man unter „*campus life*" oder „*student services*" ausführliche Informationen über die Dienstleistungen, die Studenten zur Verfügung stehen.

An allen Hochschulen haben sich Studenten zu *societies, groups, associations, fraternities* oder *sororities* zusammengeschlossen, die religiös, fachlich, politisch oder weltanschaulich ausgerichtet sind. Es gibt Studentenorganisationen, die ihre Hauptaufgabe darin sehen, Studenteninteressen zu vertreten; bei anderen stehen Hobbies und Freizeit im Vordergrund. Für ausländische Studierende sind die internationalen Studentenclubs *(International Students' Associations)* interessant, da sie sich hauptsächlich um die neu angekommenen Studenten kümmern und ihnen mit einem sozialen, kulturellen und sportlichen Angebot das Einleben erleichtern.

2 BEWERBUNG

Ein Auslandsstudium muss sorgfältig und rechtzeitig geplant werden. Die Bewerbung an einer kanadischen Hochschule ist mit einigem bürokratischen Aufwand verbunden. Wenn Sie ein Vollstudium in Erwägung ziehen, sollten Sie mindestens eineinhalb Jahre vor dem geplanten Studienaufenthalt mit der Vorbereitung beginnen. Es gibt auch Agenturen in Deutschland, die die Bewerbungsformalitäten für Sie erledigen. Erkundigen Sie sich vorher, ob dieser Service kostenfrei ist. Einige verlangen sehr hohe Gebühren. Gratisbewerbungshilfe gibt es zum Beispiel zu vielen Partneruniversitäten von college-contact.com.

Nutzen Sie folgende Informationsquellen:

- Die *Association of Universities and Colleges of Canada/AUCC* (www.aucc.ca) informiert umfassend über Hochschulwesen und Hochschulen in Kanada. Die Datenbank *Directory of Canadian Universities* führt über 10.000 *undergraduate* und *graduate programs* auf.
- Die Kanadische Botschaft bzw. deren Website www.kanada-info.de vermittelt Ihnen einen Überblick über Einreise und Studiengenehmigung.
- Fragen Sie beim Akademischen Auslandsamt Ihrer Heimathochschule nach bestehenden Partnerschaften und Förderungsmöglichkeiten, lassen Sie sich beraten. Unter www.hochschulkompass.hrk.de finden Sie auch im Internet Informationen zu den Hochschulpartnerschaften.
- Informieren Sie sich bei den Kanada-Info-Stellen in Deutschland; knüpfen Sie Kontakt mit Ehemaligen und holen Sie sich *first hand information*.

- Erkundigen Sie sich bei der betreffenden Hochschule in Kanada konkret nach Studienprogrammen, Studienverlauf und -inhalten, nach Fristen, Zulassungsprüfungen, Einschreibungsmodalitäten und Studiengebühren.

2.1 Zulassungsvoraussetzungen

Die kanadischen Hochschulen sind bei der Zulassung ihrer Studierenden autonom; es gibt für das Studium an einer Hochschule in Kanada keine einheitlichen Zulassungsvoraussetzungen. Alle Bewerber müssen sich, nachdem sie sich für ein Studienprogramm entschieden haben, direkt an die betreffende Institution wenden, die die Qualifikation des Studienbewerbers im Einzelfall prüft. Dies gilt für Studienanfänger wie für Studienfortsetzer. Da die Zulassungsvoraussetzungen variieren können und die endgültige Entscheidung bei der Hochschule selbst liegt, ist es durchaus möglich, dass erst eine zweite – oder weitere – Bewerbung an einer anderen Hochschule erfolgreich ist.

Deutsche Studienbewerber, die die Zulassungsvoraussetzungen für eine deutsche Universität erfüllt haben, werden in der Regel zugelassen. Hier kann jedoch der Notendurchschnitt im Abschlusszeugnis eine Rolle spielen. Außerdem müssen für die Zulassung zu einigen Studiengängen bestimmte fachliche Vorleistungen nachgewiesen und Eingangsprüfungen abgelegt werden. Als Beispiele für berufsbezogene Fächer, in denen Vorleistungen zu erbringen sind, seien Medizin und Jura genannt. Neben den üblichen Eingangstests verlangen viele Hochschulen für das Fach Medizin mehrere Semester *undergraduate studies,* einige ein komplettes *B.A.*-Studium. Die *McGill University* z. B. verlangt für das Studium der Medizin und Zahnmedizin einen *B.A.*-Abschluss. Für Jura fordern die Hochschulen neben den üblichen Eingangstests ein in der Regel zweijähriges zu einem Abschluss hinführendes Studium oder einen *B.A.*

Ob sie für das gewählte *study program* einen Zulassungstest ablegen müssen und welche Vorleistungen nachzuweisen sind, müssen Bewerber im Einzelfall mit der Hochschule ihrer Wahl klären.

Ausführliche Informationen über die Hochschulen in Kanada – einschließlich der jeweiligen Zulassungsbedingungen – enthält das *Directory of Canadian Universities*, das gegen eine Gebühr von 39,95 Can-$ (plus 5 Can-$ für die Versendung per Post) von der *AUCC* (www.aucc.ca) bezogen werden kann. Auf den Homepages der einzelnen Hochschulen findet man in der Regel ebenfalls Angaben über Zulassungsvoraussetzungen.

2.2 Zulassungsbeschränkungen

Viele kanadische Universitäten lassen nur eine bestimmte Anzahl ausländischer Studenten zu. Für berufsbezogene Fächer (z. B. Medizin, Zahn-, Veterinärmedizin, Biologie, Pharmazie, Jura, Architektur, Ingenieurwissenschaften, Theologie etc.) sind die Aussichten, zugelassen zu werden, gering. Die von den vergleichbaren deutschen Studienangeboten stark abweichende Struktur dieser Studiengänge macht es Bewerber von deutschen Hochschulen sehr schwierig, die geforderten Vorleistungen zu erbringen. Gegebenenfalls müssen naturwissenschaftliche oder andere Kurse nachgeholt werden. Zudem sind gerade die Plätze in diesen Fachrichtungen begrenzt. Bei der Vergabe haben Kanadier Vorrang; es besteht kaum eine Möglichkeit für Ausländer.

Über Englisch- bzw. Französischkurse informiert der *Canada Language Council* (P.O. Box 53063, Ottawa ON K1N 1C5, www.c-l-c.ca).

2.3 Sprachliche Voraussetzungen

Englisch und Französisch sind die zwei offiziellen Sprachen Kanadas. Die Institutionen auf Bundesebene tragen der Zweisprachigkeit Rechnung und sind bilingual.

Alle kanadischen Hochschulen verlangen von ausländischen Studenten gute Kenntnisse der jeweiligen Unterrichtssprache, d. h. Englisch oder Französisch. Obwohl der *TOEFL (Test of English as a Foreign Language)* in der Regel von den Hochschulen anerkannt wird, sollte man sich rechtzeitig bei der Hochschule seiner Wahl vergewissern. Einige Hochschulen führen eigene Sprachprüfungen durch, andere ziehen Englischtests wie den *IELTS* vor.

Informationen zum *TOEFL* erteilt:
Educational Testing Service (ETS)
- Janskerkhof 19
  NL-3512 BM Utrecht
- PO Box 6151
  Princeton, New Jersey 08541, USA
  E-Mail: toefl@ets.org
  www.toefl.org

Für Hochschulen mit Französisch als Unterrichtssprache gibt es keinen standardisierten Sprachtest, den ausländische Studierende ablegen könnten. Hier prüfen die Hochschulen im Einzelfall, ob das Niveau der Französischkenntnisse für ein Studium ausreichend ist. Wird der Sprachtest nicht bestanden, so kann man sich in der Regel die notwendigen Kenntnisse in Extrakursen aneignen. Auch hier ist es wichtig, sich rechtzeitig bei der jeweiligen Universität zu erkundigen.

2.4 Zulassungsverfahren und Einschreibung

Ausländische Studierende beantragen die Zulassung zu einem Studienprogramm direkt bei der kanadischen Hochschule ihrer Wahl, die im Zusammenhang mit der Bewerbung die Gleichwertigkeit der Schulzeugnisse, Studienzeiten und Studienleistungen prüft. Dieser Antrag auf Zulassung ist recht zeitaufwendig und sollte mindestens eineinhalb Jahre, spätestens ein Jahr im Voraus erfolgen, d. h. für Universitäten mit Studienjahren (vgl. Abschnitt 1.5 „Studienjahr") im September des Jahres, das dem gewünschten Studienbeginn vorausgeht. Bei Hochschulen mit Trimestern kann eine Zulassung in der Regel zu jedem Trimester erfolgen. Man sollte sich jedoch auch hier mindestens ein Jahr vorher um die Zulassung bemühen. Erfolgt die Zulassung, so erhält man einen *letter of acceptance/lettre d'acceptation*, der für die Studiengenehmigung/Einreise unbedingt erforderlich ist.

Für das Zulassungsverfahren und die Einstufung werden Leistungsnachweise in Form von Zeugnissen (z. B. Abitur, Zwischenprüfung, Vordiplom etc.) und die Nachweise einzelner Kurse/Lehrveranstaltungen (möglichst benotet und einzeln aufgelistet) benötigt. Die Dokumente sollten erst dann zugesandt werden, wenn sie verlangt werden. Alle Dokumente und Nachweise müssen ins Englische oder Französische übersetzt und amtlich oder notariell beglaubigt sein. Auskünfte hierzu erteilen die Kanadische Botschaft und die kanadischen Konsulate.

Undergraduate studies/Premier cycle

Die Bewerbungsunterlagen – und Vorlesungsverzeichnisse – sind beim *Registrar of undergraduate studies/Registraire des études de premier cycle* der Universität anzufordern. Man sollte bereits in diesem Schreiben die gewünschte Fachrichtung angeben. Die Bewerbungsunterlagen für eine Hochschule in der Provinz Ontario sind beim *Ontario Universities' Application Centre* erhältlich. Die Hochschulen in British Columbia akzeptieren Bewerbungen auch online über den *Post-Secondary Application Service of British Columbia*. Die Adressen sind im „Serviceteil: Übersichten und Adressen", Abschnitt 6.3, aufgeführt.

Für das Studium von berufsbezogenen Fächern sind an einigen Universitäten bestimmte Vorleistungen erforderlich (siehe Abschnitt 2.1 „Zulassungsvoraussetzungen"). In diesen Fällen muss man sich an die entsprechende Fakultät wenden. Hinweise zum genauen Bewerbungsverfahren finden sich im jeweiligen Vorlesungsverzeichnis.

Graduate studies/Deuxième et troisième cycles

Wer Studienfortsetzer und an einem Graduiertenstudium interessiert ist, wendet sich an den zuständigen Dekan (*Dean of Graduate Studies/Doyen des études supérieures*). Im Gegensatz zu deutschen Hochschulen existiert neben den Dekanen der einzelnen Fakultäten u. a. auch ein Dekan für *graduate studies*. Die Entscheidung über die Zulassung und Einstufung erfolgt in Absprache mit der zuständigen Fakultät.

Für den Fachbereich **Medizin** wendet man sich an die *Association of Canadian Medical Colleges,* 774 Echo Drive, Ottawa, Ontario K1S 5P2, Telefon (0 01-6 13) 7 30 06 87, Telefax (0 01-6 13) 7 30 11 96.

Hier kann man für 35 Can-$ die Broschüre *Admissions Requirements to Canadian Faculties of Medicine* bestellen oder unter www.acmc.ca kostenlos abrufen.

Die **Einschreibung** erfolgt nach Zulassung und Ausstellung einer Studiengenehmigung innerhalb einer im betreffenden Vorlesungsverzeichnis angegebenen Frist. Gleichzeitig mit der Einschreibung müssen die Studiengebühren entrichtet werden. Wird dieser Termin überschritten, fallen Strafgebühren an.

Studieren in Québec

Wer eine Hochschule in der Provinz Québec besuchen möchte, braucht – zusätzlich zu allen von der kanadischen Regierung geforderten Voraussetzungen – die Zustimmung der Provinzbehörden in Form eines *Certificat d'acceptation du Québec (CAQ)*. Die Hochschule in Québec verschickt zusammen mit der Zulassungsbestätigung automatisch das Antragsformular für ein *CAQ*. Dieses ausgefüllte Formular muss direkt oder über die kanadische Botschaft an die zuständige Einwanderungsbehörde in Québec geschickt werden (siehe auch Abschnitt 4.1 „Einreise und Aufenthalt").

2.5 Anerkennung von Studienzeiten und Studienleistungen

In Kanada haben die Bundes- und Provinzregierungen das *CICIC (Canadian Information Centre for International Credentials/Centre d'information canadien sur les diplômes internationaux)* eingerichtet, um auf Bundesebene eine Informationsstelle für die Anerkennung von Leistungsnachweisen zu schaffen. Bewerber können sich hier betreffs Anerkennung ausländischer Zeugnisse und Einstufung in das kanadische Studiensystem beraten lassen.

Das *CICIC* hat eine Broschüre veröffentlicht, die unter dem Titel *Information for students educated abroad applying for admission to Canadian universities and colleges/Renseignements à l'intention des personnes éduquées à l'étranger qui désirent s'inscrire dans des universités et collèges du Canada* auf der Website des *CICIC* (www.cicic.ca) regelmäßig aktualisiert wird. Falls nötig, verweist das *CICIC* an weitere zuständige Stellen.

Es gibt zudem noch eine Reihe anderer Einrichtungen, die bei der Anerkennung von Leistungsnachweisen behilflich sind. Dabei handelt es sich zum Teil um Einrichtungen der Provinzen, aber auch um andere „*services*", die in der Regel eine Gebühr erheben und deren Beurteilungsschreiben nicht von allen Einrichtungen anerkannt werden.

Wer sich selbst im Internet einen Überblick über die Anerkennung von Leistungsnachweisen verschaffen möchte, kann dies bei folgenden offiziellen Stellen tun:

- www.bcit.ca/ices *(International Credential Evaluation Service*, Burnaby)
- www.aecd.gov.ab.ca/iqas *(International Qualifications Assessment Service*, Edmonton)
- www.immq.gouv.qc.ca/francais/education/etudes-quebec.html *(Service des équivalences d'études*, Montréal)
- www.yorku.ca/admissio/aces.asp *(Academic Credentials Evaluation Service*, York University)
- www.icascanada.ca *(International Credential Assessment Service of Canada*, Guelph)

Studienbewerber, die die Zulassungsvoraussetzungen für eine deutsche Universität erfüllen, können davon ausgehen, dass sie auch in Kanada zugelassen werden. Über die Einstufung entscheiden die Hochschulen autonom.

Studienfortsetzer werden ihren Leistungen entsprechend zu einem Studienprogramm/Studienjahr zugelassen, wobei die Mindestanforderungen des jeweiligen Studienprogramms ausschlaggebend sind. Es ist wichtig, alle Studien- und Prüfungsleistungen (mit Noten) zu dokumentieren.

Zuständig für die Anrechnung/Anerkennung von in Kanada erbrachten Studienzeiten und Prüfungsleistungen im Hinblick auf ein Weiterstudium, ein weiteres Studium oder eine Promotion sind die deutschen Hochschulen bzw. Fachbereiche.

Über die Anrechnung/Anerkennung von in Kanada erbrachten Studien- und Prüfungsleistungen in Studiengängen, die in Deutschland mit Staatsprüfungen abschließen, sind die Landesprüfungsämter bzw. Landesministerien zuständig. Die Führung eines in Kanada erworbenen akademischen Grades bedarf der Genehmigung der zuständigen Wissenschaftsbehörde. Die Adressen der jeweiligen Stellen sind im vierten Kapitel aufgeführt. Man sollte darauf achten, das alle Studienleistungen durch offizielle Unterlagen nachgewiesen werden können, wobei in der Regel nur *credit*-Kurse (da benotet) anerkannt werden.

Da im konkreten Einzelfall und abhängig vom Studiengang unterschiedliche Regelungen gelten können, sollte man sich grundsätzlich vor der Abreise bei der Heimatuniversität bzw. den Prüfungsämtern erkundigen, welche in Kanada erbrachten Studienleistungen und -zeiten nach Rückkehr auf das Studium angerechnet bzw. welche Abschlüsse anerkannt werden.

3 STUDIENGEBÜHREN

Wie in vielen anderen Ländern, die von ihren Studierenden Studiengebühren verlangen, sind auch in Kanada in den letzten Jahren die Gebühren stetig gestiegen. Während 1980 die Studiengebühren 13 % der Kosten einer Hochschule deckten, sind es derzeit 25 %. Da die Höhe der Gebühren je nach Provinz, Hochschule und Studienprogramm erheblich variiert, ist es unumgänglich, dass sich jeder Bewerber an der Hochschule seiner Wahl nach den exakten Studiengebühren erkundigt. Die meisten Hochschulen verlangen von ausländischen Studierenden höhere Studiengebühren als von kanadischen Kommilitonen.

Die folgende Tabelle vermittelt einen Überblick über die durchschnittlichen Studiengebühren für ausländische Studierende im Bereich *general arts* im Studienjahr 2003/2004:

Provinz	Undergraduate/ premier cycle	Graduate/ deuxième, troisième cycle
Alberta	6.293 – 11.078 Can-$	5.298 – 19.200 Can-$
British Columbia	4.462 – 15.870 Can-$	2.272 – 17.499 Can-$
Manitoba	4.940 – 6.900 Can-$	3.759 – 9.685 Can-$
New Brunswick	7.063 – 10.720 Can-$	5.610 – 8.465 Can-$
Newfoundland	7.260 Can-$	1.896 – 3.459 Can-$
Nova Scotia	8.520 – 12.480 Can-$	4.329 – 15.000 Can-$
Ontario	6.900 – 16.204 Can-$	5.432 – 29.000 Can-$
Prince Edward Island	7.510 Can-$	6.100 Can-$
Québec	9.168 – 10.518 Can-$	8.268 – 20.000 Can-$
Saskatchewan	7.779 – 10.890 Can-$	5.313 Can-$

(Quelle: AUCC)

4 LEBEN IN KANADA

4.1 Einreise und Aufenthalt

Für die Einreise nach Kanada brauchen deutsche Studierende, die länger als sechs Monate in Kanada bleiben möchten, einen gültigen Reisepass und eine Studiengenehmigung *(student authorization)*. Die sollte man allerspätestens sechs Monate vor Antritt des Studiums bei der Einwanderungsbehörde der Kanadischen Botschaft beantragen. Voraussetzung für die Studiengenehmigung ist die Zulassung zu einem Studienprogramm in Kanada. Falls die Zeit knapp wird, kann man die Studiengenehmigung auch parallel zur Zulassung beantragen. Deutsche Staatsangehörige brauchen kein Besuchervisum zusätzlich.

Folgende Unterlagen werden von der Kanadischen Botschaft benötigt:

- Antragsformular für die Ausstellung einer Studiengenehmigung (bei der Einwanderungsbehörde oder online unter www.cic.gc.ca/english/pdf/kits/forms/IMM1294B.PDF erhältlich);
- zwei Passfotos (mit vollem Namen und Geburtsdatum auf der Rückseite);
- Kopie des (für die gesamte Studienzeit in Kanada) gültigen Reisepasses;
- Kopie der Zulassungsbestätigung *(letter of acceptance/lettre d'acceptation)* der kanadischen Hochschule;
- Zahlungsbeleg über 75 Euro Bearbeitungsgebühr (muss auf das Konto der Botschaft von Kanada überwiesen werden: Konto-Nummer 438 056 400, BLZ 100 700 00, Deutsche Bank Berlin);
- bei einer Studiendauer von mehr als sechs Monaten ein polizeiliches Führungszeugnis;

- Nachweis der Finanzierung aller anfallenden Kosten (Studiengebühren, Lebenshaltungskosten, Reisekosten etc.). In der Regel genügt hierfür eine Bankbescheinigung oder – im Falle eines Stipendiums – Kopie des Stipendienbescheids;
- Studierende in Québec benötigen zusätzlich ein *certificat d'acceptation du Québec (CAQ)* der Einwanderungsbehörde von Québec. Das Antragsformular (hier als Download erhältlich: www.immigration-quebec.gouv.qc.ca/anglais/publications/pdf/DCAa_etudes.pdf) ist an die Kanadische Botschaft zu senden, die ihn an die entsprechenden Stellen weiterleitet. Eine dadurch bedingte Verzögerung sollte bei der Antragstellung berücksichtigt werden. Das CAQ kostet 82 Euro. Weitere Informationen über ein Studium in Québec: www.immigration-quebec.gouv.qc.ca/anglais/immigration/students/step_foreign_students.html.

Dieser Antrag ist an die Kanadische Botschaft zu senden, die ihn an die entsprechenden Stellen weiterleitet. Eine dadurch bedingte Verzögerung sollte bei der Antragstellung berücksichtigt werden.

Teilnehmer an Englisch- und Französischsprachkursen, die nicht länger als drei Monate dauern, brauchen keine Studiengenehmigung. Bei der Einreise vorzuzeigen sind: gültiger Reisepass, Zulassungsbestätigung, Nachweis über Rückreise und ausreichende Geldmittel.

Eine Verlängerung bzw. Neuausstellung der Studiengenehmigung muss mindestens 30 Tage vor Ablauf der ursprünglichen Genehmigung bei der zuständigen Einwanderungsbehörde in Kanada beantragt werden. Dies ist notwendig, wenn

- der Kurs längere Zeit als ursprünglich angegeben in Anspruch nimmt,
- die Absicht besteht, das Studienfach oder die Hochschule zu wechseln,
- eine Arbeit aufgenommen werden soll,
- das Studium abgebrochen wird, ohne dass die sofortige Heimreise erfolgt,
- sich Unklarheiten hinsichtlich des Aufenthalts ergeben.

4.2 Lebenshaltungskosten

Die Lebenshaltungskosten sind in den einzelnen Provinzen sehr unterschiedlich, wobei British Columbia und Ontario wohl zu den teuersten Provinzen zählen. Tendenziell gilt, dass die Lebenshaltungskosten höher sind als in Deutschland. Man muss mit rund 6.500 Euro im Jahr rechnen.

Zu den ausgeschilderten Preisen muss man noch die Umsatzsteuer der einzelnen Provinzen sowie des Bundes addieren. Bedienungsgelder sind ebenfalls nicht im Preis inbegriffen. Es ist üblich, in Restaurants – und generell bei Dienstleistungen – etwa 15 % des Preises als Trinkgeld zu geben. In gehobenen Restaurants sind 20 % die Regel.

Man sollte sich bereits im Planungsstadium bei der betreffenden Hochschule oder der Einwanderungsstelle der Kanadischen Botschaft nach den aktuellen Kostenberechnungen für Studium und Aufenthalt erkundigen. Da sich das studentische Leben meist auf einem Universitätscampus abspielt, können die Lebenshaltungskosten ziemlich exakt von der Hochschule angegeben werden. Auch in Kanada gibt es für Studenten Vergünstigungen, z. B. für den öffentlichen

Nahverkehr oder Kultur- und Sportveranstaltungen.

4.3 Wohnen

Die meisten Hochschulen sind so genannte *campus universities*: Die verschiedenen Universitätsgebäude und auch die Studentenwohnheime *(residences)* befinden sich auf einem abgegrenzten Universitätsgelände. Studierende können auf dem Universitätsgelände *(on-campus)* sowie außerhalb *(off-campus)* wohnen. Das Wohnen *on-campus* ist – vor allem bei *undergraduates* – sehr beliebt und bietet besonders auch für ausländische Studierende viele Vorteile. Man braucht kein Auto, da alle Veranstaltungen entweder zu Fuß oder mit einem in der Regel kostenlosen Pendelbus zu erreichen sind. Man hat von Anfang an engen Kontakt zu anderen einheimischen und ausländischen Studierenden, was das Einleben und die Integration enorm erleichtert, und man hat zudem den Vorteil, die Landessprache zu perfektionieren, da man sich im Wohnheim meist das Zimmer mit einer weiteren Person teilt und auch mit den anderen Mitbewohnern engen Kontakt hat.

Um einen Platz im Wohnheim zu ergattern, sollte man sich so früh wie möglich (am besten gleichzeitig mit der Zulassungsbewerbung) um einen Platz in einer *residence* bewerben. Informationen dazu erteilt das *housing office/ direction des résidences* bzw. *bureau de location* der Universität. Auskunft erteilt auch der *international student adviser* oder der *registrar* einer Hochschule.

Die oben genannten Stellen sind auch bei der Wohnungssuche *off-campus* behilflich. Viele Hochschulen stellen Zimmer- bzw. Wohnungslisten zusammen, die sie wohnungssuchenden Studierenden zur Verfügung stellen. Bei Wohnungen/Häusern sind im Allgemeinen Einbauküche, Herd und Kühlschrank vorhanden. Der Mietvertrag muss in der Regel über einen längeren Zeitraum abgeschlossen werden; mindestens eine Monatsmiete Kaution ist üblich. Bei Abschluss des Mietvertrags sollte man genau klären, ob und welche Nebenkosten in der Miete inbegriffen sind. Bei Unsicherheiten sollte man nicht zögern, jemand vom *international student office* der Hochschule um Hilfe zu bitten.

4.4 Krankenversicherung, ärztliche Behandlung

Die medizinische Versorgung in Kanada ist sehr gut. Die Kosten für eine medizinische Behandlung oder für einen Krankenhausaufenthalt liegen jedoch deutlich über den in Deutschland üblichen Tarifen. Da bei ausländischen Patienten oft noch ein Zuschlag auf den ohnehin schon erheblichen Rechnungsbetrag erhoben wird, kann die Arztrechnung zum finanziellen Problem werden. Die Leistungen der gesetzlichen deutschen Versicherungsträger erstrecken sich in der Regel nicht auf das außereuropäische Ausland.

Es wird deshalb dringend empfohlen, für die Dauer des Aufenthalts in Kanada eine private Krankenversicherung abzuschließen. Die deutschen Krankenversicherungen können über mögliche (Zusatz-)Versicherungen informieren. An Hochschulen in Ontario besteht mit Ausnahme der *University of Windsor* eine Pflichtversicherung für ausländische Studierende *(University Health Insurance Plan – UHIP)*. Weitere Informationen erteilt die jeweilige Hochschule. Da Stipendien bisweilen eine Krankenversicherung einschließen, sollten sich Stipendiaten zunächst beim Stipendiengeber erkundigen.

4.5 Arbeitsmöglichkeiten für Studierende

Unter den kanadischen Studierenden ist es üblich, während der Studienzeit einer bezahlten Arbeit nachzugehen. Fast die Hälfte trägt mit einem Teilzeitjob zur Finanzierung des Studiums bei. Für deutsche Studierende besteht diese Möglichkeit nicht, da eine Studiengenehmigung keine Arbeitserlaubnis beinhaltet. Die einzige Alternative, etwas Geld zu verdienen, bietet die Arbeit an einer Universität als *teaching assistant/assistant à l'enseignement* (z. B. für Deutsch) oder als *research assistant/ assistant à la recherche* etc. Denkbar ist auch ein bezahltes Praktikum als Teil des Studienprogramms *(on-the-job training/stage de formation pratique)*. Für alle diese Tätigkeiten benötigt man auch eine Arbeitserlaubnis, die aber in der Regel erteilt wird.

Es kann nicht nachdrücklich genug darauf hingewiesen werden, dass sich Arbeitsmöglichkeiten nur selten realisieren lassen und man sie auf keinen Fall als Finanzierungshilfe zum Studium einkalkulieren darf.

4.6 Geldfragen und Banksystem

Der kanadische Dollar hat 100 Cent. Im Umlauf sind 1-, 2-, 5-, 10-, 20-, 50-, 100-, 500- und 1000- Dollar-Noten. Die neuen 1- und 2-Dollar-Münzen werden liebevoll „*loonie*" und „*twonie*" genannt. Viele Geschäfte nehmen Banknoten nur bis 50 Can-$ an. Größere Scheine sollte man bei der Bank einwechseln oder sich erst gar nicht geben lassen. Die Münzen heißen *cent* (1 c), *nickel* (5 c), *dime* (10 c) und *quarter* (25 c).

Europäische Währungen werden – wenn überhaupt – nur mit erheblichen Schwierigkeiten umgetauscht. Travellerschecks, ausgestellt auf kanadische Dollar, werden problemlos akzeptiert. Es mag sich lohnen, bereits vor Abreise Geld zu tauschen, da man in Europa einen besseren Wechselkurs erhält. Da gerade zu Beginn des Auslandsaufenthaltes hohe Ausgaben anfallen können, sollte man einen gut bemessenen Geldbetrag mit sich führen. Es empfiehlt sich, mit einer bekannten Kreditkarte (z. B. American Express, Visa, Eurocard/Mastercard) einzureisen, um von Anfang an Geldmittel zur Verfügung zu haben. Alle gängigen Karten werden als Zahlungsmittel akzeptiert. Die Banken sind in der Regel Montag bis Freitag von 10 bis 15 Uhr geöffnet.

> **Euroschecks werden in Kanada weder angenommen noch eingetauscht.**

Für die Eröffnung eines Kontos bei einer Bank in Kanada sind ein gültiger Reisepass, eine eigene Anschrift und gesicherte Finanzmittel (z. B. regelmäßige Einkünfte) Voraussetzung. Die Einrichtung eines Kontos empfiehlt sich, da in Kanada der bargeldlose Zahlungsverkehr üblich ist. Die Studiengebühren können mit einem von der Bank abgezeichneten Scheck bezahlt werden. Selbst sollte man bei der Annahme eines Barschecks vorsichtig sein. Der Umtausch von Devisen erfolgt nicht in der Bank, sondern in Wechselstuben. Viele kanadische Hochschulen unterhalten auf dem Campus so genannte *student accounts* mit bestimmten Bankverbindungen, wo man seine Geldgeschäfte abwickeln kann.

Hinweise für Stipendiaten

Stipendiaten müssen vor der Abreise mit dem Stipendiengeber klären, wie die Transaktion der Stipendiengelder durchgeführt wird. Auch in Erwartung großzügig fließender Stipendiengelder sollte man zur Sicherheit einen ausreichenden privaten Geldbetrag mitführen, da es bei der Zahlung der Stipendien schon einmal zu Verzögerungen kommen kann.

4.7 Unterwegs in Kanada

In den großen Städten ist der **innerstädtische Verkehr** durch Metro und Bus meist gut abgedeckt. Wer auf dem Campus wohnt, kann sich bequem zu Fuß bzw. mit dem Campus-Pendelbus bewegen. In der Regel verkehren Busse zwischen Campus und der nächsten Stadt oder dem nächsten Einkaufszentrum. Studierende, die weder auf dem Campus noch in Fußentfernung zur nächsten Metro- oder Buslinie wohnen, müssen sich ein **Auto** anschaffen. Fahrradfahren fällt in Kanada unter die Rubrik „Sport" und nicht unter „Fortbewegung"; außerdem kann man das Fahrrad aufgrund der Wetterverhältnisse nur einen Teil des Jahres benutzen. Die Verkehrsvorschriften in Kanada entsprechen weitgehend denen in Deutschland. Die Verkehrszeichen sind ähnlich und dadurch leicht verständlich, die Entfernungsangaben sind in Kilometern. Zwischen deutschen Automobilklubs und der *Canadian Automobile Association/CAA* (1145 Hunt Club Road, Suite 200, Ottawa, Ontario K1V 0Y3, Telefon 0 01-6 13/2 47 01 17, Telefax 0 01-6 13/2 47 01 18, www.caa.ca) bestehen Kooperationsverträge, d. h., Mitglieder deutscher Automobilklubs können gegen Vorlage ihrer Mitgliedsausweise die Dienstleistungen der *CAA* in Anspruch nehmen. Es ist zu beachten, dass der internationale Führerschein nur in Verbindung mit dem nationalen Führerschein und nur für sechs Monate gültig ist.

Die **Flugverbindungen** zwischen Deutschland und Kanada sind ausgezeichnet. Während der Sommermonate gibt es zusätzlich zum regulären Flugangebot Charterflüge, die meist preisgünstiger sind. Da die Preise für Flüge nach Kanada stark variieren, ist es wichtig, sich in einem guten Reisebüro beraten zu lassen. Auch sollte man sich vor Buchung des Fluges bereits überlegen, ob man – im Zuge des Studienaufenthalts – in Kanada (oder den USA) reisen möchte. Ausländische Touristen können nämlich in Verbindung mit einem Transatlantikflug für innerkanadische Flüge (oder für Flüge innerhalb der USA) einen äußerst günstigen Sondertarif in Anspruch nehmen. Voraussetzung ist, dass diese Flüge bereits im Heimatland gebucht werden.

Aufgrund der großen Entfernungen wird auch bei Reisen innerhalb Kanadas oft das Flugzeug benutzt. Wer Zeit hat, kann Kanada preisgünstig mit dem **Bus** bereisen. Für einzelne Gebiete ist der Erwerb von Netzkarten (zeitlich begrenzt) möglich, z. B. der *Tour Pass des Tourisme Québec*, *Tourism Ontario* oder der *Greyhound Canada Pass*. Weitere Informationen sind unter www.greyhound.com abrufbar.

Eine Alternative zum Bus ist die **Bahn**. Für den Personenverkehr innerhalb Kanadas ist die Eisenbahngesellschaft *VIA-Rail* zuständig. Der Generalagent für *VIA-Rail* in Deutschland kann für Sie buchen (North America Travel House, Canada Reise Dienst, CRD International GmbH, Stadthausbrücke 1–3, 20355 Hamburg, Telefon 0 40/30 16-0, Fax 0 40/30 06 16-55). Für Reisen innerhalb Kanadas ist eine feste Sitzplatzreservierung vorgeschrieben.

4.8 Vergünstigungen für Studierende

Der Studentenstatus bringt in der Regel eine Reihe von Vergünstigungen mit sich: ermäßigte Karten für kulturelle oder sportliche Veranstaltungen, reduzierte Eintrittspreise für Sportanlagen bzw. reduzierte Mitgliedsbeiträge für Sportclubs etc. Natürlich muss der Studentenausweis vorgelegt werden. Bisweilen gibt es auch im lokalen oder regionalen Umkreis der Hochschulen in bestimmten Restaurants oder Buchläden Studentenermäßigungen. Auskunft darüber gibt die Hochschule, ebenso über besondere Studententarife für Zug, Metro oder Bus. Ein wenig Vorsicht ist geboten: Manchmal sind andere Sonderangebote billiger als Studententarife.

4.9 Elektrische Geräte, Computer, Telefon

In Kanada wird Wechselstrom mit 110 V/60 Hz verwendet. Für europäische **elektrische Geräte** (220 V/50 Hz), die nicht auf 110 V umschaltbar sind, benötigt man einen Transformator. Für Steckdosen werden für alle deutschen Geräte Zwischenstecker (Amerika-Stecker) benötigt. Am besten kauft man die wenigen für den täglichen Gebrauch nötigen Geräte (Rasierapparat, Föhn) in Kanada und erspart sich die Suche nach Zwischenstecker und Transformator.

Studierende an kanadischen Hochschulen müssen während ihres Studiums eine beträchtliche Anzahl von schriftlichen Hausarbeiten/Referaten *(papers)* verfassen, wofür ein **Computer** unentbehrlich ist. In manchen *departments* mögen Studierende zwar Zugang zu Terminals haben, trotzdem ist ein eigener Computer empfehlenswert. Wer bereits ein Notebook hat, sollte es mitnehmen. Ansonsten empfiehlt sich die Anschaffung in Kanada.

Die Einrichtung eines **Telefons** in der eigenen Wohnung kostet z. B. in Québec ca. 40 Can-$, wobei eine Kaution erhoben werden kann, die jedoch bei Rückgabe des Telefons zurückgezahlt wird. Die Telefonrechnung verzeichnet jedes geführte Gespräch mit Datum, Zeit und Empfänger. Besonderheiten, die jedoch Mehrkosten verursachen, sind: Bei der Wahl der „Null" meldet sich der *operator*, der u. a. bei Auslandsgesprächen behilflich sein kann; die *collect calls* entsprechen R-Gesprächen (Empfänger zahlt); beim *third-number call* werden die entstandenen Gebühren (z. B. aus einer Telefonzelle) der eigenen Telefonrechnung angelastet. Mit einer Telefonkarte, die auch an Automaten innerhalb der Universitäten erhältlich ist, ist bargeldloses Telefonieren möglich.

Da es sich um private Anbieter handelt, variieren die Telefongebühren erheblich. Zur weiteren Verwirrung trägt bei, dass ein und dieselbe Telefongesellschaft unterschiedliche *rates* (Gebühren) anbietet. Es lohnt sich, diese Angebote zu studieren und im Hinblick auf die individuelle Nutzung zu vergleichen. Will man hauptsächlich internationale Gespräche führen, sucht man nach einem Angebot mit billigen *international rates*. Meist sind dann andere Verbindungen (z. B. Ferngespräche innerhalb Kanadas) etwas teurer. Ortsgespräche sind in der Regel in der niedrigen Grundgebühr enthalten.

4.10 Stilfragen

Englisch und Französisch sind die beiden offiziellen Sprachen Kanadas. Obwohl es zahlenmäßig bedeutend mehr englische Muttersprachler als Frankokanadier gibt, sollte man die Sensibilität besitzen, den frankophonen Teil Kanadas nicht als „kleinen Bruder" des englischsprachigen Kanadas zu behandeln. Die Frankokanadier sind sehr stolz auf ihre französischen Wurzeln und ihr wunderschönes Montréal und reagieren empfindlich, wenn dieses Erbe nicht honoriert wird. Ein freundliches *„Bonjour"* oder *„Merci"*, auch wenn man dann mangels weiterer Französischkenntnisse englisch weiterspricht, können Wunder wirken.

Im Übrigen gilt für Kanada im Wesentlichen das, was bei „Stilfragen" im Länderkapitel USA beschrieben wurde. Allerdings wirken Stil und Umgang in Kanada auf uns etwas europäischer als die USA, so dass Eingewöhnung und Anpassung meist etwas leichter fallen.

4.11 Kanada im Internet

Tourismus
Infos über Bus- und Bahnreisen, über Flüge und Unterkunft, über Veranstaltungen und Schnäppchen bietet www.crd.de, der Canada Reise Dienst in Hamburg. Unter www.canada-tourism.com findet man detaillierte Informationen über Land, Leute und Reisemöglichkeiten. Die einzelnen Provinzen und Territorien sind umfassend kommentiert, über Links findet man Zugang zu Informationen über Unterkunft, Parks, Landeskunde, Museen, Veranstaltungen, Städtebeschreibungen (teils mit Stadtplänen) und vielem mehr. Nach *Bed and Breakfast Inns* kann man unter www.traveldata.com suchen.

Medien
Zugang zu englisch- und französischsprachigen Zeitungen und Zeitschriften in allen Provinzen findet man unter www.infocan.gc.ca/newspaper.html. Die neuesten Agenturmeldungen sind unter www.canoe.ca (unter *News*) abrufbar. *Canadian Press/Presse Canadienne*, *CBC Newsworld* und *Canadian Broadcasting Corporation* informieren unter www.cp.org bzw. www.cbc.ca.

Kultur und Freizeit
Einen umfassenden Einblick in die kanadische Kulturlandschaft – seien es Bücher, Musik, Kino oder Theater – bietet http://ca.yahoo.com/Entertainment; über Freizeitgestaltung und Sportmöglichkeiten kann man sich unter http://ca.yahoo.com/Recreation informieren. Eine weitere Tür zu kanadischer Kultur öffnet www.culture.ca, eine Website, die Informationen über kulturelle Veranstaltungen in ganz Kanada vermittelt.

5 ERFAHRUNGSBERICHT: VANCOUVER – EIN AUSLANDS-SEMESTER AN DER SFU

Es gibt genug Gründe, für ein Auslandssemester nach Kanada zu gehen. Neben dem romantischen Bild von endloser, unberührter Wildnis und dem guten Ruf der Universitäten wollte ich endlich mal einen richtigen Winter erleben.

Als ich dann ausgerechnet in Vancouver gelandet bin, stellte ich fest, dass ich auf den „richtigen" Winter dort vergeblich warten würde. Aber alle anderen Urteile kann ich bestätigen.

Als Student des Studienganges Umwelt- und Ressourcenmanagement an der BTU Cottbus ist ein Auslandssemester verpflichtet. Meine Wahl viel auf die Simon Fraser University in Burnaby, einem Stadtteil von Vancouver. Dort gibt es die School of Resource and Environmental Management mit einem ähnlichen Programm wie an meiner Heimatuniversität.

Zwischen meinem gefällten Entschluss und dem Tag, an dem ich ins Flugzeug steigen sollte, vergingen etwa 9 Monate. Der organisatorische Aufwand, insbesondere wenn man auf Eigeninitiative ohne Partnerschaftsvertrag fährt, sollte nicht unterschätzt werden: Zum Beispiel müssen eine Unmenge an Dokumenten und Zertifikaten im Original geschickt werden.

Lodging

In Kanada habe ich mich schnell eingelebt. Während einer spannenden Einführungswoche stand uns ein Buddy zur Verfügung, der uns alles zeigte und mögliche Fragen beantwortete. Ich hatte nie Probleme, Kanadier als Freunde zu gewinnen. Während des ersten Semesters wohnte ich mit drei Kanadiern auf dem Campus im Townhouse „Penticton", was so viel heißt wie „Place to stay forever". Zusammen bewohnten wir ein geräumiges Reihenhaus auf zwei Etagen, mit Lounge und allen erdenklichen Vorzügen ausgestattet. (Die Reservierung für einen Wohnplatz auf dem Campus schickt man mit seiner Studienbewerbung gleich mit.) Trotz aller Annehmlichkeiten entschied ich mich nach Weihnachten für einen Umzug, nicht zuletzt wegen der doch recht hohen Unterkunftskosten (ca. 1.800 Can-$/Sem). Ich zog in eine große Wohngemeinschaft mit 19 Leuten unterschiedlichster Coleur, die zwei alte Villen schon seit den 68ern bewohnen. Das bedeutete für mich zwar, täglich mit dem Skytrain auf den „Berg" zu pendeln, aber ich habe es auch sehr genossen, zentral in der Stadt zu wohnen.

Campusleben

Die Uni liegt auf einem bewaldeten Berg, etwa 45 Minuten von Downtown Vancouver entfernt. Der Unikomplex der SFU gleicht einem großen Organismus. Im Zentrum liegen die imposante Bibliothek, mehrere kleine Geschäfte sowie alle wichtigen Universitätseinrichtungen. Aus dem sechsten Stock der Bibliothek hat man eine fantastische Aussicht auf die Strait of Georgia oder die wolkenverhangenen Küstenberge. Anfänglich war mein Orientierungssinn zwar etwas überfordert, aber irgendwann steigt man hinter das Lagesystem der Vorlesungsräume und Gebäude. Unzählige verwinkelte Innenhöfe und sonnige Dachterrassen laden bei schönem Wetter zum Lernen im Freien ein.

Die Vorlesungen sind, zumindest für die höheren Semester, zulassungsbeschränkt. Was problematisch werden kann, denn Visiting Students haben leider die niedrigste Einschreibepriorität, sodass viele Kurse schon voll sind. Ein weiteres Problem war für mich das automatisierte Einschreibeprozedere, denn ein Computersystem überprüft die nötigen Vorkenntnisse. Dennoch waren die Sekretärinnen der Departments sehr verständnisvoll, sodass ich noch Plätze in Seminaren ergattern konnte.

Das Verhältnis zu den Professoren und TAs war sehr entspannt und inspirativ. Man redet sich mit dem Vornamen an, und einer meiner Professoren, Alex, hatte zur Freude aller seinen Hund „Little Bear" immer mit ins Seminar gebracht. Die sympathische Arbeitsatmosphäre soll aber nicht darüber hinwegtäuschen, dass das Niveau der Seminare teilweise sehr hoch ist und für eine sehr gute Note entsprechendes Engagement an den Tag gelegt werden muss. Exkursionen in von Steinlawinen bedrohte Wohngebiete gehörten genauso zum Programm wie Diskussionen in der Vancouver Art Gallery um die Einflüsse der „Group of Seven" auf das Umweltdenken der Kanadier.

Für mich hat sich die Entscheidung, nach Kanada an die SFU zu gehen, mehr als gelohnt. Auch wenn der Aufwand abschreckend wirken kann – wenn man erst mal angekommen ist, sind die Anstrengungen schnell vergessen – es lohnt sich!

Rico Hübner 2004

Spare time

Mit einem Monatspass (63 $) ist man im Großraum Vancouver sehr mobil. Ich habe versucht, mir die Wochenenden und Ferien freizuhalten, um die „Stadt aus Glas" und die spektakuläre Natur zu erkunden, die in unmittelbarer Umgebung beginnt. Auch studentische Initiativen und Clubs gibt es reichlich. Zu Beginn des Semesters stellen sich alle Clubs vor, und nur für einen Dollar kann man Mitglied werden. Ich war bei der Environmental Action Group, dem Hiking Club und der Kochgruppe mit dabei.

| 6 | **SERVICETEIL:** **ÜBERSICHTEN UND ADRESSEN** | | 6.1 | Hochschulstandorte und Hochschulen in Kanade |

Kursiv = französischsprachige Hochschule
Kursiv und gerade = zweisprachige Hochschule

British Columbia (BC)
- The University of British Columbia, Vancouver 2
- British Columbia Open University, Burnaby 2
- University College of the Cariboo, Kamloops 5
- Emily Carr Institute of Art and Design, Vancouver 2
- University College of the Fraser Valley, Abbotsford 3
- Malaspina University College, Nanaimo 0
- University of Northern British Columbia, Prince George 4
- Okanagan University College, Kelowna 5
- Royal Roads University, Victoria 1
- Simon Fraser University, Burnaby 2
- Trinity Western University, Langley 3
- University of Victoria, Victoria 1

Alberta (AB)
- University of Alberta, Edmonton 7
- Athabasca University, Athabasca 6
- Augustana University College, Camrose 8
- The University of Calgary, Calgary 9
- Concordia University College of Alberta, Edmonton 7
- The King's University College, Edmonton 7
- The University of Lethbridge, Lethbridge 10

Saskatchewan (SK))
- Campion College, Regina 12
- First Nations University of Canada, Regina 12
- Luther College, Regina 12
- The University of Regina, Regina 12
- University of Saskatchewan, Saskatoon 11
- St. Thomas More College, Saskatoon 11

Manitoba (MB)
- Brandon University, Brandon 13
- The University of Manitoba, Winnipeg 14
- *Collège universitaire de Saint-Boniface, Saint-Boniface* 14
- The University of Winnipeg, Winnipeg 14

Ontario (ON)
- Brescia University College, London 22
- Brock University, St. Catharines 23
- Carleton University, Ottawa 25
- *Collège dominicain de philosophie et de théologie, Ottawa* 25
- University of Guelph, Guelph 20
- Huron University College, London 22
- King's University College, London 22
- Lakehead University, Thunder Bay 15
- Laurentian University of Sudbury/ *L'Université Laurentienne de Sudbury*, Sudbury 16
- McMaster University, Hamilton 23
- Nipissing University, North Bay 17
- *University of Ottawa/Université d'Ottawa*, Ottawa 25
- Queen's University at Kingston, Kingston 24
- Redeemer University College, Ancaster 23
- *Royal Military College of Canada/Collège militaire royal du Canada, Kingston* 24
- Ryerson University, Toronto 19
- St. Jerome's University, Waterloo 20
- University of St. Michael's College, Toronto 19
- *Saint-Paul University/Université de Saint-Paul, Ottawa* 25
- *University of Sudbury/Université de Sudbury, Sudbury* 16
- University of Toronto, Toronto 19
- Trent University, Peterborough 18
- University of Trinity College, Toronto 19
- Victoria University, Toronto 19
- University of Waterloo, Waterloo 20

- The University of Western Ontario, London 22
- Wilfried Laurier University, Waterloo 20
- University of Windsor, Windsor 21
- York University, North York 19

Québec (QC)
- Bishop's University, Sherbrooke 29
- Concordia University, Montréal 27
- *Ecole des Hautes Etudes Commerciales, Montréal* 27
- *Université Laval, Québec* 30
- McGill University, Montréal 27
- *Université de Montréal, Montréal* 27
- *Ecole Polytechnique de Montréal, Montréal* 27
- *Université du Québec, Québec* 30
- *Université du Québec en Abitibi-Témiscamingue, Rouyn-Noranda* 26
- *Université du Québec à Chicoutimi, Chicoutimi* 31
- *Université du Québec – Ecole nationale d'administration publique, Québec* 30
- *Université du Québec – Ecole de technologie supérieure, Montréal* 27
- *Université du Québec en Outaouais, Gatineau* 25
- *Université du Québec – Institut national de la recherche scientifique, Québec* 30
- *Université du Québec à Montréal, Montréal* 27
- *Université du Québec à Rimouski, Rimouski* 32
- *Université du Québec à Trois-Rivières, Trois-Rivières* 28
- *Université de Sherbrooke, Sherbrooke* 29

New Brunswick (NB)
- *Université de Moncton, Moncton* 33
- Mount Allison University, Sackville 33
- University of New Brunswick, Fredericton 34
- St. Thomas University, Fredericton 34

Prince Edward Island
- University of Prince Edward Island, Charlottetown 35

Nova Scotia (NS)
- Acadia University, Wolfville 41
- University College of Cape Breton, Sydney 39
- Dalhousie University, Halifax 37
- University of King's College, Halifax 37
- Mount Saint Vincent University, Halifax 37
- Nova Scotia Agricultural College, Truro 36
- Nova Scotia College of Art and Design, Halifax 37
- *Université Sainte-Anne, Pointe-de-l'Eglise* 40
- St. Francis Xavier University, Antigonish 38
- Saint Mary's University, Halifax 37

Newfoundland
- Memorial University of Newfoundland, St. John's 42

Hochschulen

Im Folgenden werden in alphabetischer Reihenfolge die Adressen der kanadischen Hochschulen aufgeführt, die zur *Association of Universities and Colleges of Canada/AUCC* gehören.

Unter www.mcleans.ca veröffentlicht das kanadische Nachrichtenmagazin *Mclean's* jährlich einen Vergleich der kanadischen Hochschulen. In Kanada gibt es keine offizielle staatliche Einrichtung, die ein solches Ranking durchführt.

Acadia University
Box 1269
Wolfville, Nova Scotia B4P 2R6
Telefon: (0 01-9 02) 5 42 22 00
Telefax: (0 01-9 02) 5 85 10 81
www.acadiau.ca

Geschichte: 1838 als *Queen's College* gegründet; Universitätsstatus seit 1891; liegt in der kleinen Stadt Wolfville, ca. 100 km von der Provinzhauptstadt Halifax entfernt.

Studierende: ca. 3.820 *undergraduates* und 217 *graduates*.

University of Alberta
114 St. – 89 Ave
Edmonton, Alberta T6G 2M7
Telefon: (0 01-7 80) 4 92 31 11
www.ualberta.ca

Geschichte: 1906 gegründet; eine der größten Universitäten des Landes mit über 400 Forschungslaboren und einem großen Anteil ausländischer Studierender (ca. 18 %).

Studierende: ca. 25.860 *undergraduates* und 4.780 *graduates*.

Athabasca University
1 University Drive
Athabasca, Alberta T9S 3A3
Telefon: (0 01-7 80) 6 75 61 00
Telefax: (0 01-7 80) 6 75 61 74
www.athabascau.ca

Geschichte: 1970 gegründet. *Athabasca University* ist eine *open university* (Fernuniversität) ohne formelle Zugangsbedingungen für die meisten Studienprogramme.

Studierende: ca. 24.354 *undergraduates* und 2.337 *graduates*.

Augustana University College
4901 – 46 Avenue
Camrose, Alberta T4V 2R3
Telefon: (0 01-7 80) 6 79 11 00
Telefax: (0 01-7 80) 6 79 11 29
www.augustana.ab.ca

Geschichte: Als *Comrose Lutheran College* 1910 gegründet; in konfessioneller Trägerschaft.

Studierende: ca. 942 *undergraduates*

Bishop's University
P.O. Box 5000
Station Lennoxville
Lennoxville, Québec J1M 1Z7
Telefon: (0 01-8 19) 8 22 96 00
Telefax: (0 01-8 19) 8 22 96 61
www.ubishops.ca

Geschichte: 1843 als *Bishop's College* gegründet, erhielt 1853 Universitätsstatus; bis 1947 in konfessioneller Trägerschaft (*Church of England*).

Studierende: ca. 2.166 *undergraduates* und 3 *graduates*.

Brandon University
270 – 8th Street
Brandon, Manitoba R7A 6A9
Telefon: (0 01-204) 7 28 95 20
Telefax: (0 01-204) 726 45 73
www.brandonu.ca

Geschichte: 1899 als *Brandon College* gegründet; liegt in der zweitgrößten Stadt von Manitoba. Die Hochschule ist besonders anerkannt für ihr Studienangebot im Bereich *aboriginal studies, education, music*.

Studierende: ca. 2.168 *undergraduates* und 54 *graduates* (Teilzeitstudierende).

Brescia University College
1285 Western Road
London, Ontario N6G 1H2
Telefon: (0 01-5 19) 4 32 83 53
Telefax: (0 01-5 19) 8 58-51 37
www.brescia.uwo.ca

Geschichte: Die 1919 als *Ursuline College* gegründete Institution ist das einzige *College* für Frauen auf Universitätsniveau. Verwaltungsmäßig gehört sie zur *University of Western Ontario*.

Studierende: ca. 908 *undergraduates*, 92 *graduates*.

The University of British Columbia
2329 West Mall
Vancouver, British Columbia V6T 1Z4
Telefon: (0 01-6 04) 8 22 22 11
www.ubc.ca

Geschichte: 1908 gegründet und heute eine der größten Hochschulen des Landes. Von dem breiten Studienangebot in zwölf Fakultäten machen jedes Jahr hunderte ausländische Studierende Gebrauch.

Studierende: ca. 22.902 *undergraduates* und 5.972 *graduates*.

British Columbia Open University
4355 Mathissi Place
Burnaby, British Columbia V5G 4S8
Telefon: (0 01-6 04) 4 31 33 00
Telefax: (0 01-6 04) 4 31 34 44
www.bcou.ca

Geschichte: 1978 gegründet. Die *British Columbia Open University* ist eine Fernuniversität.

Studierende: ca. 9.813 *undergraduates und graduates*.

Brock University
500 Glenridge Avenue
St. Catharines, Ontario L2S 3A1
Telefon: (0 01-9 05) 6 88 55 50
Telefax: (0 01-9 05) 6 88 27 89
www.brocku.ca

Geschichte: Die *Brock University* wurde 1964 gegründet.

Studierende: ca. 11.600 *undergraduates* und 400 *graduates*.

The University of Calgary
2500 University Drive NW
Calgary, Alberta T2N 1N4
Telefon: (0 01-4 03) 2 20 51 10
Telefax: (0 01-4 03) 2 82 72 98
www.ucalgary.ca

Geschichte: 1945 als *University of Alberta at Calgary* gegründet; seit 1966 selbständige Universität, die mit sechzehn Fakultäten zu den größten des Landes zählt.

Studierende: ca. 21.039 *undergraduates* und 3.494 *graduates*.

Campion College
3737 Wascana Parkway, Suite 100
Regina, Saskatchewan S4S 0A2
Telefon: (0 01-3 06) 5 86 42 42
Telefax: (0 01-3 06) 3 59 12 00
www.campioncollege.sk.ca

Geschichte: 1917 gegründet; mit der *University of Regina* affiliert. Das *College* bietet Studien im Bereich *arts, fine arts* und *science* an.

Studierende: ca. 1.137 *undergraduates*.

University College of Cape Breton
P.O. Box 5300, Station A
Sydney, Nova Scotia B1P 6L2
Telefon: (0 01-9 02) 5 39 53 00
Telefax: (0 01-9 02) 5 62 01 19
www.uccb.ca

Geschichte: 1974 als *College of Cape Breton* gegründet; erhielt 1982 Universitätsstatus.

Studierende: ca. 2.870 *undergraduates*, 71 *graduates*.

University College of the Cariboo
P.O. Box 3010
900 McGill Road
Kamloops, British Columbia V2C 5N3
Telefon: (0 01-2 50) 8 28 50 00
Telefax: (0 01-2 50) 8 28 50 86
www.cariboo.bc.ca

Geschichte: Als *Cariboo College* 1970 gegründet.

Studierende: ca. 4.386 *undergraduates*.

Carleton University
1125 Colonel By Drive
Ottawa, Ontario K1S 5B6
Telefon: (0 01-6 13) 5 20 74 00
www.carleton.ca

Geschichte: 1942 als *Carleton College* gegründet; besitzt seit 1957 Universitätsstatus.

Studierende: ca. 15.700 *undergraduates* und 2.200 *graduates*.

Concordia University College of Alberta
7128 Ada Boulevard NW
Edmonton, Alberta T5B 4E4
Telefon: (0 01-7 80) 4 79 84 81
Telefax: (0 01-7 80) 4 74 19 33
www.concordia.ab.ca

Geschichte: 1921 gegründet. Das Studium *(liberal arts)* wird in einem christlichen Kontext angeboten; religiöse Einrichtung.

Studierende: ca. 1.219 *undergraduates*.

Concordia University
1455 de Maisonneuve Boulevard West
Montréal, Québec H3G 1M8
Telefon: (0 01-5 14) 8 48 24 24
www.concordia.ca

Geschichte: 1974 aus dem Zusammenschluss der *Sir Williams University* und *dem Loyola College* entstanden. Concordia University ist eine englischsprachige Universität in einem vorwiegend französischsprachigen Umfeld. Schriftliche Arbeiten und Prüfungen können in der Regel in Englisch sowie Französisch erfolgen.

Studierende: ca. 16.611 *undergraduates* und 3.823 *graduates*.

Dalhousie University
1236 Henry Street
Halifax, Nova Scotia B3H 3J5
Telefon: (0 01-9 02) 4 94 22 11
Telefax: (0 01-9 02) 4 94 16 30
www.dal.ca

Geschichte: 1818 gegründet; besitzt seit 1863 Universitätsstatus; 1997 Zusammenschluss mit der *Technical University of Nova Scotia*. Schwerpunkte der Hochschule sind *health studies, ocean studies*.

Studierende: ca. 10.554 *undergraduates* und 2.689 *graduates*.

Collège dominicain de philosophie et de théologie
96, avenue Empress
Ottawa, Ontario K1R 7G3
Telefon: (0 01-6 13) 2 33 56 96
Telefax: (0 01-6 13) 2 33 60 64

Geschichte: 1900 gegründet (französischsprachig).

Studierende: ca. 75 *undergraduates* und 48 *graduates*.

University College of the Fraser Valley
33844 King Road
Abbotsford, British Columbia V2S 7M8
Telefon: (0 01-6 04) 8 53 74 41
Telefax: (0 01-6 04) 8 55 76 14
www.ucfv.ca

Geschichte: 1974 als zweijähriges *community college (Fraser Valley College)* gegründet, erhielt die Hochschule 1991 Universitätsstatus.

Studierende: ca. 4.096 *undergraduates*.

University of Guelph
50 Stone Road East, Suite 158
Guelph, Ontario N1G 2W1
Telefon: (0 01-5 19) 8 24 41 20
www.uoguelph.ca

Geschichte: 1964 gegründet. Heute besteht die Universität aus sechs *Colleges (arts; biological sciences; physical and engineering science; social and applied human sciences; Ontario Agricultural College; Ontario Veterinary College)*.

Studierende: ca. 15.700 *undergraduates* und 1.900 *graduates*.

Ecole des Hautes Etudes Commerciales HEC Montréal
3000, chemin de la Côte-Ste-Catherine
Montréal, Québec H3T 2A7
Telefon: (0 01-5 14) 3 40 60 00
Telefax: (0 01-5 14) 3 40 64 11
www.hec.ca

Geschichte: 1907 gegründet (französischsprachig).

Studierende: ca. 4.855 *undergraduates* und 1.303 *graduates*.

Emily Carr Institute of Art and Design
1399 Johnston Street
Vancouver, British Columbia V6H 3R9
Telefon: (0 01-6 04) 8 44-38 00
Telefax: (0 01-6 04) 8 44-38 01
www.eciad.bc.ca

Geschichte: 1925 als *Vancouver School of Decorative and Applied Arts* gegründet. Seit 1995 Universitätsstatus.

Studierende: ca. 1.061 *undergraduates*.

First Nations University of Canada
1 First Nations Way
Regina, Saskatchewan S4S 7K2
Telefon: (0 01-3 06) 7 90-59 50
Telefax: (0 01-3 06) 7 90-59 99
www.firstnationsuniversity.ca

Geschichte: 1976 gegründet.

Studierende: ca. 628 *undergraduates*.

Huron College
1349 Western Road
London, Ontario N6G 1H3
Telefon: (0 01-5 19) 4 38 72 24
Telefax: (0 01-5 19) 4 83 39 38
www.huronuc.on.ca

Geschichte: 1863 gegründet. *Huron College* ist seit 1878 mit der *University of Western Ontario* affiliiert, seine Studierenden haben Zugang zur Infrastruktur der *University of Western Ontario* und erhalten *University-of-Western-Ontario*-Abschlüsse.

Studierende: ca. 1.034 *undergraduates*.

King's University College
266 Epworth Avenue
London, Ontario N6A 2M3
Telefon: (0 01-5 19) 4 33 34 91
Telefax: (0 01-5 19) 4 33 67 73
www.uwo.ca/kings

Geschichte: 1954 als *Christ the King College* gegründet; mit der *University of Western Ontario* affiliiert.

Studierende: ca. 2.685 *undergraduates*, 530 *graduates*.

The King's University College
9125 – 50 Street NW
Edmonton, Alberta T6B 2H3
Telefon: (0 01-7 80) 4 65 35 00
Telefax: (0 01-7 80) 4 65 35 34
www.kingsu.ca

Geschichte: 1979 als *The King's College* gegründet; religiös ausgerichtet.

Studierende: ca. 630 *undergraduates*.

University of King's College
6350 Coburg Road
Halifax, Nova Scotia B3H 2A1
Telefon: (0 01-9 02) 4 22 12 71
Telefax: (0 01-9 02) 4 23 33 57
www.ukings.ns.ca

Geschichte: 1789 gegründet; mit *Dalhousie University* affiliiert.

Studierende: ca. 1.034 *undergraduates*.

Lakehead University
955 Oliver Road
Thunder Bay, Ontario P7B 5E1
Telefon: (0 01-8 07) 3 43 81 10
Telefax: (0 01-8 07) 3 43 80 23
www.lakeheadu.ca

Geschichte: 1965 aus dem *Lakehead Technical Institute* und dem *Lakehead College of Arts, Science and Technology* entstanden.

Studierende: ca. 5.500 *undergraduates* und 300 *graduates*.

Laurentian University of Sudbury/ L'Université Laurentienne de Sudbury
935 Ramsey Lake Road
Sudbury, Ontario P3E 2C6
Telefon: (0 01-7 05) 6 75 11 51
Telefax: (0 01-7 05) 6 75 48 12
www.laurentian.ca

Geschichte: Die Hochschule wurde 1960 gegründet und ist bilingual.

Studierende: ca. 5.700 *undergraduates* und 200 *graduates*.

Université Laval
P.O. Box 2208, Station Terminus
Québec City, Québec G1K 7P4
Telefon: (0 01-4 18) 6 56-21 31
Telefax: (0 01-4 18) 6 56-23 65
www.ulaval.ca

Geschichte: Aus dem *Séminaire de Québec* 1663 entstanden; seit 1852 Universitätsstatus; älteste Universität Kanadas und französischsprachig.

Studierende: ca. 19.644 *undergraduates* und 5.333 *graduates*.

The University of Lethbridge
4401 University Drive West
Lethbridge, Alberta T1K 3M4
Telefon: (0 01-4 03) 3 29 22 01
Telefax: (0 02-4 03) 3 29 20 97
www.uleth.ca

Geschichte: 1967 gegründet.

Studierende: ca. 6.557 *undergraduates* und 115 *graduates*.

Luther College
3737 Wascana Parkway, Suite 100
Regina, Saskatchewan S4S 0A2
Telefon: (0 01-3 06) 5 85-53 33
Telefax: (0 01-3 06) 5 85-29 49
www.luthercollege.edu

Geschichte: Als *Luther Academy* 1913 gegründet religiös ausgerichtete Institution, die mit der *University of Regina* affiliiert ist. Das *College* bietet z. B. Studien im Bereich *arts, fine arts* und *science* an. Einzelheiten zum Studienangebot sind dem Vorlesungsverzeichnis der *University of Regina* zu entnehmen.

Studierende: ca. 792 *undergraduates*.

Malaspina University-College
900 Fifth Street
Nanaimo, British Columbia V9R 5S5
Telefon: (0 01-2 50) 7 53-32 45
Telefax: (0 01-2 50) 7 40-64 50
www.mala.bc.ca

Geschichte: 1969 gegründet.

Studierende: ca. 3.839 *undergraduates*, 125 *graduates*.

The University of Manitoba
66 Chancellors Circle
Winnipeg, Manitoba R3T 2N2
Telefon: (0 01-2 04) 4 74 88 80
Telefax: (0 01-2 04) 4 74 75 36
www.umanitoba.ca

Geschichte: Entstanden 1877 aus dem *Collège St. Boniface*, dem *St. John's College* und dem *Manitoba College* als erste Universität im westlichen Kanada.

Studierende: ca. 17.205 *undergraduates* und 2.208 *graduates*.

McGill University
845 Sherbrooke Street West
Montréal, Québec H3A 2T5
Telefon: (0 01-5 14) 3 98 44 55
Telefax: (0 01-5 14) 3 98 35 94
www.mcgill.ca

Geschichte: Die 1821 gegründete englischsprachige Universität liegt mitten im französischsprachigen Montréal. Ein Fachbereich *(agricultural and environmental sciences)* liegt 40 km westlich vom *main campus*.

Studierende: ca. 18.596 *undergraduates* und 6.357 *graduates*.

McMaster University
1280 Main Street West, Suite 20
Hamilton, Ontario L8S 4L8
Telefon: (0 01-9 05) 5 25 91 40
www.mcmaster.ca

Geschichte: 1887 in Toronto gegründet; seit 1930 in Hamilton.

Studierende: ca. 16.700 *undergraduates* und 2.300 *graduates*.

Memorial University of Newfoundland
P.O. Box 4200, Station C
St. John's, Newfoundland A1C 5S7
Telefon: (0 01-7 09) 7 37 80 00
www.mun.ca

Geschichte: 1925 als *Memorial University College* gegründet; erhielt 1949 Universitätsstatus. Aufgrund der geographischen Lage gehören *marine studies, technology of ocean industries* etc. zu den populärsten Studienfächern.

Studierende: ca. 12.906 *undergraduates* und 1.171 *graduates*.

Université de Moncton
Campus de Moncton
165 Massey Avenue
Moncton, New Brunswick E1A 3E9
Telefon: (0 01-5 06) 8 58 44 43
Telefax: (0 01-5 06) 8 58 45 44
www.umoncton.ca

Geschichte: Die französischsprachige Universität ist aus dem Zusammenschluss von sechs *collèges classiques* 1963 entstanden.

Studierende: ca. 4.702 *undergraduates* und 387 *graduates*.

Université de Montréal
P.O. Box 6128, Station Centre Ville
Montréal, Québec H3C 3J7
Telefon: (0 01-5 14) 3 43 61 11
Telefax: (0 01-5 14) 3 43 20 98
www.umontreal.ca

Geschichte: Als Teil der Universität Laval 1878 in Montréal gegründet; seit 1920 selbständige Universität. Die französischsprachige Universität besteht aus 13 Fakultäten.

Studierende: ca. 20.193 *undergraduates* und 6.768 *graduates*.

Mount Allison University
65 York Street
Sackville, New Brunswick E4L 1E4
Telefon: (0 01-5 06) 3 64 22 69
Telefax: (0 01-5 06) 3 64 22 72
www.mta.ca

Geschichte: 1839 als *Wesleyan Academy* gegründet; seit 1858 Universitätsstatus. *Mount Allison* ist primär eine *undergraduate liberal arts university*.

Studierende: ca. 2.194 *undergraduates* und 5 *graduates*.

Mount Saint Vincent University
166 Bedford Highway
Halifax, Nova Scotia B3M 2J6
Telefon: (0 01-9 02) 4 57 67 88
Telefax: (0 01-9 02) 4 45 64 55
www.msvu.ca

Geschichte: 1873 als *Mount Saint Vincent Academy* gegründet; erhielt 1925 Hochschulstatus. Hat den höchsten Prozentsatz an weiblichen Studierenden aller kanadischen Universitäten.

Studierende: ca. 2.262 *undergraduates* und 47 *graduates*.

University of New Brunswick
- **Fredericton Campus**
P.O. Box 4400, Station A
Fredericton, New Brunswick E3B 5A3
Telefon: (0 01-5 06) 4 53 46 66
Telefax: (0 01-5 06) 4 53 45 99
www.unb.ca

- **Saint John Campus**
Tucker Park, P.O.Box 5050
Saint John, New Brunswick E2L 4L5
Telefon: (0 01-5 06) 6 48 55 00
Telefax: (0 01-5 06) 6 48 55 28

Geschichte: Seit 1859 Universität; wurde als *Academy of Arts and Sciences* 1785 gegründet. Die Hochschule hat einen Campus in Fredericton und einen in Saint John.

Studierende: ca. 10.532 *undergraduates* und 900 *graduates*.

Nipissing University
Box 5002, Station Main
North Bay, Ontario P1B 8L7
Telefon: (0 01-7 05) 4 74-34 61
Telefax: (0 01-7 05) 4 74-19 47
www.unipissingu.ca

Geschichte: 1967 gegründet und bis 1992 der *Laurentian University* angegliedert; seitdem unabhängig.

Studierende: ca. 2.750 *undergraduates*.

University of Northern British Columbia
3333 University Way
Prince George, British Columbia V2N 4Z9
Telefon: (0 01-2 50) 9 60-55 55
Telefax: (0 01-6 04) 9 60-57 91
www.unbc.ca

Geschichte: 1994 gegründet und damit jüngste Universität in Kanada.

Studierende: ca. 1.800 *undergraduates* und 170 *graduates*.

Nova Scotia Agricultural College
P.O. Box 550, Station Main
Truro, Nova Scotia B2N 5E3
Telefon: (0 01-9 02) 8 93 66 00
www.nsac.ns.ca

Geschichte: 1905 gegründet.

Studierende: ca. 2.284 *undergraduates* und 249 *graduates*.

Nova Scotia College of Art and Design
5163 Duke Street
Halifax, Nova Scotia B3J 3J6
Telefon: (0 01-9 02) 4 22 73 81
Telefax: (0 01-9 02) 4 25 24 20
www.nscad.ns.ca

Geschichte: 1887 als *Victoria College of Art* gegründet.

Studierende: ca. 756 *undergraduates* und 15 *graduates*.

Okanagan University College
3333 College Way
Kelowna, British Columbia V1V 1V7
Telefon: (0 01-2 50) 7 62 54 45
www.ouc.bc.ca

Geschichte: 1963 gegründet. Zusätzlich zum Hauptcampus in Kelowna gibt es weitere Lehrzentren in mehreren Städten.

Studierende: ca. 5.438 *undergraduates*.

University of Ottawa/Université D'Ottawa
550 Cumberland St.
Ottawa, Ontario K1N 6N5
Telefon: (0 01-6 13) 5 62 58 00
www.uottawa.ca

Geschichte: 1848 als *Collège de Bytown* gegründet. Die Universität liegt mitten in Ottawa, sozusagen an der Nahtstelle zwischen dem französischen und englischen Kanada. Die bilinguale Hochschule besteht aus neun Fakultäten.

Studierende: ca. 22.150 *undergraduates* und 2.900 *graduates*.

Ecole Polytechnique de Montréal
C.P. 6079, Succursale Centre Ville
Montréal, Québec H3C 3A7
Telefon: (0 01-5 14) 3 40 47 11
www.polymtl.ca

Geschichte: Die 1873 gegründete französischsprachige Hochschule lehrt primär im Bereich Ingenieurwesen.

Studierende: ca. 3.492 *undergraduates* und 1.222 *graduates*.

University of Prince Edward Island
550 University Avenue
Charlottetown, Prince Edward Island C1A 4P3
Telefon: (0 01-9 02) 5 66 04 39
Telefax: (0 01-9 02) 5 66 04 20
www.upei.ca

Geschichte: Aus dem Zusammenschluss des *Prince of Wales College* (1834) und der *Saint Dunstan's University* (1855) im Jahre 1969 entstanden. Die Universität liegt in der Hauptstadt der kleinsten Provinz Kanadas.

Studierende: ca. 3.266 *undergraduates* und 57 *graduates*.

Université du Québec
475, rue de l'Eglise
Québec G1K 9H7
Telefon: (0 01-4 18) 6 57 35 51
Telefax: (0 01-4 18) 6 57 21 32
www.uquebec.ca

Geschichte: 1968 gegründet. Die *Université du Québec* besteht derzeit aus zehn Einrichtungen, die auf verschiedene Standorte verteilt sind:

Université du Québec en Abitibi-Témiscamingue (UQAT)
445, boulevard de l'Université
Rouyn-Noranda (Québec) J9X 5E4
Telefon: (0 01-8 19) 7 62 09 71
Telefax: (0 01-8 19) 7 97 47 27
www.uqat.ca

Studierende: ca. 734 *undergraduates* und 82 *graduates*.

Université du Québec à Chicoutimi (UQAC)
555, boulevard de l'Université Est
Chicoutimi (Québec) G7H 2B1
Telefon: (0 01-4 18) 5 45 50 11
Telefax: (0 01-4 18) 5 45 50 12
www.uqac.ca

Studierende: ca. 2.782 *undergraduates* und 464 *graduates*.

Université du Québec
École nationale d'administration publique (ENAP)
555, boulevard Charest Est
Québec G1K 9E5
Telefon: (0 01-4 18) 6 41 30 00
Telefax: (0 01-4 18) 6 57 26 20
www.enap.ca

Studierende: ca. 334 *graduates*.

Université du Québec
École de technologie supérieure (ETS)
1100, rue Notre-Dame Ouest
Montréal, Québec H3T 1K3
Telefon: (0 01-5 14) 3 96 88 00
Telefax: (0 01-5 14) 3 96 89 50
www.etsmtl.ca

Studierende: ca. 2.635 *undergraduates* und 311 *graduates*.

Université du Québec
Institut national de la recherche scientifique (INRS)
2600, boulevard Laurier, Suite 640
P.O. Box 7500
Sainte-Foy, Québec G1V 4C7
Telefon: (0 01-4 18) 6 54 25 00
Telefax: (0 01-4 18) 6 54 25 25
www.inrs.uquebec.ca

Studierende: ca. 438 *graduates*.

Université du Québec à Montréal (UQAM)
C.P. 8888, succursale Centre Ville
Montréal, Québec H3C 3P8
Telefon: (0 01-5 14) 9 87 30 00
Telefax: (0 01-5 14) 9 87 30 95
www.uqam.ca

Studierende: ca. 17.683 *undergraduates* und 3.099 *graduates*.

Université du Québec en Outaouias (UQO)
283, boulevard Alexandre Taché
C.P. 1250, Succ. Hull
Gatineau, Quebec J8X 3X7
Telefon: (0 01-8 19) 5 95-39 00
Telefax: (0 01-8 19) 5 95-39 24
www.uqo.ca

Studierende: ca. 2.358 undergraduates, 293 graduates.

Université du Québec à Rimouski (UQAR)
300, Allée des Ursulines
Rimouski, Québec G5L 3A1
Telefon: (0 01-4 18) 7 23 19 86
Telefax: (0 01-4 18) 7 24 15 25
www.uqar.gc.ca

Studierende: ca. 2.242 *undergraduates* und 421 *graduates*.

Université du Québec à Trois-Rivières (UQTR)
3351, boulevard des Forges
C.P. 500
Trois-Rivières, Québec G9A 5H7
Telefon: (0 01-8 19) 3 76 50 11
Telefax: (0 01-8 19) 3 76 50 10
www.uqtr.ca

Studierende: ca. 5.016 *undergraduates* und 847 *graduates*.

Queen's University at Kingston
99 University Avenue
Kingston, Ontario K7L 3N6
Telefon: (0 01-6 13) 5 33 20 00
Telefax: (0 01-6 13) 5 33 63 00
www.queensu.ca

Geschichte: Ursprünglich als *Queen's College at Kingston* 1841 gegründet.

Studierende: ca. 13.800 *undergraduates* und 2.800 *graduates*.

Redeemer University College
777 Garner Road East
Ancaster, Ontario L9K 1J4
Telefon: (0 01-9 05) 6 48 21 31
Telefax: (0 01-9 05) 6 48 21 34
www.redeemer.on.ca

Geschichte: Gegründet 1982 als *Redeemer College*; religiös ausgerichtete Institution.

Studierende: ca. 743 *undergraduates*.

The University of Regina
3737 Wascana Parkway, Suite 100
Regina, Saskatchewan S4S 0A2
Telefon: (0 01-3 06) 5 85 41 11
www.uregina.ca

Geschichte: Als *Regina College* 1910 gegründet und 1925 der *University of Saskatchewan* angegliedert; seit 1959 Universitätsstatus. Auf dem Hauptcampus der Hochschule liegen drei affiliierte *colleges: Campion College, Luther College* und *First Nations University of Canada*.

Studierende: ca. 6.419 *undergraduates* und 474 *graduates*.

Royal Military College of Canada
P.O. Box 17000 Stn Forces
Kingston, Ontario K7K 7B4
Telefon: (0 01-6 13) 5 41 60 00
Telefax: (0 01-6 13) 5 42 35 65
www.rmc.ca

Geschichte: 1876 gegründet; für Angehörige des Militärs reserviert.

Studierende: ca. 961 *undergraduates* und 272 *graduates*.

Royal Roads University
2005 Sooke Road
Victoria, British Columbia V9B 5Y2
Telefon: (0 01-2 50) 3 91-25 11
Telefax: (0 01-2 50) 3 91-25 00
www.royalroads.ca

Geschichte: Gegründet 1995 nach der Schließung des *Royal Roads Military College*.

Studierende: ca. 201 *undergraduates*, 2.373 *graduates*.

Ryerson University
350 Victoria Street
Toronto, Ontario M5B 2K3
Telefon: (0 01-4 16) 9 79 50 00
www.ryerson.ca

Geschichte: Die 1948 als *Ryerson Institute of Technology* gegründete Hochschule liegt mitten in Toronto.

Studierende: ca. 13.650 *undergraduates*, 350 *graduates*.

Université Sainte-Anne – Collège de l'Acadie
Pointe-de-l'Eglise
Nouvelle Ecosse B0W 1M0
Telefon: (0 01-9 02) 7 69 2114
Telefax: (0 01-9 02) 7 69 29 30
www.usainteanne.ca

Geschichte: Die Universität wurde als *Collège Sainte-Anne* 1890 gegründet; fusionierte 2003 mit dem *Collège de l'Acadie* und ist die einzige französischsprachige Hochschule in Nova Scotia.

Studierende: ca. 406 *undergraduates*.

Collège universitaire de Saint-Boniface
200, avenue de la Cathédrale
Saint-Boniface, Manitoba R2H 0H7
Telefon: (0 01-2 04) 2 33 02 10
Telefax: (0 01-2 04) 2 37 32 40
www.ustboniface.mb.ca

Geschichte: Teil der *University of Manitoba*; 1818 gegründet.

Studierende: ca. 564 *undergraduates*.

St. Francis Xavier University
P.O. Box 5000, Station Main
Antigonish, Nova Scotia B2G 2W5
Telefon: (0 01-9 02) 8 63 33 00
www.stfx.ca

Geschichte: 1853 entstanden, seit 1866 Universitätsstatus.

Studierende: ca. 4.177 *undergraduates* und 52 *graduates*.

St. Jerome's University
81 Waterloo University Campus
Waterloo, Ontario N2L 3G3
Telefon: (0 01-5 19) 8 84 81 10
Telefax: (0 01-5 19) 8 84 57 59
www.sju.ca

Geschichte: 1865 als *St. Jerome's College* gegründet; Hochschulstatus seit 1959. Die katholische Institution ist mit der *University of Waterloo* affiliiert und liegt auf deren Campus.

Studierende: ca. 832 *undergraduates*.

St. Mary's University
923 Robie Street
Halifax, Nova Scotia B3H 3C3
Telefon: (0 01-9 02) 4 20 54 00
Telefax: (0 01-9 02) 4 20 55 66
www.smu.ca

Geschichte: 1802 gegründet, seit 1841 Universität.

Studierende: ca. 6.177 *undergraduates* und 268 *graduates*.

University of St. Michael's College
81 Saint Mary Street
Toronto, Ontario M5S 1J4
Telefon: (0 01-4 16) 9 26 13 00
Telefax: (0 01-4 16) 9 26 72 76
www.utoronto.ca/stmikes

Geschichte: 1852 als *St. Michael's College* gegründet. Die katholische Institution ist 1958 Universität und mit der *University of Toronto* affiliiert.

Studierende: ca. 3.833 *undergraduates* und 411 *graduates*.

St. Paul University/Université Saint-Paul
223 Main Street
Ottawa, Ontario K1S 1C4
Telefon: (0 01-6 13) 2 36 13 93
Telefax: (0 01-6 13) 7 82 30 14
www.ustpaul.ca

Geschichte: Die zweisprachige katholische Hochschule wurde 1848 gegründet. Sie ist mit der *University of Ottawa* affiliiert.

Studierende: ca. 213 *graduates*.

St. Thomas More College
1437 College Drive
Saskatoon, Saskatchewan S7N 0W6
Telefon: (0 01-3 06) 9 66-89 00
Telefax: (0 01-3 06) 9 66-89 04
www.stmcollege.ca

Geschichte: Gegründet 1936

Studierende: ca. 1.554 *undergraduates*.

St. Thomas University
P.O. Box 4569, Station A
Fredericton, New Brunswick E3B 5G3
Telefon: (0 01-5 06) 4 52 06 40
Telefax: (0 01-5 06) 4 50 96 15
www.stthomasu.ca

Geschichte: 1910 als *College* gegründet, seit 1934 Universität. *St. Thomas University* und die *University of New Brunswick* liegen auf demselben Campus.

Studierende: ca. 2.897 *undergraduates*.

University of Saskatchewan
105 Administration Place
Saskatoon, Saskatchewan S7N 5A2
Telefon: (0 01-3 06) 9 66 43 43
Telefax: (0 01-3 06) 9 75 10 26
www.usask.ca

Geschichte: 1907 gegründet. Mit mehr als 900 Fachbereichen in den 13 *Colleges* bietet die Universität das breiteste Programm aller kanadischen Universitäten.

Studierende: ca. 12.754 *undergraduates* und 1.465 *graduates*.

Université de Sherbrooke
2500, boulevard de l'Université
Sherbrooke, Québec J1K 2R1
Telefon: (0 01-8 19) 8 21 80 00
www.usherbrooke.ca

Geschichte: Die 1954 gegründete Universität ist französischsprachig.

Studierende: ca. 9.192 *undergraduates* und 2.410 *graduates*.

Simon Fraser University
8888 University Drive
Burnaby, British Columbia V5A 1S6
Telefon: (0 01-6 04) 2 91 31 11
www.sfu.ca

Geschichte: 1965 gegründet.

Studierende: ca. 10.050 *undergraduates* und 2.573 *graduates*.

University of Sudbury/Université de Sudbury
935 Ramsey Lake Road
Sudbury, Ontario P3E 2C6
Telefon: (0 01-7 05) 6 73 56 61
Telefax: (0 01-7 05) 6 73 49 12
www.usudbury.com

Geschichte: Als *Collège du Sacré-Coeur* 1913 gegründet. Die *Université de Sudbury* ist eine bilinguale katholische Hochschule für *undergraduate studies*. Sie liegt neben der *Laurentian University*, mit der sie affiliiert ist.

Studierende: siehe *Laurentian University*.

University of Toronto
27 King's College Circle
Toronto, Ontario M5S 1A1
Telefon: (0 01-4 16) 9 78 20 11
Telefax: (0 01-4 16) 9 78 81 82
www.utoronto.ca

Geschichte: Aus dem 1827 gegründeten *King's College at York* entstand 1906 die Universität, die zu den größten Kanadas (mit der größten Forschungsbibliothek) zählt.

Studierende: ca. 47.200 *undergraduates* und 9.800 *graduates*.

Trent University
1600 West Bank Drive
Peterborough, Ontario K9J 7B8
Telefon: (0 01-7 05) 7 48 10 11
www.trentu.ca

Geschichte: 1963 gegründet.

Studierende: ca. 5.400 *undergraduates* und 100 *graduates*.

University of Trinity College
6 Hoskin Avenue
Toronto, Ontario M5S 1H8
Telefon: (0 01-4 16) 9 78 25 22
Telefax: (0 01-4 16) 9 78 27 97
www.trinity.utoronto.ca

Geschichte: 1852 gegründet; seit 1904 mit der *University of Toronto* affiliiert.

Studierende: ca. 1.425 *undergraduates* und 65 *graduates*.

Trinity Western University
7600 Glover Road
Langley, British Columbia V2Y 1Y1
Telefon: (0 01-6 04) 8 88 75 11
Telefax: (0 01-6 04) 5 13-20 61
www.twu.ca

Geschichte: 1962 gegründet; seit 1972 Universitätsstatus; religiös ausgerichtete Institution.

Studierende: ca. 2.191 *undergraduates* und 183 *graduates*.

University of Victoria
P.O. Box 1700, Station CSC
Victoria, British Columbia V8W 2Y2
Telefon: (0 01-2 50) 7 21 72 11
Telefax: (0 01-2 50) 7 21 72 12
www.uvic.ca

Geschichte: Gegründet als *Victoria College* im Jahre 1902; seit 1963 selbständig.

Studierende: ca. 10.321 *undergraduates* und 1.889 *graduates*.

Victoria University
73 Queen's Park Crescent East
Toronto, Ontario M5S 1K7
Telefon: (0 01-4 16) 5 85 45 24
Telefax: (0 01-4 16) 5 85 45 84
http://vicu.utoronto.ca

Geschichte: 1836 gegründet und seit 1928 Universität; mit der University of Toronto affiliiert.

Studierende: ca. 3.532 *undergraduates* und 35 *graduates*.

University of Waterloo
200 University Avenue West
Waterloo, Ontario N2L 3G1
Telefon: (0 01-5 19) 8 85 45 67
Telefax: (0 01-5 19) 8 88 80 09
www.uwaterloo.ca

Geschichte: 1957 als *Waterloo College Associate Faculties* gegründet.

Studierende: ca. 20.050 *undergraduates* und 2.200 *graduates*.

The University of Western Ontario
1151 Richmond Street, Suite 2
London, Ontario N6A 5B8
Telefon: (0 01-5 19) 6 61 21 11
www.uwo.ca

Geschichte: 1878 als *Western University of London* gegründet.

Studierende: ca. 24.200 *undergraduates* und 3.400 *graduates*.

Wilfrid Laurier University
75 University Avenue West
Waterloo, Ontario N2L 3C5
Telefon: (0 01-5 19) 8 84 19 70
www.wlu.ca

Geschichte: Früher *Evangelical Lutheran Seminary of Canada* (1911), wurde 1959 zur *Waterloo Lutheran University*; ab 1973 unter heutigem Namen.

Studierende: ca. 9.700 *undergraduates* und 500 *graduates*.

University of Windsor
401 Sunset Avenue
Windsor, Ontario N9B 3P4
Telefon: (0 01-5 19) 2 53 30 00
Telefax: (0 01-5 19) 9 73 70 50
www.uwindsor.ca

Geschichte: Aus dem 1857 gegründeten *Assumption College* wurde 1956 die entsprechende Universität, die dann 1963 ihren heutigen Namen erhielt.

Studierende: ca. 11.800 *undergraduates* und 1.000 *graduates*.

The University of Winnipeg
515 Portage Avenue
Winnipeg, Manitoba R3B 2E9
Telefon: (0 01-2 04) 7 86 78 11
www.uwinnipeg.ca

Geschichte: 1871 gegründet und seit 1967 unter heutigem Namen; führt einige *graduate programs* zusammen mit der *University of Manitoba* durch.

Studierende: ca. 5.830 *undergraduates*.

York University
4700 Keele Street
Toronto, Ontario M3J 1P3
Telefon: (0 01-4 16) 7 36 21 00
Telefax: (0 01-4 16) 7 36 57 00
www.yorku.ca

Geschichte: Die heute drittgrößte Universität Kanadas wurde 1959 gegründet.

Studierende: ca. 35.050 *undergraduates* und 3.050 *graduates*.

6.2 Studienangebot an Hochschulen in Kanada

- ● undergraduate studies/*premier cycle*
- ▲ graduate studies/*deuxième* und/oder *troisième cycle*
- ✖ undergraduate und graduate studies/*premier, deuxième* und/oder *troisième cycle*

kursiv = französischsprachige Hochschule
kursiv und gerade = zweisprachige Hochschule

Lehramtsstudiengänge *(teacher training/formation des enseignants)* wurden nicht berücksichtigt.

	Acadia University – Université Laval	Acadia University	University of Alberta	Athabasca University	Augustana University	Bishop's University	Brandon University	Brescia University College	The University of British Columbia	British Columbia Open University	Brock University
Agriculture ... – Architecture and Related Programs, Other											
Agriculture, forestry and fishery, veterinary/ *Agriculture, foresterie et pêches, vétérinaire*											
Agribusiness/Agricultural Business Operations		●	▲								
Agricultural Animal Breeding											
Agricultural Business and Management, General			▲								
Agricultural Economics		✖							✖		
Agricultural Mechanization, General											
Agricultural and Food Products Processing		●									●
Agricultural/Biological Engineering and Bioengineering			▲						▲		
Agriculture, General		●							✖		
Agronomy and Crop Science		✖									●
Animal Sciences, General											
Applied Horticulture/Horticulture Operations, General											
Aquaculture											
Animal Sciences, General		✖							✖		
Crop Production											
Dairy Science											
Farm/Farm and Ranch Management											
Fishing and Fisheries Science and Management											
Forest Engineering									▲		
Forest Management/Forest Resources Management		✖							●		
Forest Sciences and Biology		▲							▲		
Forest Technology/Technician									●		
Forestry, General		✖							●		
Forestry, Other											
Horticultural Science		✖							●		
International Agriculture									●		
Pre-Veterinary Studies		●							●		
Range Science and Management		✖									
Soil Science and Agronomy, General		▲							✖		
Veterinary Medicine											
Wood Science and Wood Products/Pulp and Paper Technology											
Architecture and planning/ *Architecture et aménagement*											
Architectural Engineering Technology/Technician											
Architecture									▲		
Architecture and Related Programs, Other											

The University of Calgary	University College of Cape Breton	University College of the Cariboo	Carleton University	Concordia University College of Alberta	Concordia University	Dalhousie University	Collège dominicain de philosophie et de théologie	Emily Carr Institute of Art and Design	First Nations University of Canada	University College of the Fraser Valley	University of Guelph	Ecole des Hautes Etudes Commerciales	Huron University College	King's University College	The King's University College	University of King's College	Lakehead University	Laurentian University of Sudbury/ L'Université Laurentienne de Sudbury	Université Laval
										●									
											✘								
											✘								✘
																			✘
							▲			●	●								●
											✘								
										●	●								▲
											▲								
											✘								●
										●									
										●									
																			●
																		●	▲
											●								✘
																	✘		▲
											✘								●
											▲								▲
											●								
																			▲
▲			✘			▲													✘

- **●** undergraduate studies/premier cycle
- **▲** graduate studies/deuxième und/oder troisième cycle
- **✗** undergraduate und graduate studies/premier, deuxième und/oder troisième cycle

kursiv = französischsprachige Hochschule
kursiv und gerade = zweisprachige Hochschule

Lehramtsstudiengänge (teacher training/formation des enseignants) wurden nicht berücksichtigt.

	U. of Lethbridge – U. du Québec à Trois-Riv.	The University of Lethbridge	Luther College	Malaspina University College	The University of Manitoba	McGill University	McMaster University	Memorial University of Newfoundland	Université de Moncton	Université de Montréal	Mount Allison University
Agriculture … – Architecture and Related Programs, Other											
Agriculture, forestry and fishery, veterinary/ Agriculture, foresterie et pêches, vétérinaire											
Agribusiness/Agricultural Business Operations											
Agricultural Animal Breeding											
Agricultural Business and Management, General	●				✗						
Agricultural Economics					✗	✗			●		
Agricultural Mechanization, General											
Agricultural and Food Products Processing											
Agricultural/Biological Engineering and Bioengineering							●				
Agriculture, General	●				●	●					
Agronomy and Crop Science					●				●		
Animal Sciences, General											
Applied Horticulture/Horticulture Operations, General											
Aquaculture				●				▲			
Animal Sciences, General					✗	✗					
Crop Production	▲										
Dairy Science											
Farm/Farm and Ranch Management						●					
Fishing and Fisheries Science and Management								▲			
Forest Engineering											
Forest Management/Forest Resources Management											
Forest Sciences and Biology											
Forest Technology/Technician											
Forestry, General				●				●	✗		
Forestry, Other											
Horticultural Science				●							
International Agriculture											
Pre-Veterinary Studies											
Range Science and Management											
Soil Science and Agronomy, General					▲	●					
Veterinary Medicine	●									✗	
Wood Science and Wood Products/Pulp and Paper Technology											
Architecture and planning/ Architecture et aménagement											
Architectural Engineering Technology/Technician											
Architecture					✗	✗				✗	
Architecture and Related Programs, Other											

6 SERVICETEIL: ÜBERSICHTEN UND ADRESSEN

	Mount Saint Vincent University	University of New Brunswick	Nipissing University	University of Northern British Columbia	Nova Scotia Agricultural College	Nova Scotia College of Art and Design	Okanagan University College	University of Ottawa / Université d'Ottawa	Ecole Polytechnique de Montréal	University of Prince Edward Island	Université du Québec	Université du Québec en Abitibi-Témiscamingue	Université du Québec à Chicoutimi	Université du Québec – Ecole nationale d'administration publique	Université du Québec – Ecole de technologie supérieure	Université du Québec – Institut national de la recherche scientifique	Université du Québec à Montréal	Université du Québec en Outaouias	Université du Québec à Rimouski	Université du Québec à Trois-Rivières
					●															
					●															
					●															
					●															
					✖															
					●		●													
					●															
					✖															
					✖															
		✖										▲	▲							
	▲																			
	✖																			
					●															
					●															
					▲		●													
									●											
																				▲

- ● undergraduate studies/premier cycle
- ▲ graduate studies/deuxième und/oder troisième cycle
- ✘ undergraduate und graduate studies/premier, deuxième und/oder troisième cycle

kursiv = französischsprachige Hochschule
kursiv und gerade = zweisprachige Hochschule

Lehramtsstudiengänge (teacher training/formation des enseignants) wurden nicht berücksichtigt.

Agriculture ... – Architecture and Related Programs, Other

	Queen's University at Kingston – York U.	Queen's University at Kingston	Redeemer University College	The University of Regina	Royal Military College of Canada/Collège militaire royal du Canada	Royal Roads University	Ryerson University	Université Sainte-Anne – College de l'Acadie	Collège universitaire de Saint-Boniface	St. Francis Xavier University	St. Jerome's University	St. Mary's University
Agriculture, forestry and fishery, veterinary/ Agriculture, foresterie et pêches, vétérinaire												
Agribusiness/Agricultural Business Operations												
Agricultural Animal Breeding												
Agricultural Business and Management, General												
Agricultural Economics												
Agricultural Mechanization, General												
Agricultural and Food Products Processing												
Agricultural/Biological Engineering and Bioengineering												
Agriculture, General												
Agronomy and Crop Science												
Animal Sciences, General												
Applied Horticulture/Horticulture Operations, General												
Aquaculture												
Animal Sciences, General												
Crop Production												
Dairy Science												
Farm/Farm and Ranch Management												
Fishing and Fisheries Science and Management												
Forest Engineering												
Forest Management/Forest Resources Management												
Forest Sciences and Biology												
Forest Technology/Technician												
Forestry, General												
Forestry, Other												
Horticultural Science												
International Agriculture												
Pre-Veterinary Studies												
Range Science and Management												
Soil Science and Agronomy, General												
Veterinary Medicine												
Wood Science and Wood Products/Pulp and Paper Technology												
Architecture and planning/ Architecture et aménagement												
Architectural Engineering Technology/Technician						●						
Architecture												
Architecture and Related Programs, Other												

6 SERVICETEIL: ÜBERSICHTEN UND ADRESSEN

	University of St. Michael's College	Saint Paul University/ Université Saint-Paul	St. Thomas More College	St. Thomas University	University of Saskatchewan	Université de Sherbrooke	Simon Fraser University	University of Sudbury/ Université de Sudbury	University of Toronto	Trent University	University of Trinity College	Trinity Western University	University of Victoria	Victoria University	University of Waterloo	The University of Western Ontario	Wilfrid Laurier University	University of Windsor	The University of Winnipeg	York University
					●															
					✖															
					✖															
					●															
					●															
					✖				●											
					✖															
									✖											
									●											
									▲											
							●													
					✖															
					●															
					✖															
					✖															
									▲											
									●									✖		
									▲											

Studienangebot an Hochschulen in Kanada

- ● *undergraduate studies/premier cycle*
- ▲ *graduate studies/deuxième und/oder troisième cycle*
- ✘ *undergraduate* und *graduate studies/premier, deuxième und/oder troisième cycle*

kursiv = französischsprachige Hochschule
kursiv und gerade = zweisprachige Hochschule

Lehramtsstudiengänge *(teacher training/formation des enseignants)* wurden nicht berücksichtigt.

	Acadia University – Université Laval	Acadia University	University of Alberta	Athabasca University	Augustana University	Bishop's University	Brandon University	Brescia University College	The University of British Columbia	British Columbia Open University	Brock University
City/Urban ... – Entrepreneurial and Small Business Operations											
City/Urban, Community and Regional Planning								●	▲		
Environmental Design/Architecture											
Landscape Architecture									▲		
Area and cultural studies/ Etudes culturelles et régionales											
African studies/Etudes africaines			●								
American Indian/Native American studies			●			●					
American/United States Studies/Civilization											
Area, Ethnic, Cultural, and Gender Studies, other											
Asian Studies/Civilization									✘		
Canadian Gouvernment and Politics											
Canadian History											
Canadian Studies		●	●	●		●			●		●
East Asian Studies			▲								
European Studies/Civilization		✘							●		●
German Studies			●								
Hispanic-American, Puerto Rican and Mexican-American/Chicano Studies											
Islamic Studies											
Italian Studies			●								
Jewish/Judaic Studies											
Latin American Studies			●						●		
Near and Middle Eastern Studies			●								
Pacific Area/Pacific Rim Studies											
Regional Studies (U.S., Canadian, Foreign)											
Russian Studies			✘					●			
South Asian Studies											
Southeast Asian Studies											
Ukraine Studies			●								
Women's Studies		●	●	●		●			●	●	●
Business administration and management/ Administration des entreprises et gestion											
Accounting/Comptabilité				▲		●			✘		✘
Administrative Assistant and Secretarial Science, General											
Aviation/Airway Management and Operations											
Banking and Financial Support Services											
Business Administration and Management, General		●	✘	✘		●	●	●	✘	●	●
Business Administration, Management and Operations, Other			▲								
Business/Commerce, General				●		●			●		
Business/Managerial Economics					●						●
Community Organization and Advocacy				●							
E-Commerce/Electronic Commerce		●									
Entrepreneurial and Small Business Operations, Other											

The University of Calgary	University College of Cape Breton	University College of the Cariboo	Carleton University	Concordia University College of Alberta	Concordia University	Dalhousie University	Collège dominicain de philosophie et de théologie	Emily Carr Institute of Art and Design	First Nations University of Canada	University College of the Fraser Valley	University of Guelph	Ecole des Hautes Etudes Commerciales	Huron University College	King's University College	The King's University College	University of King's College	Lakehead University	Laurentian University of Sudbury / L'Université Laurentienne de Sudbury	Université Laval
▲						▲					▲								▲
▲											✖								
	●							✖									●	●	●
											●								
●	●	●	✖		✖												▲		
			✖							✖									
					✖														●
			●		●														
					●														
●			●		●	●					●		●				▲	●	▲
●	●	●	●		✖	●			●								●	●	
					▲				●										
									●										
✖	●		▲		✖	✖			✖	●	●	✖		●	●		●	✖	✖
			●		●				●					●					
✖	●				✖					●	●								
																			▲

Studienangebot an Hochschulen in Kanada

- ● undergraduate studies/premier cycle
- ▲ graduate studies/deuxième und/oder troisième cycle
- ✖ undergraduate und graduate studies/premier, deuxième und/oder troisième cycle

kursiv = französischsprachige Hochschule
kursiv und gerade = zweisprachige Hochschule

Lehramtsstudiengänge *(teacher training/formation des enseignants)* wurden nicht berücksichtigt.

	U. of Lethbridge – U. du Québec à Trois-Riv.	The University of Lethbridge	Luther College	Malaspina University College	The University of Manitoba	McGill University	McMaster University	Memorial University of Newfoundland	Université de Moncton	Université de Montréal	Mount Allison University
City/Urban ... – Entrepreneurial and Small Business Operations											
City/Urban, Community and Regional Planning					✖	▲				▲	
Environmental Design/Architecture											
Landscape Architecture					✖					●	
Area and cultural studies/ Etudes culturelles et régionales											
African studies/Etudes africaines						●					
American Indian/Native American studies	✖			●	✖		●				
American/United States Studies/Civilization						●					●
Area, Ethnic, Cultural, and Gender Studies, other											
Asian Studies/Civilization						●	▲				
Canadian Gouvernement and Politics											
Canadian History											
Canadian Studies	✖					●	●	●		●	●
East Asian Studies						✖				●	
European Studies/Civilization						●	✖			●	
German Studies											
Hispanic-American, Puerto Rican and Mexican-American/ Chicano Studies											
Islamic Studies						▲					
Italian Studies											
Jewish/Judaic Studies						✖					
Latin American Studies						●				●	
Near and Middle Eastern Studies						●					
Pacific Area/Pacific Rim Studies											
Regional Studies (U.S., Canadian, Foreign)	▲									●	
Russian Studies						●					
South Asian Studies											
Southeast Asian Studies											
Ukraine Studies											
Women's Studies				●	●		●	▲			
Business administration and management/ Administration des entreprises et gestion											
Accounting/Comptabilité		●			●	✖		●	●		●
Administrative Assistant and Secretarial Science, General											
Aviation/Airway Management and Operations											
Banking and Financial Support Services											
Business Administration and Management, General		✖		✖	✖	▲	▲	✖	✖		●
Business Administration, Management and Operations, Other											
Business/Commerce, General					●	●	●	●	●		
Business/Managerial Economics											
Community Organization and Advocacy			●						✖		
E-Commerce/Electronic Commerce											
Entrepreneurial and Small Business Operations, Other											

	Mount Saint Vincent University	University of New Brunswick	Nipissing University	University of Northern British Columbia	Nova Scotia Agricultural College	Nova Scotia College of Art and Design	Okanagan University College	University of Ottawa / Université d'Ottawa	Ecole Polytechnique de Montréal	University of Prince Edward Island	Université du Québec	Université du Québec en Abitibi-Témiscamingue	Université du Québec à Chicoutimi	Université du Québec – Ecole nationale d'administration publique	Université du Québec – Ecole de technologie supérieure	Université du Québec – Institut national de la recherche scientifique	Université du Québec à Montréal	Université du Québec en Outaouias	Université du Québec à Rimouski	Université du Québec à Trois-Rivières
				●													▲ ●			
			●	●																
	●							✗		●										▲
																▲				
		●																		
	✗			●			●	✗												
	●	●		●			●	●					✗	✗				✗	✗	✗	✗
			●														●			
	●	✗	●				●	✗		●			✗	✗				✗	✗	✗	✗
				●																●
														●			●	●	●	
								✗												

Studienangebot an Hochschulen in Kanada

- ● undergraduate studies/*premier cycle*
- ▲ *graduate studies/deuxième* und/oder *troisième cycle*
- ✖ undergraduate und *graduate studies/premier, deuxième* und/oder *troisième cycle*

kursiv = französischsprachige Hochschule
kursiv und gerade = zweisprachige Hochschule

Lehramtsstudiengänge *(teacher training/formation des enseignants)* wurden nicht berücksichtigt.

	Queen's University at Kingston – York U.	Queen's University at Kingston	Redeemer University College	The University of Regina	Royal Military College of Canada / Collège militaire royal du Canada	Royal Roads University	Ryerson University	*Université Sainte-Anne – College de l'Acadie*	*Collège universitaire de Saint-Boniface*	St. Francis Xavier University	St. Jerome's University	St. Mary's University
City/Urban ... – Entrepreneurial and Small Business Operations												
City/Urban, Community and Regional Planning	▲					●						
Environmental Design/Architecture												
Landscape Architecture												
Area and cultural studies/ Etudes culturelles et régionales												
African studies/*Etudes africaines*												
American Indian/Native American studies			✖									
American/United States Studies/Civilization												
Area, Ethnic, Cultural, and Gender Studies, other												
Asian Studies/Civilization												●
Canadian Gouvernment and Politics					●							
Canadian History												
Canadian Studies	●		▲					●	▲			✖
East Asian Studies												
European Studies/Civilization												●
German Studies												
Hispanic-American, Puerto Rican and Mexican-American/ Chicano Studies												
Islamic Studies												
Italian Studies												
Jewish/Judaic Studies	●											
Latin American Studies	●											
Near and Middle Eastern Studies												
Pacific Area/Pacific Rim Studies												
Regional Studies (U.S., Canadian, Foreign)												
Russian Studies												
South Asian Studies												
Southeast Asian Studies												
Ukraine Studies												
Women's Studies	●		●							●		✖
Business administration and management/ Administration des entreprises et gestion												
Accounting/*Comptabilité*							●			●		✖
Administrative Assistant and Secretarial Science, General												
Aviation/Airway Management and Operations												
Banking and Financial Support Services												
Business Administration and Management, General	✖	●	✖	✖	▲	●	●	●	●	●		●
Business Administration, Management and Operations, Other				✖	▲							
Business/Commerce, General									●			●
Business/Managerial Economics												✖
Community Organization and Advocacy			●									
E-Commerce/Electronic Commerce												
Entrepreneurial and Small Business Operations, Other					▲							

6 SERVICETEIL: ÜBERSICHTEN UND ADRESSEN

	University of St. Michael's College	Saint Paul University / *Université Saint-Paul*	St. Thomas More College	St. Thomas University	University of Saskatchewan	*Université de Sherbrooke*	Simon Fraser University	University of Sudbury / *Université de Sudbury*	University of Toronto	Trent University	University of Trinity College	Trinity Western University	University of Victoria	Victoria University	University of Waterloo	The University of Western Ontario	Wilfrid Laurier University	University of Windsor	The University of Winnipeg	York University
									▲						▲					
									▲											●
				●	●		●	●	✕											●
									●				●			●				
							●		●	✕				●		●		●		●
									✕											●
				●					✕											✕
									●											
									●											
▲									●					▲						✕
						●			●						●					✕
									✕				●							
			●						✕											
									▲											
									●											
					●		✕		✕	●					●		●	●	●	●	✕
				✕	✕	✕			▲						✕		✕	●	●		
														●						
				✕	✕	✕			✕	●		✕		✕	●	✕	✕	✕	●	✕
				●																
				●					●					●			●			
				●	▲				✕				●							●
	●												●							●
					▲															

Studienangebot an Hochschulen in Kanada

- undergraduate studies/*premier cycle*
- ▲ graduate studies/*deuxième* und/oder *troisième cycle*
- ✖ undergraduate und graduate studies/*premier, deuxième* und/oder *troisième cycle*

kursiv = französischsprachige Hochschule
kursiv und gerade = zweisprachige Hochschule

Lehramtsstudiengänge *(teacher training/formation des enseignants)* wurden nicht berücksichtigt.

	Acadia University – Université Laval	Acadia University	University of Alberta	Athabasca University	Augustana University	Bishop's University	Brandon University	Brescia University College	The University of British Columbia	British Columbia Open University	Brock University
Entrepreneurship – Automotive Engineering Technology											
Entrepreneurship/Entrepreneurial Studies											
Finance, General						●		●	✖		●
Financial Planning and Services											
Human Resources Management/Personnel Administration, General			●			●		●			●
Insurance								●			
International Business/Trade/Commerce			▲			●			●		●
International Economics											
International Relations and Affairs									●		●
Investments and Securities											
Labor Studies											
Labor and Industrial Relations				●					●		●
Legal Research and Advanced Professional Studies, Other			▲						▲		
Logistics and Material Management									●		
Management Information Systems, General			●			●			✖	●	●
Management Science, General									▲		
Marketing/Marketing Management, General						●			✖		●
Non-Profit/Public/Organizational Management											
Operations Management and Supervision				▲							
Organizational Behavior Studies				●					▲		
Public Administration				●						●	●
Public Finance											
Real Estate									✖	●	
Communications and information science/ Communication et science de l'information											
Communication Studies/Speech Communication and Rhetoric											●
Communication, Journalism, and Related Fields, Other											
Informations Science/Studies											
Information Technology		●									
Journalism									▲		
Library Science, Other			▲						▲		
Library Science/Librarianship			▲						▲		
Mass Communication/Media Studies				●							
Medical Illustration/Medical Illustrator											
Public Relations/Image Management											
Public/Applied History and Archival Administration									▲		
Publishing											
Speech and Rhetorical Studies											
Engineering and technology/ Génie et technologie											
Aeronautics/Aviation/Aerospace Science and Technology, General											
Aerospace, Aeronautical and Astronautical Engineering									●		
Airline/Commercial/Professional Pilot and Flight Crew											
Automotive Engineering Technology/Technician											

SERVICETEIL: ÜBERSICHTEN UND ADRESSEN

	The University of Calgary	University College of Cape Breton	University College of the Cariboo	Carleton University	Concordia University College of Alberta	Concordia University	Dalhousie University	Collège dominicain de philosophie et de théologie	Emily Carr Institute of Art and Design	First Nations University of Canada	University College of the Fraser Valley	University of Guelph	Ecole des Hautes Etudes Commerciales	Huron University College	King's University College	The King's University College	University of King's College	Lakehead University	Laurentian University of Sudbury/ L'Université Laurentienne de Sudbury	Université Laval
	●	●	●	●		●	✗						●	●				●	●	✗
													✗							▲
	●		●	●	●	●						●	●	●				●	●	●
	●												●							●
	●			●		●														▲
	✗			▲			✗						●							✗
						▲													●	
	▲	●					▲						▲						●	✗
							●						●							▲
	●	●		●		✗	✗				●		✗					●		▲
													▲							▲
	●	●	●	●		●	●				●	●	●					●	●	▲
						▲							●							
	●			●									●							
				✗			✗					●							●	
												●								
	●	●		▲		✗				●										●
				▲																
			●	✗		✗											●			✗
	▲			✗			▲	▲			●	●								
																			✗	
																			●	
				✗							●									▲

Studienangebot an Hochschulen in Kanada

- undergraduate studies/*premier cycle*
- ▲ graduate studies/*deuxième* und/oder *troisième cycle*
- ✖ undergraduate und graduate studies/*premier, deuxième und/oder troisième cycle*

kursiv = französischsprachige Hochschule
kursiv und gerade = zweisprachige Hochschule

Lehramtsstudiengänge *(teacher training/formation des enseignants)* wurden nicht berücksichtigt.

	U. of Lethbridge – U. du Québec à Trois-Riv.	The University of Lethbridge	Luther College	Malaspina University College	The University of Manitoba	McGill University	McMaster University	Memorial University of Newfoundland	*Université de Moncton*	*Université de Montréal*	Mount Allison University
Entrepreneurship – Automotive Engineering Technology											
Entrepreneurship/Entrepreneurial Studies				●	●	●		●	●		
Finance, General		●			●	●		●	●		
Financial Planning and Services											
Human Resources Management/Personnel Administration, General		●			●	●	▲	●	●		
Insurance									●		
International Business/Trade/Commerce		●			●	●		●			
International Economics					●						
International Relations and Affairs				●						✖	●
Investments and Securities											
Labor Studies											
Labor and Industrial Relations					●	●	✖	✖		✖	
Legal Research and Advanced Professional Studies, Other					▲	▲				▲	
Logistics and Material Management					●						
Management Information Systems, General		●		●	●	●		●	●	▲	●
Management Science, General						●	▲				
Marketing/Marketing Management, General		●			●	●		●	●		●
Non-Profit/Public/Organizational Management									●	▲	
Operations Management and Supervision					●	●		●	●		
Organizational Behavior Studies					●						
Public Administration					▲				✖		
Public Finance					▲						
Real Estate											
Communications and information science/ *Communication et science de l'information*											
Communication Studies/Speech Communication and Rhetoric						●		●	✖		
Communication, Journalism, and Related Fields, Other											
Informations Science/Studies											
Information Technology											
Journalism		●							●		
Library Science, Other											
Library Science/Librarianship					▲				▲		
Mass Communication/Media Studies									●	▲	
Medical Illustration/Medical Illustrator											
Public Relations/Image Management						●			●		
Public/Applied History and Archival Administration									●		
Publishing											
Speech and Rhetorical Studies											
Engineering and technology/ *Génie et technologie*											
Aeronautics/Aviation/Aerospace Science and Technology, General											
Aerospace, Aeronautical and Astronautical Engineering						▲					
Airline/Commercial/Professional Pilot and Flight Crew											●
Automotive Engineering Technology/Technician											

6 SERVICETEIL: ÜBERSICHTEN UND ADRESSEN

Mount Saint Vincent University	University of New Brunswick	Nipissing University	University of Northern British Columbia	Nova Scotia Agricultural College	Nova Scotia College of Art and Design	Okanagan University College	University of Ottawa / Université d'Ottawa	Ecole Polytechnique de Montréal	University of Prince Edward Island	Université du Québec	Université du Québec en Abitibi-Témiscamingue	Université du Québec à Chicoutimi	Université du Québec – Ecole nationale d'administration publique	Université du Québec – Ecole de technologie supérieure	Université du Québec – Institut national de la recherche scientifique	Université du Québec à Montréal	Université du Québec en Outaouias	Université du Québec à Rimouski	Université du Québec à Trois-Rivières
●	●		●			●	●			●	●					✕	✕		▲
																●			▲
						●	●		●		●	●	▲			✕	✕	▲	●
		●		●			●						▲			✕	●		
			✕			●	●				●					●			
							●										✕		▲
																✕			
●						●	●			●	▲					✕ ▲	●		
●	●		●			●	●				●					✕ ✕			●
								▲		●	▲								
										●						▲			
	●		●			✕		●			▲ ▲					●		●	
●																✕			
							●		●		▲		▲			✕	●	●	●
							▲									●			
							●									●			
																▲			
●																✕			
											●					●			
						▲	✕												

Studienangebot an Hochschulen in Kanada

- ● *undergraduate studies/premier cycle*
- ▲ *graduate studies/deuxième und/oder troisième cycle*
- ✗ *undergraduate* und *graduate studies/premier, deuxième und/oder troisième cycle*

kursiv = französischsprachige Hochschule
kursiv und gerade = zweisprachige Hochschule

Lehramtsstudiengänge *(teacher training/formation des enseignants)* wurden nicht berücksichtigt.

	Queen's University at Kingston – York U.	Queen's University at Kingston	Redeemer University College	The University of Regina	Royal Military College of Canada / Collège militaire royal du Canada	Royal Roads University	Ryerson University	Université Sainte-Anne – College de l'Acadie	Collège universitaire de Saint-Boniface	St. Francis Xavier University	St. Jerome's University	St. Mary's University
Entrepreneurship – Automotive Engineering Technology												
Entrepreneurship/Entrepreneurial Studies						●	●			●		✗
Finance, General												
Financial Planning and Services												
Human Resources Management/Personnel Administration, Gen.		●	✗			▲	●					
Insurance												
International Business/Trade/Commerce												●
International Economics												
International Relations and Affairs					✗							
Investments and Securities												
Labor Studies												
Labor and Industrial Relations	▲				✗							
Legal Research and Advanced Professional Studies, Other	▲											
Logistics and Material Management												
Management Information Systems, General			●		✗	●	●			●		●
Management Science, General						●						
Marketing/Marketing Management, General						●				●		
Non-Profit/Public/Organizational Management												
Operations Management and Supervision												
Organizational Behavior Studies												
Public Administration	▲		✗			●						
Public Finance												
Real Estate												
Communications and information science/ Communication et science de l'information												
Communication Studies/Speech Communication and Rhetoric			●									
Communication, Journalism, and Related Fields, Other												
Informations Science/Studies												
Information Technology												
Journalism			●				●					
Library Science, Other												
Library Science/Librarianship												
Mass Communication/Media Studies							▲					
Medical Illustration/Medical Illustrator												
Public Relations/Image Management			●		▲							
Public/Applied History and Archival Administration												
Publishing												
Speech and Rhetorical Studies												
Engineering and technology/ Génie et technologie												
Aeronautics/Aviation/Aerospace Science and Technology, Gen.												
Aerospace, Aeronautical and Astronautical Engineering					●							
Airline/Commercial/Professional Pilot and Flight Crew												
Automotive Engineering Technology/Technician												

6 SERVICETEIL: ÜBERSICHTEN UND ADRESSEN

Studienangebot an Hochschulen in Kanada

- undergraduate studies/*premier cycle*
- ▲ graduate studies/*deuxième* und/oder *troisième cycle*
- ✖ undergraduate und *graduate studies/premier, deuxième und/oder troisième cycle*

kursiv = französischsprachige Hochschule
kursiv und gerade = zweisprachige Hochschule

Lehramtsstudiengänge *(teacher training/formation des enseignants)* wurden nicht berücksichtigt.

	Acadia University – Université Laval	Acadia University	University of Alberta	Athabasca University	Augustana University	Bishop's University	Brandon University	Brescia University College	The University of British Columbia	British Columbia Open University	Brock University
Biomedical/Medical Engineering – Environmental Science											
Biomedical/Medical Engineering			▲						▲		
Biotechnology			▲						●		✖
Civil Engineering Technology/Technician											
Civil Engineering, General			✖						✖		
Communications Technologies and Support Services, Other											
Computer Engineering, General			✖						✖		
Computer Engineering, Other											
Computer Hardware Engineering											
Construction Engineering											
Electrical, Electronic and Communications Eng. Technology/Technician											
Electrical, Electronic and Communications Engineering			✖						✖		
Engineering Physics			●						✖		
Engineering Science											
Engineering, General	●								●		
Engineering, Other											
Engineering/Industrial Management			▲								
Environmental/Environmental Health Engineering			✖						●		
Geological/Geophysical Engineering									✖		
Geotechnical Engineering											
Industrial Engineering											
Manufacturing Technology/Technician											
Materials Engineering			✖						✖		
Materials Science											
Mechanical Engineering			✖						✖		
Mechanical Engineering/Mechanical Technology/Technician											
Metallurgical Engineering											
Military Technologies											
Mining and Mineral Engineering			✖						✖		
Naval Architecture and Marine Engineering									●		
Petroleum Engineering			✖								
Petroleum Technology/Technician											
Polymer/Plastics Engineering											
Surveying Engineering											
Surveying Technology/Surveying											
Systems Engineering											
Telecommunications Technology											
Transportation and Highway Engineering											
Water Resource Engineering											
Environment and natural recources/ Environnement et ressources naturelles											
Environmental Health											
Environmental Science	●	●		●					●		●

6 SERVICETEIL: ÜBERSICHTEN UND ADRESSEN

The University of Calgary	University College of Cape Breton	University College of the Cariboo	Carleton University	Concordia University College of Alberta	Concordia University	Dalhousie University	*Collège dominicain de philosophie et de théologie*	Emily Carr Institute of Art and Design	First Nations University of Canada	University College of the Fraser Valley	University of Guelph	*Ecole des Hautes Etudes Commerciales*	Huron University College	King's University College	The King's University College	University of King's College	Lakehead University	Laurentian University of Sudbury / *L'Université Laurentienne de Sudbury*	Université Laval
▲				●		▲					✗								●
											●						●		
✗			✗		✗	✗												●	✗
●			✗		✗	✗					●								●
						▲													
					✗														
	●																●		
✗			✗		✗	✗													✗
			●																
●																	●		
✗	●		✗		▲	▲				●	✗								●
●					✗	✗											▲		▲
	●																		●
			▲																
✗			✗		✗	✗												●	✗
	●		▲														●		
						✗												●	✗
						✗													
						▲													
						▲												✗	✗
✗																			
	●																		
																		●	
																		✗	
✗																			▲
			▲																
●																			
					●	▲													
●					●						●						●		▲

Studienangebot an Hochschulen in Kanada

- ● *undergraduate studies/premier cycle*
- ▲ *graduate studies/deuxième und/oder troisième cycle*
- ✗ *undergraduate und graduate studies/premier, deuxième und/oder troisième cycle*

kursiv = französischsprachige Hochschule
kursiv und gerade = zweisprachige Hochschule

Lehramtsstudiengänge *(teacher training/formation des enseignants)* wurden nicht berücksichtigt.

	U. of Lethbridge – U. du Québec à Trois-Riv.	The University of Lethbridge	Luther College	Malaspina University College	The University of Manitoba	McGill University	McMaster University	Memorial University of Newfoundland	Université de Moncton	Université de Montréal	Mount Allison University
Biomedical/Medical Engineering – Environmental Science											
Biomedical/Medical Engineering					✗	▲	●			▲	
Biotechnology		✗			●	▲	●				
Civil Engineering Technology/Technician											
Civil Engineering, General					✗	✗	●	✗	✗		
Communications Technologies and Support Services, Other											
Computer Engineering, General					✗	✗	✗				
Computer Engineering, Other											
Computer Hardware Engineering											
Construction Engineering											
Electrical, Electronic and Communications Eng. Technology/Technician											
Electrical, Electronic and Communications Engineering					✗	✗	✗	✗	●		
Engineering Physics							✗				
Engineering Science											
Engineering, General	●			●							
Engineering, Other											
Engineering/Industrial Management							▲	●			
Environmental/Environmental Health Engineering								▲			
Geological/Geophysical Engineering					●						
Geotechnical Engineering											
Industrial Engineering					✗				✗		
Manufacturing Technology/Technician											
Materials Engineering							✗				
Materials Science											
Mechanical Engineering					▲	✗	✗	✗	✗		
Mechanical Engineering/Mechanical Technology/Technician											
Metallurgical Engineering						✗					
Military Technologies											
Mining and Mineral Engineering						✗					
Naval Architecture and Marine Engineering								✗			
Petroleum Engineering											
Petroleum Technology/Technician											
Polymer/Plastics Engineering							▲				
Surveying Engineering											
Surveying Technology/Surveying											
Systems Engineering											
Telecommunications Technology											
Transportation and Highway Engineering											
Water Resource Engineering											
Environment and natural recources/ Environnement et ressources naturelles											
Environmental Health						●				▲	
Environmental Science					●	●	●	▲			●

6 SERVICETEIL: ÜBERSICHTEN UND ADRESSEN

	Mount Saint Vincent University	University of New Brunswick	Nipissing University	University of Northern British Columbia	Nova Scotia Agricultural College	Nova Scotia College of Art and Design	Okanagan University College	University of Ottawa / Université d'Ottawa	Ecole Polytechnique de Montréal	University of Prince Edward Island	Université du Québec	Université du Québec en Abitibi-Témiscamingue	Université du Québec à Chicoutimi	Université du Québec – Ecole nationale d'administration publique	Université du Québec – Ecole de technologie supérieure	Université du Québec – Institut national de la recherche scientifique	Université du Québec à Montréal	Université du Québec en Outaouias	Université du Québec à Rimouski	Université du Québec à Trois-Rivières
								●	▲											
		✗						●	✗	✗			●							
		✗						✗	●				●			▲		●		●
									●						✗					
		✗						●	✗	✗				●		✗	▲	●	●	✗
						●			▲		●		●	✗		▲			▲	
	●							✗												
	●							●	✗				●							●
								●												
									✗						✗					✗
									●								▲			▲
		✗						●	✗	✗			●	●		✗			●	●
									▲					●						
									✗				▲				▲			
		✗						●												
		✗														▲				
								▲							●		●			
								●												
		●						●	●				✗	✗			✗		▲	▲

Studienangebot an Hochschulen in Kanada

- undergraduate studies/premier cycle
- ▲ graduate studies/deuxième und/oder troisième cycle
- ✗ undergraduate und graduate studies/premier, deuxième und/oder troisième cycle

kursiv = französischsprachige Hochschule
kursiv und gerade = zweisprachige Hochschule

Lehramtsstudiengänge *(teacher training/formation des enseignants)* wurden nicht berücksichtigt.

	Queen's University at Kingston – York U.	Queen's University at Kingston	Redeemer University College	The University of Regina	Royal Military College of Canada/Collège militaire royal du Canada	Royal Roads University	Ryerson University	Université Sainte-Anne – Collège de l'Acadie	Collège universitaire de Saint-Boniface	St. Francis Xavier University	St. Jerome's University	St. Mary's University
Biomedical/Medical Engineering – Environmental Science												
Biomedical/Medical Engineering												
Biotechnology												
Civil Engineering Technology/Technician												
Civil Engineering, General	✗				✗		✗					
Communications Technologies and Support Services, Other												
Computer Engineering, General	✗				✗		✗					
Computer Engineering, Other												
Computer Hardware Engineering							▲					
Construction Engineering												
Electrical, Electronic and Communications Engineering Technology/Technician												
Electrical, Electronic and Communications Engineering	✗			✗	✗		✗					
Engineering Physics	✗				▲							
Engineering Science												
Engineering, General										●		●
Engineering, Other												
Engineering/Industrial Management												
Environmental/Environmental Health Engineering				✗	▲							
Geological/Geophysical Engineering	✗											
Geotechnical Engineering	●											
Industrial Engineering				✗								
Manufacturing Technology/Technician												
Materials Engineering	●				▲							
Materials Science					▲							
Mechanical Engineering	✗				✗		✗					
Mechanical Engineering/Mechanical Technology/Technician												
Metallurgical Engineering												
Military Technologies					✗							
Mining and Mineral Engineering	✗											
Naval Architecture and Marine Engineering												
Petroleum Engineering				✗								
Petroleum Technology/Technician												
Polymer/Plastics Engineering												
Surveying Engineering												
Surveying Technology/Surveying												
Systems Engineering												
Telecommunications Technology												
Transportation and Highway Engineering												
Water Resource Engineering												
Environment and natural recources/Environnement et ressources naturelles												
Environmental Health												
Environmental Science		●			▲	●	▲					

	University of St. Michael's College	Saint Paul University/ *Université Saint-Paul*	St. Thomas More College	St. Thomas University	University of Saskatchewan	*Université de Sherbrooke*	Simon Fraser University	University of Sudbury/ *Université de Sudbury*	University of Toronto	Trent University	University of Trinity College	Trinity Western University	University of Victoria	Victoria University	University of Waterloo	The University of Western Ontario	Wilfrid Laurier University	University of Windsor	The University of Winnipeg	York University
					✖		●		▲							▲				
					●				▲							●			●	●
					✖	✖			✖							✖	✖		✖	
						✖	▲		✖				✖			✖	✖			
													●		▲					
																		●		
					✖	✖	✖		✖				✖		✖	▲		✖		
							●													
							●													●
									▲											
						▲	▲		●				●							
					▲	●			✖							●		✖		
					●										●					
									✖							●		✖		
									✖								✖	▲		
					✖	✖			✖				✖			✖	✖		✖	
									✖											
									●											
							●													
									▲											
						▲			▲											
					●	▲			●						●	✖			●	

Studienangebot an Hochschulen in Kanada

- ● undergraduate studies/premier cycle
- ▲ graduate studies/deuxième und/oder troisième cycle
- ✱ undergraduate und graduate studies/premier, deuxième und/oder troisième cycle

kursiv = französischsprachige Hochschule
kursiv und gerade = zweisprachige Hochschule

Lehramtsstudiengänge *(teacher training/formation des enseignants)* wurden nicht berücksichtigt.

	Acadia University – Université Laval	Acadia University	University of Alberta	Athabasca University	Augustana University	Bishop's University	Brandon University	Brescia University College	The University of British Columbia	British Columbia Open University	Brock University
Environmental Studies – Music Management and Merchandising											
Environmental Studies		●			●				✱		●
Hydrology and Water Resources Science											
Natural Resource Economics		●									
Natural Resources Management and Policy		✱							✱		
Natural Resources/Conservation, General		●							●		
Water, Wetlands, and Marine Resources Management											
Fine and applied arts / Beaux-arts et arts appliqués											
Acting/Jeu (théâtre)		●							✱		
Animation, Interactive Technology, Video Graphics and Special Effects											
Art History, Critisism and Conservation		✱			●	●			✱		●
Art Therapy/Therapist											
Art/Art Studies, General		●									●
Arts Management						●					
Ceramic Arts and Ceramics											
Cinematography and Film/Video Production		●						●	✱		
Commercial and Advertising Art											
Conducting		▲									
Crafts/Craft Design, Folk Art and Artisanry											
Creative Writing		●							✱		●
Dance, General											
Design and Visual Communications, General		✱							●		
Digital Communication and Media/Multimedia											
Directing and Theatrical Production		✱							▲		
Drama and Dance Teacher Education											
Drama and Dramatics/Theatre Arts, General	●	✱				●	●		●		●
Dramatic/Theatre Arts and Stagecraft, Other											
Drawing		▲									
Écriture créative en francais											
Fashion/Apparel Design											
Fiber, Textile and Weaving Arts											
Film/Cinema Studies									✱		●
Fine Arts and Art Studies, Other											
Fine/Studio Arts, General		✱				●			✱	●	
Historic Preservatioin and Conservation		▲									
Industrial Design		▲									
Interior Design											
Intermedia/Multimedia											
Jazz/Jazz Studies										●	
Metal and Juwelry Arts											
Music											
Music History, Literature and Theory	●	●				●	▲		●		
Music Management and Merchandising	●										

	The University of Calgary	University College of Cape Breton	University College of the Cariboo	Carleton University	Concordia University College of Alberta	Concordia University	Dalhousie University	Collège dominicain de philosophie et de théologie	Emily Carr Institute of Art and Design	First Nations University of Canada	University College of the Fraser Valley	University of Guelph	Ecole des Hautes Etudes Commerciales	Huron University College	King's University College	The King's University College	University of King's College	Lakehead University	Laurentian University of Sudbury/L'Université Laurentienne de Sudbury	Université Laval
		•	•	•			▲					•				•		•		
												×								
	×	•										•								
	▲											•						•		
								▲												
	•						•	•												
	•		•	×			×		•		•	•								×
				•				▲												
								▲						•						
								▲	•											
								×												
										•										
	×																			×
	▲						•													
	•						•													
							•		•											
	▲						▲													
	×	•					•	•				×							•	•
		•					•				•									
											•									•
			×				×													•
	•	•					•		•	•		×						•	×
	▲		•						•											
							×												•
							•													•
	•						•											•		•

Studienangebot an Hochschulen in Kanada

- ● undergraduate studies/premier cycle
- ▲ graduate studies/deuxième und/oder troisième cycle
- ✗ undergraduate und graduate studies/premier, deuxième und/oder troisième cycle

kursiv = französischsprachige Hochschule
kursiv und gerade = zweisprachige Hochschule

Lehramtsstudiengänge *(teacher training/formation des enseignants)* wurden nicht berücksichtigt.

	U. of Lethbridge – U. du Québec à Trois-Riv.	The University of Lethbridge	Luther College	Malaspina University College	The University of Manitoba	McGill University	McMaster University	Memorial University of Newfoundland	*Université de Moncton*	*Université de Montréal*	Mount Allison University
Environmental Studies – Music Management and Merchandising											
Environmental Studies						●	●	●	✗	▲	●
Hydrology and Water Resources Science											
Natural Resource Economics											
Natural Resources Management and Policy					▲						
Natural Resources/Conservation, General					●						
Water, Wetlands, and Marine Resources Management											
Fine and applied arts/ Beaux-arts et arts appliqués											
Acting/Jeu (théâtre)							●			●	
Animation, Interactive Technology, Video Graphics and Special Effects											
Art History, Critisism and Conservation				●	✗	✗				✗	●
Art Therapy/Therapist											
Art/Art Studies, General											
Arts Management											
Ceramic Arts and Ceramics					●						
Cinematography and Film/Video Production											
Commercial and Advertising Art			●	●						●	
Conducting					▲		▲				
Crafts/Craft Design, Folk Art and Artisanry											
Creative Writing			●								
Dance, General											
Design and Visual Communications, General											
Digital Communication and Media/Multimedia	●						●				
Directing and Theatrical Production								●			
Drama and Dance Teacher Education	●										
Drama and Dramatics/Theatre Arts, General	✗		●	●	●	●	●	●	●		●
Dramatic/Theatre Arts and Stagecraft, Other											
Drawing					●						
Écriture créative en francais											
Fashion/Apparel Design											
Fiber, Textile and Weaving Arts											
Film/Cinema Studies					●					✗	
Fine Arts and Art Studies, Other										●	
Fine/Studio Arts, General	✗			●	●		●		●		●
Historic Preservatioin and Conservation											
Industrial Design										●	
Interior Design				●	✗					●	
Intermedia/Multimedia	●										
Jazz/Jazz Studies				●							
Metal and Juwelry Arts											
Music	▲										
Music History, Literature and Theory					●	●		●			
Music Management and Merchandising											

6 SERVICETEIL: ÜBERSICHTEN UND ADRESSEN

Studienangebot an Hochschulen in Kanada

- ● undergraduate studies/premier cycle
- ▲ graduate studies/deuxième und/oder troisième cycle
- ✖ undergraduate und graduate studies/premier, deuxième und/oder troisième cycle

kursiv = französischsprachige Hochschule
kursiv und gerade = zweisprachige Hochschule

Lehramtsstudiengänge *(teacher training/formation des enseignants)* wurden nicht berücksichtigt.

	Queen's University at Kingston – York U.	Queen's University at Kingston	Redeemer University College	The University of Regina	Royal Military College of Canada / Collège militaire royal du Canada	Royal Roads University	Ryerson University	Université Sainte-Anne – Collège de l'Acadie	Collège universitaire de Saint-Boniface	St. Francis Xavier University	St. Jerome's University	St. Mary's University
Environmental Studies – Music Management and Merchand.												
Environmental Studies		●	●									●
Hydrology and Water Resources Science												
Natural Resource Economics												
Natural Resources Management and Policy					▲				●			
Natural Resources/Conservation, General												
Water, Wetlands, and Marine Resources Management												
Fine and applied arts/ Beaux-arts et arts appliqués												
Acting/Jeu (théâtre)			●									
Animation, Interactive Technology, Video Graphics and Sp. Eff.												
Art History, Critisism and Conservation	✖		●									
Art Therapy/Therapist												
Art/Art Studies, General			●									
Arts Management												
Ceramic Arts and Ceramics				▲								
Cinematography and Film/Video Production			●									
Commercial and Advertising Art												
Conducting				▲								
Crafts/Craft Design, Folk Art and Artisanry												
Creative Writing												
Dance, General						●						
Design and Visual Communications, General												
Digital Communication and Media/Multimedia												
Directing and Theatrical Production			●									
Drama and Dance Teacher Education			●									
Drama and Dramatics/Theatre Arts, General	●	●										
Dramatic/Theatre Arts and Stagecraft, Other												
Drawing				▲								
Écriture créative en francais												
Fashion/Apparel Design						●						
Fiber, Textile and Weaving Arts												
Film/Cinema Studies	●		●									
Fine Arts and Art Studies, Other												
Fine/Studio Arts, General	●	●	✖									
Historic Preservatioin and Conservation												
Industrial Design												
Interior Design						●						
Intermedia/Multimedia				▲								
Jazz/Jazz Studies										✖		
Metal and Juwelry Arts												
Music												
Music History, Literature and Theory	●		●									
Music Management and Merchandising												

	University of St. Michael's College	Saint Paul University/Université Saint-Paul	St. Thomas More College	St. Thomas University	University of Saskatchewan	Université de Sherbrooke	Simon Fraser University	University of Sudbury/Université de Sudbury	University of Toronto	Trent University	University of Trinity College	Trinity Western University	University of Victoria	Victoria University	University of Waterloo	The University of Western Ontario	Wilfrid Laurier University	University of Windsor	The University of Winnipeg	York University
					●	▲			✗	●			●		●	✗		●		●	✗
										▲											
						✗	▲		●					●		●			●	▲
					●								●		●			●	●	✗
					●	●	●		✗				✗		●	●		●	●	▲
					●							●			●					●
									●					●		●		●		▲
						●														✗
														●		●	●	●		●
						●													●	●
									▲											●
					●							✗					●		●	▲
					●		●		✗			●			●			●	●	▲
																				●
									●					●	●	●				✗
					✗		●		●			●	✗		✗	✗	●	✗		✗
																			●	
					●				●					●		✗	●			

Studienangebot an Hochschulen in Kanada

- ● undergraduate studies/*premier cycle*
- ▲ graduate studies/*deuxième* und/oder *troisième cycle*
- ✖ undergraduate und graduate studies/*premier, deuxième* und/oder *troisième cycle*

kursiv = französischsprachige Hochschule
kursiv und gerade = zweisprachige Hochschule

Lehramtsstudiengänge *(teacher training/formation des enseignants)* wurden nicht berücksichtigt.

	Acadia University – Université Laval	Acadia University	University of Alberta	Athabasca University	Augustana University	Bishop's University	Brandon University	Brescia University College	The University of British Columbia	British Columbia Open University	Brock University
Music Performance, General – Nutrition Sciences											
Music Performance, General	●	✖			●	●	✖		✖	●	●
Music Theory and Composition	●	✖				●			✖		●
Music Therapy/Therapist	●									●	
Music, General	●	✖			●	●	●		●		●
Music, Other	●										
Musicology and Ethnomusicology		▲							▲		●
Painting		▲									
Photography											
Piano and Organ		▲				●			●		
Playwriting and Screenwriting									▲		
Printmaking		▲									
Radio and Television											
Recording Arts Technology/Technician	●										
Religious/Sacred Music											
Sculpture		▲									
Technical Theatre/Theatre Design and Technology		✖							✖		
Technical and Business Writing											
Theatre Literature, History and Criticism									▲		●
Violin, Viola, Guitar and Other Stringed Instruments									●		
Visual and Performing Arts, General											
Voice and Opera	●					●			●		
Home economics (human ecology)/ Economie domestique											
Apparel and Textiles, General		✖									
Child Development											✖
Clinical Nutrition/Nutritionist											
Consumer Economics											
Dietetics/Dietitian	●	●							●		
Family Resource Management Studies, General		●									
Familiy Systems									●		
Family and Community Services		✖					●		▲		
Family and Consumer Sciences/Human Sciences, General		●					●		●		
Food Science		✖							✖		
Foods and Nutrition Science											
Foods, Nutrition, and Wellness Studies, General	●	▲						●	✖		
Foodservice Systems Administration/Management	●	●									
Human Development and Family Studies, General		●									
Human Developmant/Child Development, Care and Guidance											
Human Nutrition	●										
Nutrition Sciences		●								●	

6 SERVICETEIL: ÜBERSICHTEN UND ADRESSEN

	The University of Calgary	University College of Cape Breton	University College of the Cariboo	Carleton University	Concordia University College of Alberta	Concordia University	Dalhousie University	Collège dominicain de philosophie et de théologie	Emily Carr Institute of Art and Design	First Nations University of Canada	University College of the Fraser Valley	University of Guelph	Ecole des Hautes Etudes Commerciales	Huron University College	King's University College	The King's University College	University of King's College	Lakehead University	Laurentian University of Sudbury/ L'Université Laurentienne de Sudbury	Université Laval
	✗					✗	●													●
	✗					●	●													●
	✗			●	●	●	●					●				●		●	●	✗
			●																	
	▲					▲			●											
		●				✗			●											
						●														▲
		●				✗			●											
						●														
																●			●	
	▲	●				✗	●		●											●
	▲																			
		●									●									
			●		▲						●	●								
												▲								
					●							▲			●			●		
																				●
																				✗
						✗						✗								✗
												✗								▲

Studienangebot an Hochschulen in Kanada

- ● undergraduate studies/*premier cycle*
- ▲ graduate studies/*deuxième* und/oder *troisième cycle*
- ✗ undergraduate und graduate studies/*premier, deuxième und/oder troisième cycle*

kursiv = französischsprachige Hochschule
kursiv und gerade = zweisprachige Hochschule

Lehramtsstudiengänge *(teacher training/formation des enseignants)* wurden nicht berücksichtigt.

	U. of Lethbridge – U. du Québec à Trois-Riv.	The University of Lethbridge	Luther College	Malaspina University College	The University of Manitoba	McGill University	McMaster University	Memorial University of Newfoundland	*Université de Moncton*	*Université de Montréal*	Mount Allison University
Music Performance, General – Nutrition Sciences											
Music Performance, General				✗	✗	●		▲		✗	
Music Theory and Composition				✗	✗	●				✗	
Music Therapy/Therapist											
Music, General		●		●	✗	✗	●	●		✗	●
Music, Other											
Musicology and Ethnomusicology					▲					✗	
Painting				●				●			
Photography				●				●			●
Piano and Organ											
Playwriting and Screenwriting											
Printmaking				●							
Radio and Television											
Recording Arts Technology/Technician					▲						
Religious/Sacred Music											
Sculpture				●				●			
Technical Theatre/Theatre Design and Technology		●						●			
Technical and Business Writing											
Theatre Literature, History and Criticism											
Violin, Viola, Guitar and Other Stringed Instruments											
Visual and Performing Arts, General		●									
Voice and Opera											
Home economics (human ecology)/ Economie domestique											
Apparel and Textiles, General				✗							
Child Development			●	●							
Clinical Nutrition/Nutritionist					●						
Consumer Economics											
Dietetics/Dietitian							●				
Family Resource Management Studies, General				●							
Familiy Systems				✗					✗		
Family and Community Services				●							
Family and Consumer Sciences/Human Sciences, General				●							
Food Science				✗	✗			✗	●	▲	
Foods and Nutrition Science											
Foods, Nutrition, and Wellness Studies, General				✗	✗			●	✗	✗	
Foodservice Systems Administration/Management											
Human Development and Family Studies, General											
Human Developmant/Child Development, Care and Guidance											
Human Nutrition											
Nutrition Sciences											

Mount Saint Vincent University	University of New Brunswick	Nipissing University	University of Northern British Columbia	Nova Scotia Agricultural College	Nova Scotia College of Art and Design	Okanagan University College	University of Ottawa / Université d'Ottawa	Ecole Polytechnique de Montréal	University of Prince Edward Island	Université du Québec	Université du Québec en Abitibi-Témiscamingue	Université du Québec à Chicoutimi	Université du Québec – Ecole nationale d'administration publique	Université du Québec – Ecole de technologie supérieure	Université du Québec – Institut national de la recherche scientifique	Université du Québec à Montréal	Université du Québec en Outaouias	Université du Québec à Rimouski	Université du Québec à Trois-Rivières
							▲									●			
							▲									●			
							●		●										
							▲									●			
					●											▲			
																●			
																●			
					●						●					▲			
												●							
●											●	●				✖			●
✖																			
✖																			
▲																			
✖																			

Studienangebot an Hochschulen in Kanada

- ● undergraduate studies/premier cycle
- ▲ graduate studies/deuxième und/oder troisième cycle
- ✖ undergraduate und graduate studies/premier, deuxième und/oder troisième cycle

kursiv = französischsprachige Hochschule
kursiv und gerade = zweisprachige Hochschule

Lehramtsstudiengänge *(teacher training/formation des enseignants)* wurden nicht berücksichtigt.

	Queen's University at Kingston – York U.	Queen's University at Kingston	Redeemer University College	The University of Regina	Royal Military College of Canada / Collège militaire royal du Canada	Royal Roads University	Ryerson University	Université Sainte-Anne – College de l'Acadie	*Collège universitaire de Saint-Boniface*	St. Francis Xavier University	St. Jerome's University	St. Mary's University
Music Performance, General – Nutrition Sciences												
Music Performance, General	●		✖									
Music Theory and Composition	●		✖									
Music Therapy/Therapist												
Music, General	●	●	●									
Music, Other												
Musicology and Ethnomusicology			▲									
Painting	●											
Photography							●					
Piano and Organ												
Playwriting and Screenwriting												
Printmaking	●		▲									
Radio and Television							●					
Recording Arts Technology/Technician												
Religious/Sacred Music												
Sculpture	●		▲									
Technical Theatre/Theatre Design and Technology			●				●					
Technical and Business Writing												
Theatre Literature, History and Criticism												
Violin, Viola, Guitar and Other Stringed Instruments												
Visual and Performing Arts, General			●									
Voice and Opera												
Home economics (human ecology)/ *Economie domestique*												
Apparel and Textiles, General												
Child Development							●					
Clinical Nutrition/Nutritionist												
Consumer Economics												
Dietetics/Dietitian												
Family Resource Management Studies, General												
Familiy Systems			●									
Family and Community Services												
Family and Consumer Sciences/Human Sciences, General									●			
Food Science												
Foods and Nutrition Science												
Foods, Nutrition, and Wellness Studies, General										●		
Foodservice Systems Administration/Management												
Human Development and Family Studies, General												
Human Developmant/Child Development, Care and Guidance												
Human Nutrition												
Nutrition Sciences												

6 SERVICETEIL: ÜBERSICHTEN UND ADRESSEN

	University of St. Michael's College	Saint Paul University/ *Université Saint-Paul*	St. Thomas More College	St. Thomas University	University of Saskatchewan	*Université de Sherbrooke*	Simon Fraser University	University of Sudbury/ *Université de Sudbury*	University of Toronto	Trent University	University of Trinity College	Trinity Western University	University of Victoria	Victoria University	University of Waterloo	The University of Western Ontario	Wilfrid Laurier University	University of Windsor	The University of Winnipeg	York University
					✖	●			✖			✖				✖	●	●		●
					▲				✖			✖				✖	●			
																	✖	●		
					●	●	●		●			●	●		●	●	●	●	●	●
					▲				▲			▲				▲				▲
																				●
																				●
																			●	
																				●
															●			●	●	
													✖							●
						●							●						●	●
													✖							●
							▲		●								▲	●		●
																		●		
								▲						●					●	
				●																
						●									●			●		
				✖																
				✖																
									✖											
																			●	
						●														

Studienangebot an Hochschulen in Kanada

- ● *undergraduate studies/premier cycle*
- ▲ *graduate studies/deuxième und/oder troisième cycle*
- ✖ *undergraduate und graduate studies/premier, deuxième und/oder troisième cycle*

kursiv = französischsprachige Hochschule
kursiv und gerade = zweisprachige Hochschule

Lehramtsstudiengänge *(teacher training/formation des enseignants)* wurden nicht berücksichtigt.

	Acadia University – Université Laval	Acadia University	University of Alberta	Athabasca University	Augustana University	Bishop's University	Brandon University	Brescia University College	The University of British Columbia	British Columbia Open University	Brock University
Languages and literatures – Law											
Languages and literatures / Langues et littérature											
American Indian/Native American Languages, Literatures and Linguistics											
American Literature (Canadian)											
Ancient/Classical Greek Language and Literature	●								●		
Celtic Languages, Literatures, and Lingustics											
Chinese Language and Literature		✖							✖		
Classics and Classical Languages, Literatures, and Linguistics, Gen.	●	✖				●		●	✖		●
Comparative Literature		✖						●	▲		
East Asian Languages, Literatures and Linguistics, Other									✖		
English Language and Literature, General	✖	✖	●	●	●	●	●	●	✖	●	●
English Language and Literature/Letters, Other											
Foreign Languages and Literatures, General					●	●					
French Language and Literature		✖	●	●	●	●	●	●	✖		●
German Language and Literature	●	✖			●	●		●	✖		●
Hebrew Language and Literature											
Italian Language and Literature		✖				●			●		●
Japanese Language and Literature		✖							✖		
Language Interpretation and Translation		▲				●			●		
Latin Language and Literature	●								●		●
Linguistics		✖							✖		●
Middle/Near Eastern and Semitic Languages, Literatures, and Linguistics, Other											
Polish Language and Literature		●									
Portuguese Language and Literature		▲							●		
Romance Languages, Literatures, and Linguistics, General		●									
Russian Language and Literature		✖									
Scandinavian Languages, Literatures and Lingusistics		●			●						
Slavic Languages, Literatures, and Linguistics, General		✖									
Slavic, Baltic, and Albanian Languages, Literatures, and Linguistics, Other											
Spanish Language and Literature	●	✖				●		●	✖		●
Law / Droit											
Advanced Legal Research/Studies, General									▲		
Canadian Law/Legal Studies/Jurisprudence									▲		
Criminal Justice/Law Enforcement Administration											
Criminal Justice/Police Science											
Criminal Justice/Safety Studies			▲	●							
Juridical Science/Legal Specialization											
Law		✖							✖		

6 SERVICETEIL: ÜBERSICHTEN UND ADRESSEN

	The University of Calgary	University College of Cape Breton	University College of the Cariboo	Carleton University	Concordia University College of Alberta	Concordia University	Dalhousie University	Collège dominicain de philosophie et de théologie	Emily Carr Institute of Art and Design	First Nations University of Canada	University College of the Fraser Valley	University of Guelph	Ecole des Hautes Etudes Commerciales	Huron University College	King's University College	The King's University College	University of King's College	Lakehead University	Laurentian University of Sudbury / L'Université Laurentienne de Sudbury	Université Laval
	●																			
		●																		
	✗			✗		●	✗					●							●	✗
	●			▲																
	✗	●	●	✗	●	✗	✗				✗	●	✗		●	●	●		✗	●	✗
			●															●		
	✗			✗	●	●	✗					●		●	●			●	●	✗
	✗			▲		●	✗					●								●
						●						●							●	
				●		✗														✗
	✗			✗		✗	●			●										✗
	●						●													●
	✗			▲		●	●					●							●	✗
												●							●	
	✗			●		✗														●

Studienangebot an Hochschulen in Kanada

- ● *undergraduate studies/premier cycle*
- ▲ *graduate studies/deuxième und/oder troisième cycle*
- ✗ *undergraduate und graduate studies/premier, deuxième und/oder troisième cycle*

kursiv = französischsprachige Hochschule
kursiv und gerade = zweisprachige Hochschule

Lehramtsstudiengänge *(teacher training/formation des enseignants)* wurden nicht berücksichtigt.

Languages and literatures – Law	U. of Lethbridge – U. du Québec à Trois-Riv.	The University of Lethbridge	Luther College	Malaspina University College	The University of Manitoba	McGill University	McMaster University	Memorial University of Newfoundland	Université de Moncton	Université de Montréal	Mount Allison University
Languages and literatures / Langues et littérature											
American Indian/Native American Languages, Literatures and Linguistics											
American Literature (Canadian)											
Ancient/Classical Greek Language and Literature						●	●	●			
Celtic Languages, Literatures, and Lingustics											
Chinese Language and Literature											
Classics and Classical Languages, Literatures, and Linguistics, Gen.					✗	✗	✗	✗		●	●
Comparative Literature							●			✗	
East Asian Languages, Literatures and Linguistics, Other											
English Language and Literature, General	✗		●	✗	✗	✗	✗	✗		●	✗
English Language and Literature/Letters, Other											
Foreign Languages and Literatures, General						●					●
French Language and Literature	✗				✗	✗	✗	✗		●	●
German Language and Literature	▲				✗	✗	●	✗		✗	●
Hebrew Language and Literature											
Italian Language and Literature						✗	●			●	
Japanese Language and Literature							●				
Language Interpretation and Translation							●			●	✗
Latin Language and Literature					●	●	●				
Linguistics					✗	✗	●	✗		●	✗
Middle/Near Eastern and Semitic Languages, Literatures, and Linguistics, Other											
Polish Language and Literature											
Portuguese Language and Literature										●	
Romance Languages, Literatures, and Linguistics, General											
Russian Language and Literature					●	●		●			
Scandinavian Languages, Literatures and Lingusistics					✗						
Slavic Languages, Literatures, and Linguistics, General					✗						
Slavic, Baltic, and Albanian Languages, Literatures, and Linguistics, Other											
Spanish Language and Literature	✗				●	✗	●	●		✗	●
Law / Droit											
Advanced Legal Research/Studies, General											
Canadian Law/Legal Studies/Jurisprudence											
Criminal Justice/Law Enforcement Administration									●		
Criminal Justice/Police Science				●					●		
Criminal Justice/Safety Studies											
Juridical Science/Legal Specialization											
Law					●	✗				✗	✗

6 SERVICETEIL: ÜBERSICHTEN UND ADRESSEN

Mount Saint Vincent University	University of New Brunswick	Nipissing University	University of Northern British Columbia	Nova Scotia Agricultural College	Nova Scotia College of Art and Design	Okanagan University College	University of Ottawa / Université d'Ottawa	Ecole Polytechnique de Montréal	University of Prince Edward Island	Université du Québec	Université du Québec en Abitibi-Témiscamingue	Université du Québec à Chicoutimi	Université du Québec – Ecole nationale d'administration publique	Université du Québec – Ecole de technologie supérieure	Université du Québec – Institut national de la recherche scientifique	Université du Québec à Montréal	Université du Québec en Outaouais	Université du Québec à Rimouski	Université du Québec à Trois-Rivières
	✖						✖				●								
	●																		
●	✖	●	●			●	✖		●		●					●			●
	▲						●				●					▲			
●	✖						✖		●		●					●			●
	●						●									●			
							●												
							✖											✖	●
	●						●				✖					✖			
	●						✖												
																●			
	●						●												
●	●						✖					●				●			
							▲												
							▲												
														●					●
		●																	
	●						✖									✖			

Studienangebot an Hochschulen in Kanada

- ● undergraduate studies/premier cycle
- ▲ graduate studies/deuxième und/oder troisième cycle
- ✗ undergraduate und graduate studies/premier, deuxième und/oder troisième cycle

kursiv = französischsprachige Hochschule
kursiv und gerade = zweisprachige Hochschule

Lehramtsstudiengänge *(teacher training/formation des enseignants)* wurden nicht berücksichtigt.

Languages and literatures – Law	Queen's University at Kingston – York U.	Queen's University at Kingston	Redeemer University College	The University of Regina	Royal Military College of Canada / Collège militaire royal du Canada	Royal Roads University	Ryerson University	Université Sainte-Anne – College de l'Acadie	Collège universitaire de Saint-Boniface	St. Francis Xavier University	St. Jerome's University	St. Mary's University
Languages and literatures / Langues et littérature												
American Indian/Native American Languages, Literatures and Linguistics				●								
American Literature (Canadian)												
Ancient/Classical Greek Language and Literature	●											
Celtic Languages, Literatures, and Lingustics										✗		
Chinese Language and Literature												
Classics and Classical Languages, Literatures, and Linguistics, General	✗											●
Comparative Literature												
East Asian Languages, Literatures and Linguistics, Other												
English Language and Literature, General	✗	●	✗	✗			●	●	●	●		●
English Language and Literature/Letters, Other												
Foreign Languages and Literatures, General												
French Language and Literature	✗	●	✗	●				●				●
German Language and Literature	✗		●									●
Hebrew Language and Literature												
Italian Language and Literature	●											
Japanese Language and Literature												
Language Interpretation and Translation								●				
Latin Language and Literature	●											
Linguistics	●		✗									●
Middle/Near Eastern and Semitic Languages, Literatures, and Linguistics, Other												
Polish Language and Literature												
Portuguese Language and Literature												
Romance Languages, Literatures, and Linguistics, General												
Russian Language and Literature												
Scandinavian Languages, Literatures and Lingusistics												
Slavic Languages, Literatures, and Linguistics, General												
Slavic, Baltic, and Albanian Languages, Literatures, and Linguistics, Other												
Spanish Language and Literature	✗											
Law / Droit												
Advanced Legal Research/Studies, General												
Canadian Law/Legal Studies/Jurisprudence												
Criminal Justice/Law Enforcement Administration					▲							
Criminal Justice/Police Science			●									
Criminal Justice/Safety Studies			●									
Juridical Science/Legal Specialization												
Law	●											

6 SERVICETEIL: ÜBERSICHTEN UND ADRESSEN

Studienangebot an Hochschulen in Kanada

- undergraduate studies/*premier cycle*
- ▲ graduate studies/*deuxième* und/oder *troisième cycle*
- ✖ undergraduate und graduate studies/*premier, deuxième und/oder troisième cycle*

kursiv = französischsprachige Hochschule
kursiv und gerade = zweisprachige Hochschule

Lehramtsstudiengänge *(teacher training/formation des enseignants)* wurden nicht berücksichtigt.

	Acadia University – Université Laval	Acadia University	University of Alberta	Athabasca University	Augustana University	Bishop's University	Brandon University	Brescia University College	The University of British Columbia	British Columbia Open University	Brock University
Law, Legal Services, and Legal Studies – Gerontology											
Law, Legal Services, and Legal Studies, Other											
Pre-Law Studies											
Mathematics and computer science/ Mathématique et informatique											
Actuarial science/University actuarielles			•								
Applied Mathematics			✖						▲		
Computer Programming/Programmer, General	•										
Computer Science	✖	✖	•	•	•	•	•		✖	•	•
Computer Software Engineering									▲		•
Computer Software Technology/Technician											
Computer Systems Analyst/Analyst											
Computer Systems, Networking and Telecommunications											
Computer Technology/Computer Systems Technology											
Computer and Information Sciences and Support Services, Other											
Computer and Information Sciences, General					✖						
Mathematics and Computer Science											
Mathematics and Statistics, Other											
Mathematics, General	✖	✖			•	•	•		✖		•
Operations Research											
Statistics, General	▲	✖							✖		•
Medicine/Médecine/Health Science											
Alternative and Complimentary Medicine and Medical Systems, Other											
Audiology/Audiologist and Hearing Sciences			▲						▲		
Audiology/Audiologist and Speech-Language Pathology/Pathologist									▲		
Bioethics/Medical Ethics											
Clinical/Medical Laboratory Technician			•						•		
Community Health Services/Liaison/Counseling											
Community Health and Preventive Medicine											
Critical Care Nursing			•								
Cytotechnology/Cytotechnologist											
Dental Assisting/Assistant											
Dental Clinical Sciences, General			▲						▲		
Dental Hygiene/Hygienist			•						•		
Dental Services and Allied Professions, Other											
Dentistry			•						•		
Diagnostic Medical Sonography/Sonographer and Ultrasound Technician											
Epidemiology									▲		
Familiy Practice Nurse/Nurse Practitioner											
Gerontology					•						

6 SERVICETEIL: ÜBERSICHTEN UND ADRESSEN

	The University of Calgary	University College of Cape Breton	University College of the Cariboo	Carleton University	Concordia University College of Alberta	Concordia University	Dalhousie University	Collège dominicain de philosophie et de théologie	Emily Carr Institute of Art and Design	First Nations University of Canada	University College of the Fraser Valley	University of Guelph	Ecole des Hautes Etudes Commerciales	Huron University College	King's University College	The King's University College	University of King's College	Lakehead University	Laurentian University of Sudbury/ L'Université Laurentienne de Sudbury	Université Laval
				✖																
	●					●														●
	✖			▲		●	✖					●								
	✖		●	✖	●	✖	✖					✖	●			●		●	●	✖
	●			✖		▲												●		✖
		●																		
		●																		
						●														
				●			▲											●		
	●																			
	✖	●	●	✖	✖	✖	✖				●	✖						✖	●	✖
	✖			✖		●	✖					✖								✖
									●											●
							●													
							●													
							▲													▲
							●		●											
							●													●
							●													
							▲			▲										✖
		●																●	●	
												●						▲	●	●

Studienangebot an Hochschulen in Kanada

- ● *undergraduate studies/premier cycle*
- ▲ *graduate studies/deuxième und/oder troisième cycle*
- ✖ *undergraduate* und *graduate studies/premier, deuxième und/oder troisième cycle*

kursiv = französischsprachige Hochschule
kursiv und gerade = zweisprachige Hochschule

Lehramtsstudiengänge *(teacher training/formation des enseignants)* wurden nicht berücksichtigt.

	U. of Lethbridge – U. du Québec à Trois-Riv.	The University of Lethbridge	Luther College	Malaspina University College	The University of Manitoba	McGill University	McMaster University	Memorial University of Newfoundland	Université de Moncton	Université de Montréal	Mount Allison University
Law, Legal Services, and Legal Studies – Gerontology											
Law, Legal Services, and Legal Studies, Other										●	
Pre-Law Studies	●										
Mathematics and computer science / Mathématique et informatique											
Actuarial science/University actuarielles					●						
Applied Mathematics				✖	●		●			▲	
Computer Programming/Programmer, General											
Computer Science	✖		●	✖	✖	✖	✖	✖		✖	●
Computer Software Engineering						✖	●			▲	
Computer Software Technology/Technician											
Computer Systems Analyst/Analyst											
Computer Systems, Networking and Telecommunications											
Computer Technology/Computer Systems Technology			●								
Computer and Information Sciences and Support Services, Other								●		●	●
Computer and Information Sciences, General											
Mathematics and Computer Science					●						
Mathematics and Statistics, Other											
Mathematics, General	✖		●	✖	✖	✖	✖	✖		✖	●
Operations Research											
Statistics, General				✖	●	✖	✖			▲	
Medicine/Médecine/Health Science											
Alternative and Complimentary Medicine and Medical Systems, Other	●										
Audiology/Audiologist and Hearing Sciences										✖	
Audiology/Audiologist and Speech-Language Pathology/Pathologist											
Bioethics/Medical Ethics					▲					▲	
Clinical/Medical Laboratory Technician								●			
Community Health Services/Liaison/Counseling							▲				
Community Health and Preventive Medicine											
Critical Care Nursing											
Cytotechnology/Cytotechnologist											
Dental Assisting/Assistant											
Dental Clinical Sciences, General				▲	▲					▲	
Dental Hygiene/Hygienist				●						●	
Dental Services and Allied Professions, Other											
Dentistry				●						●	
Diagnostic Medical Sonography/Sonographer and Ultrasound Technician											
Epidemiology					▲		▲				
Familiy Practice Nurse/Nurse Practitioner											
Gerontology								●		●	✖

SERVICETEIL: ÜBERSICHTEN UND ADRESSEN

	Mount Saint Vincent University	University of New Brunswick	Nipissing University	University of Northern British Columbia	Nova Scotia Agricultural College	Nova Scotia College of Art and Design	Okanagan University College	University of Ottawa / Université d'Ottawa	Ecole Polytechnique de Montréal	University of Prince Edward Island	Université du Québec	Université du Québec en Abitibi-Témiscamingue	Université du Québec à Chicoutimi	Université du Québec – Ecole nationale d'administration publique	Université du Québec – Ecole de technologie supérieure	Université du Québec – Institut national de la recherche scientifique	Université du Québec à Montréal	Université du Québec en Outaouais	Université du Québec à Rimouski	Université du Québec à Trois-Rivières
																	●			
								●	▲											
	●	✕	●				●	✕				●	●				✕	✕	●	●
		●						✕	▲					▲		▲	✕			
								●												
								●										✕		
										●										▲
	●	▲	●	●			●	✕			●		●				✕			●
		✕						▲									●✕			
								▲												
		●																		
								▲				●								
		●																		
								▲●●									●			●
	✕																			

Studienangebot an Hochschulen in Kanada

- ● undergraduate studies/premier cycle
- ▲ graduate studies/deuxième und/oder troisième cycle
- ✖ undergraduate und graduate studies/premier, deuxième und/oder troisième cycle

kursiv = französischsprachige Hochschule
kursiv und gerade = zweisprachige Hochschule

Lehramtsstudiengänge *(teacher training/formation des enseignants)* wurden nicht berücksichtigt.

	Queen's University at Kingston – York U.	Queen's University at Kingston	Redeemer University College	The University of Regina	Royal Military College of Canada / Collège militaire royal du Canada	Royal Roads University	Ryerson University	Université Sainte-Anne – College de l'Acadie	Collège universitaire de Saint-Boniface	St. Francis Xavier University	St. Jerome's University	St. Mary's University
Law, Legal Services, and Legal Studies – Gerontology												
Law, Legal Services, and Legal Studies, Other												
Pre-Law Studies												
Mathematics and computer science/Mathématique et informatique												
Actuarial science/University actuarielles												
Applied Mathematics	●											
Computer Programming/Programmer, General												
Computer Science	✖	●	✖	▲		●				●		
Computer Software Engineering	●			✖	▲		▲					
Computer Software Technology/Technician												
Computer Systems Analyst/Analyst												
Computer Systems, Networking and Telecommunications												
Computer Technology/Computer Systems Technology												
Computer and Information Sciences and Support Services, Other	●											
Computer and Information Sciences, General	●			✖								
Mathematics and Computer Science				✖						●		
Mathematics and Statistics, Other												
Mathematics, General	✖	●	✖	✖				●	●	●		●
Operations Research												
Statistics, General	✖		●							●		
Medicine/Médecine/Health Science												
Alternative and Complimentary Medicine and Medical Systems, Other												
Audiology/Audiologist and Hearing Sciences												
Audiology/Audiologist and Speech-Language Pathology/Pathologist												
Bioethics/Medical Ethics												
Clinical/Medical Laboratory Technician												
Community Health Services/Liaison/Counseling												
Community Health and Preventive Medicine												
Critical Care Nursing							●					
Cytotechnology/Cytotechnologist												
Dental Assisting/Assistant												
Dental Clinical Sciences, General												
Dental Hygiene/Hygienist												
Dental Services and Allied Professions, Other												
Dentistry												
Diagnostic Medical Sonography/Sonographer and Ultrasound Technician												
Epidemiology	▲											
Familiy Practice Nurse/Nurse Practitioner							●					
Gerontology			●									

University of St. Michael's College	Saint Paul University/ Université Saint-Paul	St. Thomas More College	St. Thomas University	University of Saskatchewan	Université de Sherbrooke	Simon Fraser University	University of Sudbury/ Université de Sudbury	University of Toronto	Trent University	University of Trinity College	Trinity Western University	University of Victoria	Victoria University	University of Waterloo	The University of Western Ontario	Wilfrid Laurier University	University of Windsor	The University of Winnipeg	York University
					×			•						×	×				
					•			×						×	•	•			•
				×	×	×		×	•		•	×		×	×	•	×		×
					▲	•		×				•		▲			•		
						×		•			•	•					•		
	•			×	×	×		×	•		•	×		× •	×	•	×	•	
				•		×		×			×			×	×		×	•	•
															•				
								×											
								▲							▲				
			•					•							•				
		▲						▲							▲ •		•		
	•				▲	×		▲						×					•

Studienangebot an Hochschulen in Kanada

- ● undergraduate studies/premier cycle
- ▲ graduate studies/deuxième und/oder troisième cycle
- ✖ undergraduate und graduate studies/premier, deuxième und/oder troisième cycle

kursiv = französischsprachige Hochschule
kursiv und gerade = zweisprachige Hochschule

Lehramtsstudiengänge *(teacher training/formation des enseignants)* wurden nicht berücksichtigt.

	Acadia University – Université Laval	Acadia University	University of Alberta	Athabasca University	Augustana University	Bishop's University	Brandon University	Brescia University College	The University of British Columbia	British Columbia Open University	Brock University
Health Aide – Anatomy											
Health Aide											
Health Professions and Related Clinical Sciences, Other											▲
Health/Health Care Administration Management		●	▲	✖					▲		
Health/Medical Physics											
Health/Medical Preparatory Programs, Other									●		●
Kinesiology and Exercise Science		●							●	✖	
Maternal/Child Health and Neonatal Nurse/Nursing			●								
Medical Physiology											
Medical Radiologic Technology/Science' Radiation Therapist											
Medical Scientist			▲						▲		
Medicine			✖						●		
Mental and Social Health Services and Allied Professions, Other								●			
Nuclear Medical Technology/Technologist											
Nurse Midwife/Nursing Midwifery									●		
Nurse/Nursing Assistant/Aide and Patient Care Assistant											
Nursing Administration											
Nursing Science			✖	▲					✖		
Nursing, Other											
Nursing/Registered Nurse			●	✖			●		✖		
Occupational Health and Industrial Hygiene									▲		
Occupational Therapy/Therapist			✖						●		
Ophthalmic Technician/Technologist											
Optometry											
Orthodontics Specialty			▲								
Otolaryngology Residency											
Pathology/Experimental Pathology			▲						▲		
Pharmaceutics and Drug Design									▲		
Pharmacology			✖						✖		
Pharmacy			✖						✖		
Physical Therapy/Therapist			✖						●	●	
Pre-Dentistry Studies											
Pre-Medicine/Pre-Medical Studies											
Psychiatric/Mental Health Nurse/Nursing							●			●	
Public Health Education and Promotion			▲								
Public Health/Community Nurse/Nursing				●							
Respiratory Care Therapie/Therapist										●	
Speech-Language Pathology/Pathologist			▲						▲		
Substance Abuse/Addiction Counseling											
Natural sciences/ Science naturelles											
Animal physiology											
Analytical Chemistry											
Anatomy/Anatomie									▲		

6 SERVICETEIL: ÜBERSICHTEN UND ADRESSEN

	The University of Calgary	University College of Cape Breton	University College of the Cariboo	Carleton University	Concordia University College of Alberta	Concordia University	Dalhousie University	Collège dominicain de philosophie et de théologie	Emily Carr Institute of Art and Design	First Nations University of Canada	University College of the Fraser Valley	University of Guelph	Ecole des Hautes Etudes Commerciales	Huron University College	King's University College	The King's University College	University of King's College	Lakehead University	Laurentian University of Sudbury/ L'Université Laurentienne de Sudbury	Université Laval
											●									
						▲	✕													
	▲					●	✕				●	●		●				●	●	✕
																				▲
	▲						●													▲
	✕		●				●													●
							●													
										●										
	▲						▲													▲
	●	●	●				●				●	●						●	●	✕
																				▲
							✕													●
							▲													
							▲													▲
							●													●
							✕													●
							●			●										
							●													
							●													
							▲				●									
											●								▲	
																				●
																			●	
							▲													

Studienangebot an Hochschulen in Kanada

- ● *undergraduate studies/premier cycle*
- ▲ *graduate studies/deuxième* und/oder *troisième cycle*
- ✗ *undergraduate* und *graduate studies/premier, deuxième* und/oder *troisième cycle*

kursiv = französischsprachige Hochschule
kursiv und gerade = zweisprachige Hochschule

Lehramtsstudiengänge *(teacher training/formation des enseignants)* wurden nicht berücksichtigt.

	U. of Lethbridge – U. du Québec à Trois-Riv.	The University of Lethbridge	Luther College	Malaspina University College	The University of Manitoba	McGill University	McMaster University	Memorial University of Newfoundland	*Université de Moncton*	*Université de Montréal*	Mount Allison University
Health Aide – Anatomy											
Health Aide											
Health Professions and Related Clinical Sciences, Other											
Health/Health Care Administration Management					●		●			✗	
Health/Medical Physics						▲					
Health/Medical Preparatory Programs, Other	✗					●					
Kinesiology and Exercise Science	✗			✗	✗	✗	●	●		✗	
Maternal/Child Health and Neonatal Nurse/Nursing											
Medical Physiology					▲	●					
Medical Radiologic Technology/Science' Radiation Therapist									●		
Medical Scientist					▲	▲	▲	▲		✗	
Medicine					●		●	✗		●	
Mental and Social Health Services and Allied Professions, Other											
Nuclear Medical Technology/Technologist											
Nurse Midwife/Nursing Midwifery						●	●				
Nurse/Nursing Assistant/Aide and Patient Care Assistant											
Nursing Administration											
Nursing Science					▲	▲	▲	▲	▲	▲	
Nursing, Other											
Nursing/Registered Nurse	●		●	●	●		●	●	●	✗	
Occupational Health and Industrial Hygiene									●	✗	
Occupational Therapy/Therapist					●	●				●	
Ophthalmic Technician/Technologist											
Optometry										●	
Orthodontics Specialty											
Otolaryngology Residency						▲					
Pathology/Experimental Pathology					▲	▲					
Pharmaceutics and Drug Design					▲	▲		▲		▲	
Pharmacology							●				
Pharmacy					●			✗		●	
Physical Therapy/Therapist					●	●				✗	
Pre-Dentistry Studies	●										
Pre-Medicine/Pre-Medical Studies	●										
Psychiatric/Mental Health Nurse/Nursing									●		
Public Health Education and Promotion											
Public Health/Community Nurse/Nursing					●			●			
Respiratory Care Therapie/Therapist											
Speech-Language Pathology/Pathologist										✗	
Substance Abuse/Addiction Counseling	●							●	●	✗	
Natural sciences/ Science naturelles											
Animal physiology											
Analytical Chemistry											
Anatomy/Anatomie					▲	●					

6 SERVICETEIL: ÜBERSICHTEN UND ADRESSEN

Mount Saint Vincent University	University of New Brunswick	Nipissing University	University of Northern British Columbia	Nova Scotia Agricultural College	Nova Scotia College of Art and Design	Okanagan University College	University of Ottawa / Université d'Ottawa	Ecole Polytechnique de Montréal	University of Prince Edward Island	Université du Québec	Université du Québec en Abitibi-Témiscamingue	Université du Québec à Chicoutimi	Université du Québec – Ecole nationale d'administration publique	Université du Québec – Ecole de technologie supérieure	Université du Québec – Institut national de la recherche scientifique	Université du Québec à Montréal	Université du Québec en Outaouais	Université du Québec à Rimouski	Université du Québec à Trois-Rivières
											●								
							▲									▲			
×							●												
							×					●				▲			▲
									●										
							●				▲					▲			
											●								
																			●
▲							▲				▲	▲						▲	▲
	●	●				●	●				●	●					●	●	●
											●					×			●
							●												
							●												
							●												
							●												
●																			
											●	●							
											●								
							▲												

Studienangebot an Hochschulen in Kanada

- undergraduate studies/*premier cycle*
- ▲ graduate studies/*deuxième* und/oder *troisième cycle*
- ✘ undergraduate und graduate studies/*premier, deuxième und/oder troisième cycle*

kursiv = französischsprachige Hochschule
kursiv und gerade = zweisprachige Hochschule

Lehramtsstudiengänge *(teacher training/formation des enseignants)* wurden nicht berücksichtigt.

	Queen's University at Kingston – York U.	Queen's University at Kingston	Redeemer University College	The University of Regina	Royal Military College of Canada / *Collège militaire royal du Canada*	Royal Roads University	Ryerson University	*Université Sainte-Anne – College de l'Acadie*	*Collège universitaire de Saint-Boniface*	St. Francis Xavier University	St. Jerome's University	St. Mary's University
Health Aide – Anatomy												
Health Aide												
Health Professions and Related Clinical Sciences, Other												
Health/Health Care Administration Management							●					
Health/Medical Physics												
Health/Medical Preparatory Programs, Other												
Kinesiology and Exercise Science	▲	●	✘							●		
Maternal/Child Health and Neonatal Nurse/Nursing												
Medical Physiology	▲											
Medical Radiologic Technology/Science' Radiation Therapist												
Medical Scientist	▲											
Medicine	●											
Mental and Social Health Services and Allied Professions, Other												
Nuclear Medical Technology/Technologist												
Nurse Midwife/Nursing Midwifery							●					
Nurse/Nursing Assistant/Aide and Patient Care Assistant												
Nursing Administration												
Nursing Science	▲											
Nursing, Other												
Nursing/Registered Nurse	●						●					
Occupational Health and Industrial Hygiene				●			●					
Occupational Therapy/Therapist	●											
Ophthalmic Technician/Technologist												
Optometry												
Orthodontics Specialty												
Otolaryngology Residency												
Pathology/Experimental Pathology	✘											
Pharmaceutics and Drug Design												
Pharmacology	✘											
Pharmacy												
Physical Therapy/Therapist	●											
Pre-Dentistry Studies												
Pre-Medicine/Pre-Medical Studies												
Psychiatric/Mental Health Nurse/Nursing												
Public Health Education and Promotion	●											
Public Health/Community Nurse/Nursing												
Respiratory Care Therapie/Therapist	●											
Speech-Language Pathology/Pathologist												
Substance Abuse/Addiction Counseling												
Natural sciences/ Science naturelles												
Animal physiology												
Analytical Chemistry												
Anatomy/Anatomie	▲											

	University of St. Michael's College	Saint Paul University/ Université Saint-Paul	St. Thomas More College	St. Thomas University	University of Saskatchewan	Université de Sherbrooke	Simon Fraser University	University of Sudbury/ Université de Sudbury	University of Toronto	Trent University	University of Trinity College	Trinity Western University	University of Victoria	Victoria University	University of Waterloo	The University of Western Ontario	Wilfrid Laurier University	University of Windsor	The University of Winnipeg	York University
									▲				✗			●				●
															●					
					✗	✗	✗		▲			●			✗	✗	✗			✗
					▲	▲			▲							✗				
									●											
					▲	▲			✗						▲	▲				
					●	●			●							●				
									▲											
					▲	▲			▲				▲			▲				
									▲											
					●	●			✗				●		●	●		✗		●
						●														
									▲							▲				
															●					
					▲				▲							▲				
					▲	▲			▲							✗				
						▲			▲							s				
					●				●											
					●				▲							▲				
															●					
															●	●				
									▲							▲				
						✗														
					▲											▲				

Studienangebot an Hochschulen in Kanada

- ● *undergraduate studies/premier cycle*
- ▲ *graduate studies/deuxième und/oder troisième cycle*
- ✖ *undergraduate* und *graduate studies/premier, deuxième und/oder troisième cycle*

kursiv = französischsprachige Hochschule
kursiv und gerade = zweisprachige Hochschule

Lehramtsstudiengänge *(teacher training/formation des enseignants)* wurden nicht berücksichtigt.

Animal Physiology – Physics, General	*Acadia University – Université Laval*	Acadia University	University of Alberta	Athabasca University	Augustana University	Bishop's University	Brandon University	Brescia University College	The University of British Columbia	British Columbia Open University	Brock University
Animal Physiology			✖						✖		
Animal Genetics			▲								
Astronomy									✖		
Astrophysics											
Atmospheric Sciences and Meteorology, General			✖						✖		
Atomic/Molecular Physics											
Biochemistry			✖			●			✖		●
Biological and Biomedical Sciences, Other									▲		
Biology/Biological Sciences, General		✖	✖			●	●		✖	●	✖
Biophysics											
Biostatics											
Botany/Plant Biology			▲				●		✖		
Cartography											
Cell/Cellular Biology and Histology			▲						✖		
Chemical Engineering			✖						✖		
Chemistry, General		✖	✖			●	●	●	✖		✖
Chemistry, Other											
Ecology			▲						●		
Entomology											
Evolutionary Biology		✖							●		
Genetics, General									✖		
Geochemistry											
Geography			✖			●	●	●	✖		●
Geology/Earth Science, General		✖	✖				●		✖		●
Geophysics and Seismology			●						▲		
Human/Medical Genetics			▲								
Immunology			▲						✖		
Inorganic Chemistry											
Marine Biology and Biological Oceanography			●						●		
Marine Science/Merchant Marine Officer											
Medical Microbiology and Bacteriology			▲						✖		
Meteorology											
Molecular Biology			▲			●			▲		
Neurobiology and Neurophysiology											
Neuroscience			✖						▲		●
Nuclear Engineering											
Oceanography									✖		
Organic Chemistry											
Paleontology			●								
Parasitology											
Physical Sciences			●			●			●		
Physical and Theoretical Chemistry											
Physics, General		●	✖			●	●		✖		✖

The University of Calgary	University College of Cape Breton	University College of the Cariboo	Carleton University	Concordia University College of Alberta	Concordia University	Dalhousie University	*Collège dominicain de philosophie et de théologie*	Emily Carr Institute of Art and Design	First Nations University of Canada	University College of the Fraser Valley	University of Guelph	*Ecole des Hautes Etudes Commerciales*	Huron University College	King's University College	The King's University College	University of King's College	Lakehead University	Laurentian University of Sudbury/ *L'Université Laurentienne de Sudbury*	Université Laval
▲																			
●																			
●						×					●								
×			●			×					●							×	×
						▲					×								
×	●	●	×	●	×	×				●	×					●	×	●	×
					●	▲					×								
●											×							▲	
																			▲
●	●																●	●	×
×						×											×	●	×
×	●	●	×			●	×			●	×					●	×	●	×
●	●	●			●						●							▲	
											×								
×		●	×		●					●	×						●	●	×
×			×			×					●						×	×	×
×		●																	
																			×
						●					●							▲	
▲		●				×					×							▲	×
▲		●									▲						●		▲
▲			×			▲					●							●	▲
						×													▲
						▲													
																	▲		
●	●										●						●	×	
×		●	×		●	×				●	×						●	×	×

Studienangebot an Hochschulen in Kanada

- undergraduate studies/*premier cycle*
- ▲ graduate studies/*deuxième* und/oder *troisième cycle*
- ✶ undergraduate und graduate studies/*premier, deuxième und/oder troisième cycle*

kursiv = französischsprachige Hochschule
kursiv und gerade = zweisprachige Hochschule

Lehramtsstudiengänge *(teacher training/formation des enseignants)* wurden nicht berücksichtigt.

	U. of Lethbridge – U. du Québec à Trois-Riv.	The University of Lethbridge	Luther College	Malaspina University College	The University of Manitoba	McGill University	McMaster University	Memorial University of Newfoundland	*Université de Moncton*	*Université de Montréal*	Mount Allison University
Animal Physiology – Physics, General											
Animal Physiology						▲				▲	
Animal Genetics											
Astronomy					●		▲				
Astrophysics											
Atmospheric Sciences and Meteorology, general						✶					
Atomic/Molecular Physics							▲				
Biochemistry	✶				✶	✶	✶	✶	✶	✶	●
Biological and Biomedical Sciences, Other											
Biology/Biological Sciences, General	●			●	●	✶	✶	✶	✶	✶	✶
Biophysics						▲	✶				
Biostatics											✶
Botany/Plant Biology					✶	●					
Cartography											
Cell/Cellular Biology and Histology						▲	✶	●		▲	
Chemical Engineering						✶	✶				
Chemistry, General	✶		●		✶	✶	✶	✶	✶	✶	✶
Chemistry, Other							▲				
Ecology						●			●		
Entomology						▲	▲			●	
Evolutionary Biology										●	
Genetics, General						●				▲	
Geochemistry							▲				
Geography	✶		●		✶	✶	✶	✶	●	✶	●
Geology/Earth Science, General				●	✶	✶	✶	✶			
Geophysics and Seismology							●	▲			
Human/Medical Genetics						▲	▲				
Immunology						▲	●			▲	▲
Inorganic Chemistry											
Marine Biology and Biological Oceanography								✶			
Marine Science/Merchant Marine Officer								●			
Medical Microbiology and Bacteriology						✶	✶			●	▲
Meteorology											
Molecular Biology							▲	●			▲
Neurobiology and Neurophysiology							▲				
Neuroscience	✶						▲	●	✶		▲
Nuclear Engineering								▲			
Oceanography										▲	
Organic Chemistry											
Paleontology											
Parasitology							▲			●	
Physical Sciences					●			●			
Physical and Theoretical Chemistry											
Physics, General	✶		●		✶	✶	✶	✶	✶	✶	●

6 SERVICETEIL: ÜBERSICHTEN UND ADRESSEN

	Mount Saint Vincent University	University of New Brunswick	Nipissing University	University of Northern British Columbia	Nova Scotia Agricultural College	Nova Scotia College of Art and Design	Okanagan University College	University of Ottawa / Université d'Ottawa	Ecole Polytechnique de Montréal	University of Prince Edward Island	Université du Québec	Université du Québec en Abitibi-Témiscamingue	Université du Québec à Chicoutimi	Université du Québec – Ecole nationale d'administration publique	Université du Québec – Ecole de technologie supérieure	Université du Québec – Institut national de la recherche scientifique	Université du Québec à Montréal	Université du Québec en Outaouais	Université du Québec à Rimouski	Université du Québec à Trois-Rivières
							●										●			
																	▲			
								✘									✘	●	●
	●	▲	●	●				✘		●		▲	●				▲	✘	●	●
								▲									▲			✘
																				▲
		✘					●	▲					●							●
		✘			▲		●	✘	✘								✘		●	✘
	●	✘		●	▲		●	✘		●			●				✘		●	✘
							●										●			
													▲							
	●																			
		●					●	✘					●				✘		●	●
	✘						●	✘					▲				▲			
								●									▲			
								▲												
								▲									●			
								▲	▲										▲	
							●	●					●							
	✘		●				●	✘		●			●				▲			✘

Studienangebot an Hochschulen in Kanada

- ● undergraduate studies/*premier cycle*
- ▲ graduate studies/*deuxième* und/oder *troisième cycle*
- ✖ undergraduate und *graduate studies/premier, deuxième* und/oder *troisième cycle*

kursiv = französischsprachige Hochschule
kursiv und gerade = zweisprachige Hochschule

Lehramtsstudiengänge *(teacher training/formation des enseignants)* wurden nicht berücksichtigt.

Animal Physiology – Physics, General	Queen's University at Kingston – York U.	Queen's University at Kingston	Redeemer University College	The University of Regina	Royal Military College of Canada/ *Collège militaire royal du Canada*	Royal Roads University	Ryerson University	*Université Sainte-Anne – Collège de l'Acadie*	*Collège universitaire de Saint-Boniface*	St. Francis Xavier University	St. Jerome's University	St. Mary's University
Animal Physiology	●											
Animal Genetics												
Astronomy												▲
Astrophysics	●											●
Atmospheric Sciences and Meteorology, General												
Atomic/Molecular Physics	●											
Biochemistry	✖		●							●		
Biological and Biomedical Sciences, Other												
Biology/Biological Sciences, General	✖	●	✖			●	●			✖		●
Biophysics												
Biostatics	●											
Botany/Plant Biology												
Cartography	●											
Cell/Cellular Biology and Histology	▲											
Chemical Engineering	✖				✖		✖					
Chemistry, General	✖	●	✖	✖		●	●			✖		●
Chemistry, Other												
Ecology												
Entomology												
Evolutionary Biology												
Genetics, General												
Geochemistry												
Geography	✖		✖			✖				●		●
Geology/Earth Science, General	✖		✖							●		●
Geophysics and Seismology	●											
Human/Medical Genetics												
Immunology	✖											
Inorganic Chemistry												
Marine Biology and Biological Oceanography												
Marine Science/Merchant Marine Officer												
Medical Microbiology and Bacteriology	▲									●		
Meteorology												
Molecular Biology												
Neurobiology and Neurophysiology												
Neuroscience	▲			▲								
Nuclear Engineering					▲							
Oceanography												
Organic Chemistry												
Paleontology												
Parasitology												
Physical Sciences						●		●	●			
Physical and Theoretical Chemistry												
Physics, General	✖		✖	✖			●			✖		●

SERVICETEIL: ÜBERSICHTEN UND ADRESSEN

Studienangebot an Hochschulen in Kanada

- ● undergraduate studies/*premier cycle*
- ▲ graduate studies/*deuxième* und/oder *troisième cycle*
- ✖ undergraduate und graduate studies/*premier, deuxième* und/oder *troisième cycle*

kursiv = französischsprachige Hochschule
kursiv und gerade = zweisprachige Hochschule

Lehramtsstudiengänge *(teacher training/formation des enseignants)* wurden nicht berücksichtigt.

	Acadia University – Université Laval	Acadia University	University of Alberta	Athabasca University	Augustana University	Bishop's University	Brandon University	Brescia University College	The University of British Columbia	British Columbia Open University	Brock University
Physiology, General – Theology/Theological Studies											
Physiology, General			✖						✖		
Plant Genetics		▲									
Plant Protection and Integrated Pest Management											
Plant Sciences, General		▲									
Theoretical and Mathematical Physics											
Toxicology											
Veterinary Sciences/Veterinary Clinical Sciences, General											
Zoology/Animal Biology								●	✖		
Physical education, recreation and leisure/ Education physique, récréologie et loisirs											
Health and Physical Education, General			✖		●				✖		✖
Parks, Recreation and Leisure Facilities Management	✖	●							✖		
Parks, Recreation and Leisure Studies		▲									✖
Parks, Recreation, Leisure and Fitness Studies, Other											
Physical Education Teaching and Coaching		●									●
Sport and Fitness Administration/Management	●	▲							●		✖
Psychology/ Psychologie											
Clinical Psychology	▲										
Cognitive Psychology and Psycholinguistics											
Cognitive Science											
Community Psychology											
Counseling Psychology			▲						▲		
Developmental and Child Psychology											
Experimental Psychology						●					
Family Psychology											
Forensic Psychology											
Industrial and Organizational Psychology											
Personality Psychology											
Psychology, General	●	✖	●	●	●	●	●	●	✖	●	✖
School Psychology											
Social Psychology											
Religion and theology/ Religion et théologie											
Bible/Biblical Studies											
Divinity'/Ministry	▲										
Missions/Missionary Studies and Missiology											
Pastoral Counseling and Specialized Ministries, Other											
Pastoral Studies/Counseling	●										
Religion/Religious Studies		●				●	●	●	✖		
Theological and Ministerial Studies, Other		●									
Theology/Theological Studies	✖										

SERVICETEIL: ÜBERSICHTEN UND ADRESSEN

	The University of Calgary	University College of Cape Breton	University College of the Cariboo	Carleton University	Concordia University College of Alberta	Concordia University	Dalhousie University	*Collège dominicain de philosophie et de théologie*	Emily Carr Institute of Art and Design	First Nations University of Canada	University College of the Fraser Valley	University of Guelph	*Ecole des Hautes Etudes Commerciales*	Huron University College	King's University College	The King's University College	University of King's College	Lakehead University	Laurentian University of Sudbury/ *L'Université Laurentienne de Sudbury*	Université Laval
											●									
				▲																▲
												✖								
												▲								
	●		●									✖							▲	
	●																		●	●
	●					●	✖												●	
	●										●								●	●
	▲					▲												▲	▲	
			✖																	
	▲																			
	▲					▲												▲		
	●	●	●	✖	●	●	✖				●	✖		●	●	●		●	●	✖
												●								
																				●
													▲							
	✖	●		✖	●	✖	●								●			●	●	✖
						●		●												
						✖		✖						▲		●				✖

Studienangebot an Hochschulen in Kanada

- ● undergraduate studies/premier cycle
- ▲ graduate studies/deuxième und/oder troisième cycle
- ✗ undergraduate und graduate studies/premier, deuxième und/oder troisième cycle

kursiv = französischsprachige Hochschule
kursiv und gerade = zweisprachige Hochschule

Lehramtsstudiengänge *(teacher training/formation des enseignants)* wurden nicht berücksichtigt.

	U. of Lethbridge – U. du Québec à Trois-Riv.	The University of Lethbridge	Luther College	Malaspina University College	The University of Manitoba	McGill University	McMaster University	Memorial University of Newfoundland	*Université de Moncton*	*Université de Montréal*	Mount Allison University
Physiology, General – Theology/Theological Studies											
Physiology, General						▲				▲	
Plant Genetics											
Plant Protection and Integrated Pest Management											
Plant Siences, General					✗	✗					
Theoretical and Mathematical Physics											
Toxicology										▲	
Veterinary Sciences/Veterinary Clinical Sciences, General										▲	
Zoology/Animal Biology					✗	●					
Physical education, recreation and leisure/ Education physique, récréologie et loisirs											
Health and Physical Education, General				●	✗		●				
Parks, Recreation and Leisure Facilities Management				●							
Parks, Recreation and Leisure Studies					●				●	●	
Parks, Recreation, Leisure and Fitness Studies, Other											
Physical Education Teaching and Coaching		●		●	●	●	●		✗	●	
Sport and Fitness Administration/Management										▲	
Psychology/ Psychologie											
Clinical Psychology						▲				▲	
Cognitive Psychology and Psycholinguistics										●	●
Cognitive Science											
Community Psychology											
Counseling Psychology		▲				▲	▲				
Developmental and Child Psychology							●				
Experimental Psychology						▲	▲			▲	
Family Psychology											
Forensic Psychology											
Industrial and Organizational Psychology										▲	
Personality Psychology											
Psychology, General	✗	●		✗	●	✗	●	✗		✗	●
School Psychology											▲
Social Psychology							▲				
Religion and theology/ Religion et théologie											
Bible/Biblical Studies										●	
Divinity'/Ministry											
Missions/Missionary Studies and Missiology											
Pastoral Counseling and Specialized Ministries, Other											
Pastoral Studies/Counseling											
Religion/Religious Studies	✗				✗	✗	✗	✗		✗	●
Theological and Ministerial Studies, Other											
Theology/Theological Studies										✗	

6 SERVICETEIL: ÜBERSICHTEN UND ADRESSEN

	Mount Saint Vincent University	University of New Brunswick	Nipissing University	University of Northern British Columbia	Nova Scotia Agricultural College	Nova Scotia College of Art and Design	Okanagan University College	University of Ottawa/ Université d'Ottawa	Ecole Polytechnique de Montréal	University of Prince Edward Island	Université du Québec	Université du Québec en Abitibi-Témiscamingue	Université du Québec à Chicoutimi	Université du Québec – Ecole nationale d'administration publique	Université du Québec – Ecole de technologie supérieure	Université du Québec – Institut national de la recherche scientifique	Université du Québec à Montréal	Université du Québec en Outaouais	Université du Québec à Rimouski	Université du Québec à Trois-Rivières
								●									●			
					✗															
								●					●				✗			
								▲			▲									
								●					●				●			●
	●		●					●					●							✗
	▲							●									▲			●
								▲												
																	●			
								▲												
	●	✗	●	✗			●	●		●		●	✗				✗	●	●	✗
																	▲			
											●									
	●							✗		●		●					✗			●
								▲					✗						●	✗

Studienangebot an Hochschulen in Kanada

- undergraduate studies/*premier cycle*
- ▲ graduate studies/*deuxième* und/oder *troisième cycle*
- ✗ undergraduate und graduate studies/*premier, deuxième* und/oder *troisième cycle*

kursiv = französischsprachige Hochschule
kursiv und gerade = zweisprachige Hochschule

Lehramtsstudiengänge *(teacher training/formation des enseignants)* wurden nicht berücksichtigt.

	Queen's University at Kingston – York U.	Queen's University at Kingston	Redeemer University College	The University of Regina	Royal Military College of Canada/ *Collège militaire royal du Canada*	Royal Roads University	Ryerson University	*Université Sainte-Anne – Collège de l'Acadie*	*Collège universitaire de Saint-Boniface*	St. Francis Xavier University	St. Jerome's University	St. Mary's University
Physiology, General – Theology/Theological Studies												
Physiology, General	●											
Plant Genetics												
Plant Protection and Integrated Pest Management												
Plant Siences, General												
Theoretical and Mathematical Physics	●											
Toxicology	▲											
Veterinary Sciences/Veterinary Clinical Sciences, General												
Zoology/Animal Biology												
Physical education, recreation and leisure/ ***Education physique, récréologie et loisirs***												
Health and Physical Education, General	●	●	●									
Parks, Recreation and Leisure Facilities Management			●									
Parks, Recreation and Leisure Studies			●									
Parks, Recreation, Leisure and Fitness Studies, Other	▲											
Physical Education Teaching and Coaching												
Sport and Fitness Administration/Management			●									
Psychology/ ***Psychologie***												
Clinical Psychology	▲		▲									
Cognitive Psychology and Psycholinguistics	✗											
Cognitive Science												
Community Psychology												
Counseling Psychology												
Developmental and Child Psychology	▲		▲									
Experimental Psychology												
Family Psychology												
Forensic Psychology												
Industrial and Organizational Psychology												▲
Personality Psychology	▲											
Psychology, General	●	●	✗						●	●		●
School Psychology												
Social Psychology												
Religion and theology/ ***Religion et théologie***												
Bible/Biblical Studies												
Divinity'/Ministry	▲		●									
Missions/Missionary Studies and Missiology												
Pastoral Counseling and Specialized Ministries, Other	●											
Pastoral Studies/Counseling												
Religion/Religious Studies	●	●	✗						●	●		●
Theological and Ministerial Studies, Other												
Theology/Theological Studies	✗	●										

	University of St. Michael's College	Saint Paul University/ *Université Saint-Paul*	St. Thomas More College	St. Thomas University	University of Saskatchewan	*Université de Sherbrooke*	Simon Fraser University	University of Sudbury/ *Université de Sudbury*	University of Toronto	Trent University	University of Trinity College	Trinity Western University	University of Victoria	Victoria University	University of Waterloo	The University of Western Ontario	Wilfrid Laurier University	University of Windsor	The University of Winnipeg	York University
						▲			●			▲				▲				
							▲													
					✕															
					●															
					✕	▲		✕								✕				
					▲			✕								✕				
						✕	●					●						●	●	●
															✕					
						●			●					▲				●		
														●				●		●
						▲		✕									▲			
						●														
						▲		▲				▲				▲				
						▲										▲			▲	
						▲														
					●	✕	✕	●	✕ ▲	●		●	✕		✕	✕	✕	✕	●	✕
	▲	● ✕ ✕									▲ ✕ ▲		▲				▲			
	●	●			●	▲			●	✕		✕	▲	●			▲		✕	●
	▲	✕					✕		●			✕	▲		✕				✕	

Studienangebot an Hochschulen in Kanada

- ● undergraduate studies/premier cycle
- ▲ graduate studies/deuxième und/oder troisième cycle
- ✗ undergraduate und graduate studies/premier, deuxième und/oder troisième cycle

kursiv = französischsprachige Hochschule
kursiv und gerade = zweisprachige Hochschule

Lehramtsstudiengänge *(teacher training/formation des enseignants)* wurden nicht berücksichtigt.

	Acadia University – Université Laval	Acadia University	University of Alberta	Athabasca University	Augustana University	Bishop's University	Brandon University	Brescia University College	The University of British Columbia	British Columbia Open University	Brock University
Social sciences and humanities – Social Work											
Social sciences and humanities / Sciences sociales et humaines											
Anthropology			✗	●					●	✗	
Archeology			▲						▲		
Communication Disorders, General											●
Criminology			●								
Demography and Population Studies			▲								
Development Economics and International Development											
Econometrics and Quantitative Economics											
Economics, General	✗	✗			●	●	●	●	✗		●
Ethics											
Ethnic, Cultural Minority, and Gender Studies, Other											
General Studies			●	●		●			●	●	●
History and Philosophy of Science and Technology											
History, General	●	✗	✗	●	●	●	●	●	✗	●	●
History, Other		●									
Humanities/Humanistic Studies				●							
Liberal Arts and Sciences, General Studies and Humanities, Other											
Liberal Arts and Sciences/Liberal Studies							●			●	●
Medieval and Renaissance Studies		●							●		
Multi-/Interdisciplinary Studies, Other		●	▲								✗
Museology/Museum Studies											
Philosophy	●	✗				●	●		✗		✗
Psychological Psychology/Psychobiology											
Political Science and Government, General	✗	✗	●	●	●	●	●		✗		✗
Public Health, General			▲						▲		●
Public Policy Analysis											
Science Technology and Society											
Social Sciences, General											
Social Sciences, Other							✗				
Sociology	✗	✗	●	●	●	●		▲	✗	●	▲
Urban Studies/Affairs											●
Tourism and hotel management / Tourisme et hôtellerie											
Hospitality Administration/Management, General											
Hotel/Motel Administration/Management											
Restaurant/Food Services Management											
Tourism and Travel Services Management	●									●	●
Social welfare, social work and protection services / Services de protection et assistance et service social											
Peace Studies and Conflict Resolution											
Social Work			●			●			✗		

6 SERVICETEIL: ÜBERSICHTEN UND ADRESSEN

	The University of Calgary	University College of Cape Breton	University College of the Cariboo	Carleton University	Concordia University College of Alberta	Concordia University	Dalhousie University	Collège dominicain de philosophie et de théologie	Emily Carr Institute of Art and Design	First Nations University of Canada	University College of the Fraser Valley	University of Guelph	Ecole des Hautes Etudes Commerciales	Huron University College	King's University College	The King's University College	University of King's College	Lakehead University	Laurentian University of Sudbury/ L'Université Laurentienne de Sudbury	Université Laval
	✕	●	●	✕		✕	✕					✕						●	●	✕
	✕																	●		✕
	●			●								●								●
	●	▲				▲	●					✕								
							▲													●
	✕	●	●	✕		✕	✕					✕		●	●			✕	●	✕
	●																		●	▲
			●																●	✕
			●								●	●	●					●		●
	✕	●	●	✕	●	✕	✕				●	✕		●	●	●		●	✕	✕
	●			●		✕											●		▲	
						▲ ●													●	
				✕		✕	▲					●							▲	●
	●	●	●	✕	●	✕	✕	✕				✕ ●		●	●			●	●	✕
	✕	●	●	✕	●	✕	✕					✕		●	●			●	●	✕
	▲			▲ ●			▲					●								✕ ▲
	●																●			●
																				▲
	✕	●	●	✕	●	✕ ●	✕				●	✕		●	●			✕	●	✕
	●	●										●								
	●	●										●								●
	●	●	●									✕						●		●
	✕		●	▲ ✕			●					✕						●	✕ ✕	✕

Studienangebot an Hochschulen in Kanada

- ● undergraduate studies/premier cycle
- ▲ graduate studies/deuxième und/oder troisième cycle
- ✗ undergraduate und graduate studies/premier, deuxième und/oder troisième cycle

kursiv = französischsprachige Hochschule
kursiv und gerade = zweisprachige Hochschule

Lehramtsstudiengänge *(teacher training/formation des enseignants)* wurden nicht berücksichtigt.

	U. of Lethbridge – U. du Québec à Trois-Riv.	The University of Lethbridge	Luther College	Malaspina University College	The University of Manitoba	McGill University	McMaster University	Memorial University of Newfoundland	*Université de Moncton*	*Université de Montréal*	Mount Allison University
Social sciences and humanities – Social Work											
Social sciences and humanities / Sciences sociales et humaines											
Anthropology	✗		●	✗	✗	✗	✗			✗	●
Archeology		▲									
Communication Disorders, General						▲					
Criminology			●	●						✗	
Demography and Population Studies										✗	
Development Economics and International Development						●				▲	
Econometrics and Quantitative Economics											
Economics, General	✗		●	✗	✗	✗	✗	✗		✗	●
Ethics										●	
Ethnic, Cultural Minority, and Gender Studies, Other							✗				
General Studies			●				●	●	●		
History and Philosophy of Science and Technology											
History, General	✗		●	✗	✗	✗	✗	✗		✗	●
History, Other					▲						
Humanities/Humanistic Studies	●					●	●			✗	
Liberal Arts and Sciences, General Studies and Humanities, Other											
Liberal Arts and Sciences/Liberal Studies	●		●			●			●	●	
Medieval and Renaissance Studies				●					●	●	
Multi-/Interdisciplinary Studies, Other							●				
Museology/Museum Studies										▲	
Philosophy	✗		●	✗	✗	✗	✗		✗	✗	●
Psychological Psychology/Psychobiology							▲				
Political Science and Government, General	✗			✗	✗	✗	✗	●		✗	
Public Health, General				▲		●	▲			✗	
Public Policy Analysis											
Science Technology and Society										●	
Social Sciences, General	●										
Social Sciences, Other											
Sociology	✗			✗	✗	✗	✗	●		✗	●
Urban Studies/Affairs	●				●					●	
Tourism and hotel management / Tourisme et hôtellerie											
Hospitality Administration/Management, General											
Hotel/Motel Administration/Management			●								
Restaurant/Food Services Management			●								
Tourism and Travel Services Management	●								●		
Social welfare, social work and protection services / Services de protection et assistance et service social											
Peace Studies and Conflict Resolution						●					
Social Work	●		●	✗	✗	✗	✗	✗	✗	✗	

6 SERVICETEIL: ÜBERSICHTEN UND ADRESSEN

Studienangebot an Hochschulen in Kanada

- ● *undergraduate studies/premier cycle*
- ▲ *graduate studies/deuxième und/oder troisième cycle*
- ✗ *undergraduate und graduate studies/premier, deuxième und/oder troisième cycle*

kursiv = französischsprachige Hochschule
kursiv und gerade = zweisprachige Hochschule

Lehramtsstudiengänge *(teacher training/formation des enseignants)* wurden nicht berücksichtigt.

	Queen's University at Kingston – York U.	Queen's University at Kingston	Redeemer University College	The University of Regina	Royal Military College of Canada / *Collège militaire royal du Canada*	Royal Roads University	Ryerson University	*Université Sainte-Anne – Collège de l'Acadie*	*Collège universitaire de Saint-Boniface*	St. Francis Xavier University	St. Jerome's University	St. Mary's University
Social sciences and humanities / Sciences sociales et humaines												
Anthropology			✗							●	●	●
Archeology												
Communication Disorders, General												
Criminology							●					●
Demography and Population Studies												
Development Economics and International Development	●											✗
Econometrics and Quantitative Economics												
Economics, General	✗		●	●						●	●	●
Ethics												
Ethnic, Cultural Minority, and Gender Studies, Other												
General Studies		●		●							●	
History and Philosophy of Science and Technology												
History, General	✗	●	✗	●			●			●	●	✗
History, Other												
Humanities/Humanistic Studies		●					●					
Liberal Arts and Sciences, General Studies and Hum., Other							●					
Liberal Arts and Sciences/Liberal Studies						●				●		
Medieval and Renaissance Studies	●											
Multi-/Interdisciplinary Studies, Other												
Museology/Museum Studies												
Philosophy	✗	●	✗							●	●	✗
Psychological Psychology/Psychobiology												
Political Science and Government, General	✗	●	✗	●						●	●	●
Public Health, General	▲					●						
Public Policy Analysis												
Science Technology and Society												
Social Sciences, General		●	●									
Social Sciences, Other												
Sociology	✗	●	✗							●	●	●
Urban Studies/Affairs												
Tourism and hotel management / Tourisme et hôtellerie												
Hospitality Administration/Management, General												
Hotel/Motel Administration/Management												
Restaurant/Food Services Management												
Tourism and Travel Services Management												
Social welfare, social work and protection services / Services de protection et assistance et service social												
Peace Studies and Conflict Resolution					✗							
Social Work		●	✗			●						

6 SERVICETEIL: ÜBERSICHTEN UND ADRESSEN

6.3 Informationsstellen: Botschaften, Konsulate, Kulturinstitute, Zentren für Kanada- und Québec-Studien und andere Institutionen

Botschaft von Kanada
Friedrichstraße 95
10117 Berlin
Telefon: (0 30) 20 31 20
www.kanada-info.de

- Visa- und Einwanderungsabteilung
  Telefon: (0 30) 2 03 12-4 47
  Telefax: (0 30) 2 03 12-1 34
  www.dfait-maeci.gc.ca/canadaeuropa/
  germany/visa-study-de.asp
  www.cic.gc.ca (Website von *Citizenship and Immigration Canada*)

Kanadische Konsulate
- Benrather Straße 8
  40213 Düsseldorf
  Telefon: (02 11) 17 21 70
  Telefax: (02 11) 35 91 65

- Ballindamm 35
  20095 Hamburg
  Telefon: (0 40) 46 00 27-0
  Telefax: (0 40) 46 00 27-20

- Tal 29
  80331 München
  Telefon: (0 89) 21 99-5 70
  Telefax: (0 89) 21 99-57 57

Verbindungsbüro von Québec
Dienerstraße 20
80331 München
Telefon: (0 89) 24 20 87-0
Telefax: (0 89) 24 20 87-37

Botschaft der Bundesrepublik Deutschland
1 Waverly Street
Ottawa, Ontario, K2P 0T8
Telefon: (0 01-613) 2 32-11 01
Telefax: (0 01-6 13) 5 94-93 30
E-Mail: germanembassyottawa@on.aibn.com
www.ottawa.diplo.de

Generalkonsulate der Bundesrepublik Deutschland
- 1250 Boulevard René-Levesque Ouest,
  Suite 4315
  Montréal, Québec, H3B 4X1
  Telefon: (0 01-5 14) 9 31-22 77
  Telefax: (0 01-5 14) 9 31-72 39
  E-Mail: mail@montr.diplo.de
  www.montreal.diplo.de
  (zuständig für die Provinzen New Brunswick, Nova Scotia, Prince Edward Island, Newfoundland, Québec – ausgenommen die Region „Communauté Urbaine de l'Outaouais")

- 77 Bloor Street West, Suite 1702
  Toronto, Ontario, M5S 1M2
  Telefon: (0 01-4 16) 9 25-28 13
  Telefax: (0 01-4 16) 9 25-28 18
  E-Mail: mail@germanconsulatetoronto.ca
  www.germanconsulatetoronto.ca
  (zuständig für die Provinzen Manitoba, Ontario – ausgenommen die Bezirke Carleton, Lanark, Leeds and Grenville, Prescott and Russell, Renfrew and Stormont, Dundas and Glengary)

- World Trade Center, Suite 704
  999 Canada Place
  Vancouver, British Columbia, V6B 3E1
  Telefon: (0 01-6 04) 6 84-83 77
  Telefax: (0 01-6 04) 6 84-83 34
  E-Mail: gkvanc@telus.net
  (zuständig für die Provinzen Alberta, British Columbia, Saskatchewan sowie die North-West Territories und Yukon)

6 Serviceteil: Übersichten und Adressen

Gesellschaft für Kanada-Studien e.V. (GKS)
Fachbereich 8/Sozialwissenschaften
Institut für Geschichte
Universität Bremen
Postfach 330440
28334 Bremen
Telefon: (04 21) 2 18-31 77
Telefax: (04 21) 2 18-36 25
E-Mail: irina.schmitt@uni-bremen.de
www.kanada-studien.de

- **Zentrum für Kanada-Studien (ZKS)**
  Prof. Dr. Wolfgang Klooß
  Universität Trier
  54286 Trier
  Telefon: (06 51) 2 01-22 12
  Telefax: (06 51) 2 01-39 28
  E-Mail: kloss@uni-trier.de
  www.uni-trier.de/kanada-studien/kanada_frame_dt.html

Institut für Kanada-Studien
Universität Augsburg
Prof. Dr. Rainer-Olaf Schultze
86135 Augsburg
Telefon: (08 21) 59 85-2 63
Telefax: (08 21) 59 85-6 69
E-Mail: rainer-olaf.schultze@phil.uni-augsburg.de
www.uni-augsburg.de/institute/kanada/

- **Stiftung für Kanada-Studien**
  Adresse wie oben
  www.uni-augsburg.de/institute/kanada/stiftung.htm

Canada Alumni e.V.
c/o Arnoldstraße 19
40479 Düsseldorf
Telefon: (02 11) 5 13 64 25
Telefax: (02 11) 5 14 39 64 91
E-Mail: canada.alumni@web.de
www.canada-alumni.de
Canada Alumni e. V. wurde 1998 in Bonn als Ehemaligenvereinigung deutscher Kanada-Studierenden gegründet.

Deutsch-Kanadisches Zentrum
Universität Bonn
Prof. Dr. Hönnighausen
Regina-Pacis-Weg 5
53113 Bonn
Telefon: (02 28) 73 76 64
Telefax: (02 28) 73 79 48
E-Mail: nap@uni-bonn.de
www.uni-bonn.de/gcc/

Marburger Zentrum für Kanada-Studien
Prof. Dr. Martin Küster
c/o Institut für Anglistik und Amerikanistik
der Philipps-Universität Marburg
Wilhelm-Röpke-Straße 6 D
35032 Marburg
Telefon: (0 64 21) 28-2 47 62
Telefax: (0 64 21) 28-2 45 16
E-Mail: kuesterm@mailer.uni-marburg.de
http://staff-www.uni-marburg.de/~kanada/main_de.htm
Hier findet man unter Links u. a. eine Liste der Zentren für Kanada-Studien.

Zentren für Québec-Studien

- **Centrum für Interdiziplinäre Franko-Kanadische Forschungen/Québec-Sachsen CIFRAQS**
  Technische Universität Dresden
  Institut für Romanistik
  01062 Dresden
  Telefon: (03 51) 4 63 76 89
  Telefax: (03 51) 4 63 77 02
  E-Mail: CIFRAQS@rcs.urz.tu-dresden.de
  www.tu-dresden.de/sulcifra/

- **Québec-Forschungs- und Dokumentationszentrum**
  Prof. Dr. Bernd Spillner
  Universität Duisburg
  47048 Duisburg
  Telefon: (02 03) 3 79 26 09, 3 79 26 04
  Telefax: (02 03) 3 79 12 40
  E-Mail: he228sp@unidui.uni-duisburg.de

- **Québec-Studien-Zentrum**
  Institut für Romanistik
  Brühl 34–50
  Universität Leipzig
  04109 Leipzig
  Telefon: (03 41) 9 73 74-2 34 11
  Telefax: (03 41) 9 73 74-2 34 24
  E-Mail:quebec@rz.uni-leipzig.de
  www.uni-leipzig.de/~roman/quebec/

- **Québec-Archiv Trier**
  FB II Romanistik
  Universität Trier
  54286 Trier
  Telefon: (06 51) 201-22 28
  Telefax: (06 51) 2 01-39 29
  E-Mail:niederehe@uni-trier.de
  www.uni-trier.de/uni/foreinr/quebec.htm

Goethe-Institute

- 418, rue Sherbrooke Est
  Montréal, Québec, H2L 1J6
  Telefon: (0 01-5 14) 4 99 01 59
  Telefax: (0 01-5 14) 4 99 09 05
  www.goethe.de/montreal

- 47 Clarence Street, Suite 480
  Ottawa, Ontario, K1N 9K1
  Telefon: (0 01-6 13) 2 41 02 73
  Telefax: (0 01-6 13) 2 41 97 90

- 163 King Street West
  Toronto, Ontario, M5H 4C6
  Telefon: (0 01-4 16) 5 93 52 57
  Telefax: (0 01-4 16) 5 93 51 45
  www.goethe.de/toronto

Direkten Zugang zu den Websites der **Provinzregierungen** hat man unter www.kanada-info.de/Canada/Provinces. Dort können u. a. die Adressen der zuständigen **Bildungsministerien** abgerufen werden.

Association of Canadian Community Colleges (ACCC)/Association des collèges communitaires du Canada (ACCC)
1223 Michael Street North, Suite 200
Ottawa, Ontario K1J 7T2
Telefon: (0 01-6 13) 7 46 22 22
Telefax: (0 01-6 13) 7 46 67 21
www.accc.ca

Association of Universities and Colleges of Canada (AUCC)/Association des universités et colléges du Canada (AUCC)
350 Albert Street, Suite 600
Ottawa, Ontario K1R 1B1
Telefon: (0 01-6 13) 5 63 12 36
Telefax: (0 01-6 13) 5 63 97 45
www.aucc.ca

International Council for Canadian
Studies(ICCS)/Conseil international d'études
canadiennes (CIEC)
75 Albert Street, Suite 908
Ottawa, Ontario K1P 5E7
Telefon: (0 01-6 13) 7 89 78 34
Telefax: (0 01-6 13) 7 89 78 30
www.iccs-ciec.ca
ICCS/CIEC ist eine Dachorganisation von 20 nationalen und multinationalen Institutionen, die Kanada-Studien fördern und Stipendien verwalten.

Canadian Bureau for International Education
(CBIE)/Bureau canadien de l'éducation
internationale (BCEI)
220 Laurier Avenue West, Suite 1550
Ottawa, Ontario K1P 5Z9
Telefon: (0 01-6 13) 2 37-48 20
Telefax: (0 01-6 13) 2 37-10 73
www.cbie.ca
www.destineducation.ca

Council of Ministers of Education/
Conseil des ministres de l'éducation (CMEC)
95 St. Clair Avenue West, Suite 1106
Toronto, Ontario M4V 1N6
Telefon: (0 01-4 16) 9 62-81 00
Telefax: (0 01-4 16) 9 62-28 00
www.cmec.ca

- Canadian Information Centre
for International Credentials/
Centre d'information canadien
sur les diplômes internationaux (CICIC)
Adresse wie oben
Telefon: (001-416) 962-9725
E-Mail: cicic@cmec.ca
www.cicic.ca

Association of Canadian Medical Colleges/
L'Association des facultés de médecine du
Canada (ACMC)
774 Echo Drive
Ottawa, Ontario K1S 5P2
Telefon: (0 01-6 13) 7 30-06 87
Telefax: (0 01-6 13) 7 30-11 96
E-Mail: cjuneau@acmc.ca
www.acmc.ca

Fédération des CEGEPS
500 Boulevard Cremazie Est
Montréal, Québec H2P 1E7
Telefon: (0 01-5 14) 3 81 86 31
Telefax: (0 01-5 14) 3 81 22 63
www.fedecegeps.gc.ca

The British Columbia Centre for International
Education
1581-H Hillside Avenue, Suite 410
Victoria, British Columbia V8T 2C1
Telefon: (0 01-250) 5 95 42 80
Telefax: (0 01-250) 5 95 42 90
E-Mail: bccie@bccie.bc.ca
www.bccie.bc.ca
Informationen für ausländische Studierende über das Studium in British Columbia.

Medical Research Council of Canada
1600 Scott Street
Ottawa, Ontario K1A 0W9
Telefon: (0 01-613) 9 54 18 13
Telefax: (0 01-613) 9 54 18 00
E-Mail: kmosher@mrc.gc.ca
www.mrc.gc.ca

Canadian Education Association
317 Adelaide Street West, Suite 300
Toronto, Ontario M5V 1P9
Telefon: (0 01-4 16) 5 91-63 00
Telefax: (0 01-4 16) 5 91-53 45
E-Mail: info@cea-ace.ca
www.cea-ace.ca

Ontario College Application Service
60 Corporate Court
Guelph, Ontario N1G 5J3
Telefon: (0 01-5 19) 7 63 47 25
www.ontariocolleges.ca

Ontario Universities' Application Centre
Research Lane
Guelph, Ontario N1G 5E2
Telefon: (0 01-5 19) 8 23 19 40
Telefax: (0 01-5 19) 8 23 52 32
www.ouac.on.ca

Post-secondary Application Service of British Columbia
www.pas.bc.ca (für Bewerbungen via Internet)

Natural Sciences and Engineering Research Council
350 Albert Street
Ottawa, Ontario K1A 1H5
Telefon: (0 01-6 13) 9 95-58 96
www.nserc.ca

Social Sciences and Humanities Research Council
350 Albert Street
P.O. Box 1610
Ottawa, Ontario K1P 6G4
Telefon: (0 01-6 13) 9 92 06 91
Telefax: (0 01-6 13) 9 92 17 87
www.sshrc.ca

6.4 Nützliche Internet-Adressen

- www.studyincanada.com ist ein guter Einstieg in das Thema „Studium in Kanada".

- www.destineducation.ca – hier bietet das CBIE umfangreiche Informationen für ausländische Studierende, u. a. über Stipendien und akademischen Austausch.

- www.aucc.ca bietet den besten Zugang zu einem Index der kanadischen Universitäten mit umfangreichen Angaben zu den einzelnen Studienprogrammen, Zulassungsvoraussetzungen, Studiengebühren etc. Alle Universitäten sind inzwischen im Internet vertreten und veröffentlichen dort auch ihre Vorlesungsprogramme.

- www.accc.ca enthält einen Index aller *community colleges*, die berufsbezogene Studiengänge anbieten.

- www.iccs-ciec.ca: *International Council for Canadian Studies* ist der Dachverband von zwanzig nationalen und multinationalen Organisationen und informiert über Kanada-Studien weltweit.

- www.dfait-maeci.cc.ca enthält Informationen des kanadischen Außenministeriums in Ottawa über internationale akademische Beziehungen.

- www.studyinbc.com offeriert alles Wissenswerte über das Studium in British Columbia.

- www.daad.de bietet umfangreiche Informationen über internationale Studienmöglichkeiten.

6.5 Literaturtipps

Schulbesuch, Studium und Praktikum in Kanada. Die Broschüre kann im Internetangebot der kanadischen Botschaft heruntergeladen werden: www.dfait-maeci.gc.ca/canadaeuropa/germany/studyincanada-de.asp.

Canada's Universities: Notes for Students. *Herausgeber: Association of Universities and Colleges of Canada/Association des Universités et Collèges du Canada.* Wird regelmäßig überarbeitet und ist kostenlos erhältlich bzw. kann unter www.aucc.ca/_pdf/english/publications/notes_e.pdf heruntergeladen werden.

International Students Handbook. *Herausgeber: CBIE.* Kann für 15 Can-$ gegen Vorkasse bezogen werden bei: CBIE, Suite 1100, 220 Laurier Ave West, Ottawa, ON K1P 5Z9. Visa-Karten werden akzeptiert unter: (0 01-6 13) 2 37-48 20, ext. 2 42.

Awards for Study in Canada. *Herausgeber: CBIE.* Kostenlos. Auch unter http://destineducation.ca/intstdnt/awards_e.htm zu finden.

Studying in Québec. *Herausgeber: Ministère de l'Education.* Kostenlos.

International Education in British Columbia. *Herausgeber: British Columbia Centre for International Education.*

6.6 Glossar

Academic year:
Das akademische Jahr (die Zeit der Vorlesungen, Seminare und Prüfungen) beginnt an den meisten kanadischen Universitäten im September und endet im Mai.

Bachelor's degree:
Abschluss, der nach drei- bis vierjährigem Hochschulstudium verliehen wird.

Calendar:
Dem Vorlesungsverzeichnis vergleichbarer, von den Universitäten jährlich veröffentlichter Katalog, der ein Verzeichnis des Studienangebots, Zulassungsvoraussetzungen für Studienprogramme und wichtige Daten für das akademische Jahr enthält.

Certificate:
Nach erfolgreichem Abschluss eines in der Regel einjährigen Universitätsprogramms wird meist ein *certificate* verliehen. Generell ein Nachweis, in dem der erfolgreiche Abschluss eines Kurses/Examens formell bestätigt wird.

College:
Als *colleges* bezeichnet man in der Regel akademische Einrichtungen mit Universitätsniveau und dem Recht, akademische Grade zu verleihen. *Colleges* können jedoch auch Teil einer Universität sein (*university colleges*), wobei der Grad der Zugehörigkeit von den jeweiligen Einrichtungen selbst festgelegt wird und somit sehr unterschiedlich sein kann.

Community college:
Postsekundäre Einrichtung mit technischer und berufsbildender Orientierung. *Community colleges* verleihen keine akademischen Grade, bieten aber Kurse an, deren erfolgreicher Abschluss den Wechsel an eine Universität ermöglicht.

Compulsory course:
Wie *core course.*

Core course:
Pflichtkurs, der von allen Studierenden desselben Studienprogramms absolviert werden muss (auch *compulsory course* oder *required course* genannt).

Credit:
Für jede erfolgreich absolvierte Lehrveranstaltung werden ein oder mehr „Punkte" *(credits)* vergeben. Voraussetzung für den Erwerb eines akademischen Grades ist u. a. eine bestimmte Anzahl von *credits.*

Credit course:
Lehrveranstaltung, in denen *credits* erworben werden.

Curriculum:
Individueller Studien-/Kursplan eines Studierenden in Schule, College oder Universität.

Degree:
Akademischer Grad, der von einer universitären Einrichtung verliehen wird. Erster Grad *(first degree)* ist in der Regel ein *bachelor's degree,* der nach drei- bis vierjährigem Studium verliehen wird; nach weiterem Studium kann ein *graduate degree* erworben werden *(master's degree* oder *doctorate).*

Denominational institution:
Einrichtung mit konfessionellem Träger.

Diploma:
Wird meist nach ein- oder zweijährigem Studium verliehen. Es gibt jedoch auch *diplomas* auf Graduiertenniveau.

Distance education:
Fernstudium.

Doctorate:
Der am häufigsten verliehene Doktorgrad ist der *Ph.D. (Doctor of Philosophy),* der allerdings in jedem Fach verliehen werden kann (nicht nur in Philosophie). Voraussetzung ist in der Regel ein *master's degree* und weitere zwei bis vier Jahre Studium.

Faculty:
a) Lehrpersonal einer Universität.
b) Fakultät (gegliedert in *departments).*

Fellowship:
Graduiertenstipendium.

General/honors:
Diese beiden Begriffe beziehen sich meist auf das *bachelor's program in arts and science.* Das *honors program* dauert meist ein Jahr länger als das *general program,* stellt zudem höhere Anforderungen an die Studierenden und bietet Spezialisierungsmöglichkeiten.

Graduate:
Graduate (oder *postgraduate) programs* sind Studienprogramme, für die ein erster akademischer Grad *(first degree)* Voraussetzung ist.

Intersession:
Die Zeit zwischen *terms* oder *semesters.*

LSAT:
Law School Admission Test, der in der Regel Voraussetzung für die Zulassung zum Jurastudium ist.

Lecture:
Vorlesung.

Major/minor:
Haupt-/Nebenfach. Benennt den Grad der Spezialisierung auf einem bestimmten Fachgebiet.

Master's degree:
Akademischer Grad, der nach erfolgreichem Abschluss eines Graduierten-Studiengangs verliehen wird.

Matriculation:
Sekundarschulabschluss.

Scholarship:
Stipendium.

Semester:
Die Hälfte des akademischen Jahres (15 bis 18 Wochen).

Seminar:
Im Gegensatz zur *lecture* besteht ein *seminar* aus einer kleinen Gruppe von Studierenden, die zusammen mit einem *tutor* Lehrinhalte erarbeiten und diskutieren.

Transcript:
Offizielle Auflistung sämtlicher Lehrveranstaltungen (mit Noten), die von Schulen, Colleges oder Universitäten für jeden Studierenden ausgestellt wird.

Trimester:
Einige kanadische Universitäten arbeiten nach dem Trimester-System; das akademische Jahr ist in drei gleich lange *terms* eingeteilt. Eine Zulassung ist zu Beginn von jedem *term* möglich.

Tuition:
Studiengebühr.

Tutor:
Hochschullehrer, dem der Unterricht über eine kleine Gruppe von Studierenden übertragen wird *(tutorial, seminar)*.

Undergraduate:
Undergraduate programs umfassen Studienprogramme, die zu einem *first degree (bachelor's oder first professional degree)* führen. In kürzeren *undergraduate programs* werden keine Grade verliehen, sondern *diplomas* oder *certificates*. Studierende dieser Studienstufe sind *undergraduates*.

University:
Der Begriff *university* bezeichnet eine postsekundäre Einrichtung, die das Recht hat, akademische Grade *(degrees)* zu verleihen. Einige dieser Einrichtungen werden auch *colleges*, *institutes* oder *schools* genannt werden.

TEIL IV:
FÖRDERUNGSMÖGLICHKEITEN UND LÄNDERÜBERGREIFENDE INFORMATIONSSTELLEN

1 STIPENDIEN UND ANDERE FÖRDERUNGSMÖGLICHKEITEN

Auf dem Gebiet des deutsch-amerikanischen und deutsch-kanadischen Hochschul- und Wissenschaftsaustauschs gibt es eine unüberschaubare Anzahl von geförderten Austauschprogrammen. Deshalb sind die folgenden Hinweise notgedrungen unvollständig. Sie geben einen Überblick und wollen jeden Bewerber ermutigen, selbst aktiv zu werden und nach Finanzierungsmöglichkeiten zu suchen.

1.1 Stipendien des DAAD, der Fulbright-Kommission und der kanadischen Regierung

Der **DAAD** vergibt an deutsche vollimmatrikulierte Studierende und Graduierte Stipendien zu Studien- und Forschungsaufenthalten. Detaillierte Informationen zu den jeweils angebotenen Stipendien enthält die Broschüre *Studium, Forschung und Lehre im Ausland – Förderungsmöglichkeiten für Deutsche*. In dieser Publikation, die jährlich im April erscheint, sind sämtliche Stipendienangebote des DAAD mit ausführlichen Hinweisen zu den jeweils geforderten Voraussetzungen sowie zu den Bewerbungswegen und Bewerbungsterminen aufgelistet. In einem Sonderteil werden auch Auslandsstipendienprogramme anderer Mittlerorganisationen wie Deutsche Forschungsgemeinschaft (www.dfg.de), Alexander von Humboldt-Stiftung (www.avh.de) und Fulbright-Kommission (www.fulbright.de) aufgeführt. Die Broschüre ist ausschließlich bei den Akademischen Auslandsämtern der Hochschulen erhältlich.

Über die Stipendiendatenbank des DAAD im Internet (www.daad.de) kann man durch Eingabe von Studienfach, Status und Zielland ebenfalls das aktuelle Stipendienangebot für die USA und Kanada abrufen. Bewerbungen müssen grundsätzlich über die Akademischen Auslandsämter der Hochschulen bzw. die Sekretariate der Kunst- und Musikhochschulen eingereicht werden. Bewerbungsformulare gibt es dort und beim DAAD im Internet.

Der DAAD ist für die Auswahl der Bewerber um deutsche Stipendien sowie für die Vorauswahl der Beweber um die von amerikanischer und kanadischer Seite angebotenen Regierungsstipendien zuständig. Diese Stipendien werden nach denselben Richtlinien vergeben wie die DAAD-Stipendien.

USA ❭ Zu den größten und vielfältigsten Austauschprogrammen gehört das **Fulbright-Programm**, das seit 1952 über 30.000 Deutsche und Amerikaner gefördert hat. *Fulbright* vergibt jährlich etwa 400 Stipendien (auch Reisestipendien) an Studenten, Wissenschaftler, Lehrer und Verwaltungspersonal. Voraussetzungen sind deutsche Staatsbürgerschaft, Hauptwohnsitz in Deutschland, überragende akademische/fachliche Leistungen und gute Englischkenntnisse. Bewerber müssen die allgemeine Hochschulreife bzw. Fachhochschulreife besitzen und mindestens fünf abgeschlossene Fachsemester (wenigstens zwei davon an einer deutschen Hochschule) studiert haben.

Über weitere Einzelheiten zu den verschiedenen Stipendien, Bewerbungsverfahren und Fristen kann man sich hervorragend online bei www.fulbright.de informieren. Auch beim Verein der Ehemaligen (www.fulbright-alumni.de) kann man nützliche Tipps bekommen. Studierende bewerben sich über das Akademische Auslandsamt ihrer Hochschule, Graduierte wenden sich direkt an die Fulbright-Kommission:

Deutsche Programmabteilung
German Program Unit
Fulbright-Kommission
Oranienburger Straße 13–14
10178 Berlin
Telefon: (0 30) 28 44 43-7 72
E-Mail: gpu@fulbright.de
USA

Kanada ◐ Aufgrund einer Übereinkunft des kanadischen Außenministeriums mit einzelnen Ländern, so auch Deutschland, stellt die kanadische Regierung jedes Jahr einige Stipendien für deutsche Studierende zur Verfügung. Dabei handelt es sich um Forschungsstipendien, *post-doctoral fellowships* und einjährige Vollstipendien. Die Bewerbungsfrist ist in der Regel Ende November. Bewerbungsunterlagen müssen beim DAAD (*Government of Canada-Stipendium*) angefordert werden, der die kanadischen Regierungsstipendien verwaltet. Weitere Informationen hierzu gibt's bei der kanadischen Botschaft.

Wer sich in Kanada über solche Stipendien informieren möchte, erfährt mehr auf der Seite des CBIE unter www.destineducation.ca. Weitere Stipendien der kanadischen Regierung sind auch über die Seite www.scholarships-bourses-ca.org zu finden. Ebenso kann man sich an folgende Institutionen wenden (die vollständigen Adressen sind im Abschnitt 6 „Serviceteil: Übersichten und Adressen" aufgeführt):

- *Medical Research Council of Canada*
- *Canadian Bureau of International Education*
- *Council of Ministers of Education*
- *Natural Sciences and Engineering Research Council*
- *Social Sciences and Humanities Research Council* (Stipendien im Bereich der Promotion/*doctoral*- oder *post-doctoral*-Förderung)
- *International Council for Canadian Studies*

Kanada ◐

1.2 Hochschulkooperationen

Im Rahmen von Partnerschaften zwischen deutschen und ausländischen Hochschulen ist oft nicht nur der gegenseitige Studenten- und Dozentenaustausch geregelt, sondern auch die Frage der Studiengebühren. Häufig ist die Finanzierungsquelle eine *teaching* bzw. *graduate assistantship* mit *tuition waiver*. Derzeit bestehen 193 Kooperationsabkommen zwischen deutschen und kanadischen Hochschulen und 1.102 Vereinbarungen zwischen deutschen und amerikanischen Hochschulen. Auskunft über bestehende Partnerschaften und die Möglichkeiten einer Förderung erteilen die Akademischen Auslandsämter bzw. die Partnerschaftsbeauftragten an den deutschen Hochschulen oder die betreffende Fakultät.

Die Informationen über bestehende Hochschulkooperationen sind im Internetangebot der Hochschulrektorenkonferenz abrufbar: www.hochschulkompass.hrk.de.

Ferner organisieren die Universität Konstanz und die *Queen's University* in Kanada ein Austauschprogramm aufgrund eines Kooperationsabkommens zwischen Baden-Württemberg und Ontario. Beteiligt sind 13 kanadische und 9 deutsche Universitäten (U Freiburg, U Heidelberg, TU Karlsruhe, U Konstanz, U Mannheim, U Stuttgart, U Stuttgart-Hohenheim, U Tübingen, U Ulm). Weitere Auskunft erteilt das Akademische Auslandsamt der Universität Konstanz, Universitätsstraße 10, 78457 Konstanz, Telefon (0 75 31) 88 23 25, Telefax (0 75 31) 88 30 37.

Über Möglichkeiten der Förderung von Auslandsaufenthalten kann man sich auch bei der GKS (Gesellschaft für Kanada-Studien in den deutschsprachigen Ländern) erkundigen.

1.3 Förderung durch amerikanische und kanadische Hochschulen

Hochschulen bieten finanzielle Förderung fast ausschließlich im Graduiertenbereich (in Form von *scholarships, grants, fellowships, teaching and research assistantships*). Die Zahl dieser Stipendien ist stark begrenzt, der Wettbewerb entsprechend hart. Besonders beliebt bei *graduate students* sind die *assistantships* (vergleiche die Abschnitte „Arbeitsmöglichkeiten für Studierende" im USA- und Kanada-Teil). Diese Assistentenstellen gelten als Privileg und werden nur an qualifizierte Studenten vergeben, in der Regel erst im zweiten oder dritten Semester der *graduate studies*, wenn man seine Qualifikationen unter Beweis gestellt hat.

Auskunft über Stipendienmöglichkeiten geben die *faculties of graduate studies/facultés des études supérieures* der einzelnen Hochschulen, bei denen man sich möglichst ein Jahr vor der geplanten Studienaufnahme erkundigen sollte. Weitere Informationen muss man aus unterschiedlichen Quellen zusammentragen. Hilfreich können sein: *Foreign Student Adviser, Office of Financial Aid* der betreffenden Hochschule, *university catalogues* (unter *financial aid, assistantships* nachschauen), www.nafsa.org *(About International Education/For Students)*, www.finaid.org (Förderungsmöglichkeiten auch für jüngere ausländische Bewerber) und die Homepages der einzelnen Hochschulen.

Die Bewerbung um *financial aid* sollte zusammen mit dem Zulassungsantrag bzw. der ersten Anfrage zur Zulassung gestellt werden.

1.4 Andere Stipendien

Über deutsche Stipendien gebende Stellen informiert der DAAD-Stipendienführer umfassend (siehe Abschnitt 1.1). Industrielle und private Förderer, Stiftungen, Verbände, konfessionelle Träger etc. bieten weitere Stipendien und Finanzierungsbeihilfen von deutscher Seite.

Förderungsmöglichkeiten unterschiedlicher deutscher Träger findet man unter www.uni-online.de. Es lohnt sich, da mal reinzuschnuppern. Zusätzlich kann man bei Fachbereichen oder berufsständischen Organisationen nach fachspezifischen Stipendien nachfragen.

USA ◯ Eine ausgezeichnete Quelle für Informationen über die verschiedensten Arten von Förderungsmöglichkeiten ist www.ed.gov/NLE/USNEI. Der größere Teil des Stipendienangebots ist zwar für amerikanische Studenten, doch stößt man auch auf interessante Angebote für *international students*, z. B. die *rotary scholarships*, ausgeschrieben durch die örtlichen *Rotary Clubs. The Foundation Center* (www.fdncenter.org) unterhält die größte Datenbank privater Stiftungen in Amerika, die auch für ausländische Studenten interessante Angebote enthält. Unter www.usembassy.de/exchanges/dindex.htm findet man neben Austauschprogrammen – darunter Informationen zu Schüleraustausch, Städtepartnerschaften und Au-pair-Programmen – auch umfassende Infos zum Studium in den USA einschließlich Links zur Stipendiensuche. Weitere hilfreiche Adressen zu Studienfinanzierung und Stipendien sind zum Beispiel: www.iefa.org, www.internationalstudent.com, www.internationalscholarships.com, www.edupass.org.

Ausdrücklich zu warnen ist an dieser Stelle davor, die Dienste der in den USA weit verbreiteten kommerziellen Stipendienvermittler in Anspruch zu nehmen, da es unter ihnen einige schwarze Schafe gibt. Informieren kann man sich natürlich auch in unzähligen gedruckten Publikationen zum Thema *scholarships/grants*. Die *Educational Advising Centers* können hier behilflich sein. **USA** ◐

Kanada ◐ Ein Beispiel dafür, dass es sich lohnen kann, bei den Kanada- bzw. Amerika-Zentren der Hochschulen nachzufragen: Die Stiftung für Kanada-Studien vergibt jährlich einen Förderpreis für ein Forschungsvorhaben im Bereich der Kanada-Studien und ein Promotionsstipendium. Nähere Informationen erteilt das Institut für Kanada-Studien der Universität Augsburg (Adresse siehe Kapitel 6.3). Eine zuverlässige Adresse im Internet ist www.scholarshipscanada.com – ein umfassendes Stipendienportal mit Datenbank. **Kanada** ◐

1.5 BAföG

Deutsche Studierende können für ein Studium in Ausland Ausbildungsförderung erhalten. Auf die Förderung eines Studiums in Ausland besteht gem. § 5 Abs. 2 BAföG Rechtsanspruch, wenn

- dieses Studium nach dem Ausbildungsstand förderlich ist und
- zumindest ein Teil des Auslandsstudiums auf das Studium angerechnet werden kann.

Nach dem Ausbildungsstand förderlich ist ein Studium, wenn der Studierende in der gewählten Fachrichtung die Grundkenntnisse während einer zumindest einjährigen Ausbildung bereits erlangt hat. Ein **Vollstudium** im Ausland wird grundsätzlich nicht gefördert.

In jedem Fall sind für das Auslandsstudium ausreichende **Sprachkenntnisse** (Unterrichts- und Landessprache) nachzuweisen. Dieser Nachweis kann erbracht werden durch Vorlage eines Zeugnisses

a) eines Universitätslektors,
b) eines ausländischen Kulturinstituts in Deutschland,
c) eines Philologen mit der Fakultas für das höhere Lehramt,
d) eines vereidigten Dolmetschers oder
e) einer ausländischen Hochschule darüber, dass der Studierende die von ihr über Buchstabe a) bis d) hinausgehend verlangte Sprachanforderung erfüllt.

Das Zeugnis soll den Hinweis enthalten „Zur Vorlage bei einem Amt für Ausbildungsförderung".

Der Nachweis entsprechender Sprachkenntnisse ist nicht erforderlich, wenn der Auszubildende belegt, dass er

- bereits ein Jahr eine Ausbildungsstätte in einem Land oder Landesteil mit gleicher Unterrichts- und Landessprache wie am Ausbildungsort besucht hat,
- die Hochschulreife auf einem doppel- oder fremdsprachigen Gymnasium erlangt hat, an dem in derselben Sprache wie am Ausbildungsort unterrichtet wird,
- die Landes- und Unterrichtssprache für die Dauer von sechs Jahren an einer Schule erlernt hat oder an einem Austausch- bzw. Stipendienprogramm für den betreffenden ausländischen Staat teilnimmt.

Förderungsdauer: Das Studium an einer ausländischen Hochschule wird in der Regel für einen einzigen zusammenhängenden Zeitraum bis zu höchstens einem Jahr gefördert. Dabei muss der Auslandsaufenthalt mindestens sechs Monate (Studium) bzw. mindestens drei Monate (Praktikum, Studium im Rahmen eines Hochschulkooperations- oder Austauschprogramms) dauern. In Ausnahmefällen wird BAföG für bis zu weitere drei Semester, also insgesamt für höchstens fünf Semester, gewährt.

Eine Förderung ist nur für die Zeit möglich, in welcher eine Vollimmatrikulation an der ausländischen Hochschule besteht.

Praktika werden nur innerhalb Europas gefördert, es sei denn, die Ausbildungsstätte oder die zuständige Prüfungsstelle bestätigt, dass die Durchführung des Praktikums außerhalb Europas nach dem Ausbildungsstand besonders förderlich ist.

Grundsätzlich wird die Auslandsausbildung auf die Förderungshöchstdauer angerechnet. Für die Zeit, in der Studienleistungen im Ausland erbracht wurden, die im Inland **nicht anerkannt** werden, kann für die Zeit der Überschreitung der Förderungshöchstdauer ein verzinsliches Darlehen durch die Deutsche Ausgleichsbank gewährt werden. Für die Zeit, in der Studienleistungen im Ausland erbracht wurden, die im Inland **anerkannt** werden, wird bei Überschreitung der Förderungshöchstdauer keine Ausbildungsförderung geleistet.

Die **Leistungen** bei einem Studium oder Praktikum im Ausland umfassen zusätzlich zur Inlandsförderung Auslandszuschläge, notwendige Studiengebühren (bis zu 4.600 Euro im Jahr) und Reisekosten, ggf. einen Zusatzbetrag für die Kosten der Krankenversicherung im Ausland. Der zusätzliche Auslandszuschlag beträgt derzeit für die USA 210 Euro und für Kanada 90 Euro monatlich. Er wird in voller Höhe als Zuschuss geleistet, braucht also nicht zurückgezahlt zu werden. Die hohen zusätzlichen Kosten einer Ausbildung im Ausland können dazu führen, dass auch solche Auszubildende während des Auslandsaufenthalts gefördert werden, die im Inland wegen der Höhe des Einkommens ihrer Eltern keine Förderung erhalten.

Bewerbungsanträge sollten mindestens sechs Monate vor Ausreise beim zuständigen Ausbildungsförderungsamt gestellt werden. Bei Beantragung eines DAAD-Teilstipendiums für Studierende (BAföG-Aufstockung) sollte der Antrag beim Ausbildungsförderungsamt gleichzeitig mit dem DAAD-Antrag eingereicht werden.

Zuständig für die Auslandsförderung in den **USA** ist das
Studentenwerk Hamburg
Amt für Ausbildungsförderung
Postfach 130113
20101 Hamburg
Besucheranschrift: Grindelallee 9, 20146 Hamburg
Telefon: (0 40) 4 19 02-0
Telefax: (0 40) 4 19 02-1 26
E-Mail: bafoeg@studentenwerk.hamburg.de
www.studentenwerk-hamburg.de

Zuständig für die Auslandsförderung in **Kanada** ist das
Studentenwerk Erfurt-Ilmenau
Amt für Ausbildungsförderung
Nordhäuser Straße 63
99089 Erfurt
Telefon: (03 61) 7 37 18 53
Telefax: (03 61) 7 37 19 92
E-Mail: swe-i@swe.uni-erfurt.de
www.studentenwerk-erfurt-ilmenau.de

Weitere Auskunft zum Auslands-BAföG erteilen die Deutschen Studentenwerke. Umfassende Informationen zu allen BAföG-Fragen findet man unter www.bafoeg.bmbf.de.

2 ASSISTENTENTÄTIGKEIT, VERMITTLUNG VON LEKTOREN UND WISSENSCHAFTLERN

Der Pädagogische Austauschdienst, Lennéstraße 6, 53113 Bonn, Telefon (02 28) 5 01-3 71, Telefax (02 28) 50 13 01, E-Mail pad.tajberjansen@kmk.org, www.kmk.org/pad/home.htm vermittelt angehende Fremdsprachenlehrer als **Fremdsprachenassistenten** an kanadische und amerikanische Schulen, in der Regel in den Sekundarbereich. Studierende, die bei Antritt der Tätigkeit mindestens sechs Semester eines wissenschaftlichen Studiums an einer deutschen Hochschule abgeschlossen haben und nicht älter sind als 29 Jahre, können sich bewerben. Die Assistenten erhalten einen monatlichen Unterhaltszuschuss, der die notwendigen Lebenshaltungskosten deckt. Bewerbungsschluss ist 1. November (USA) bzw. 1. Dezember (Kanada).

Lehrkräfte der Sekundarstufen I und II mit guten Englischkenntnissen (Fremdsprachen oder andere Fächer) und mindestens dreijähriger Berufserfahrung können als **Austauschlehrer** für ein Jahr an eine amerikanische Schule vermittelt werden. Die Heimatgehälter werden für die Dauer des Austauschs weitergezahlt. Informationen zu Assistententätigkeit und Lehreraustausch sowie zu **Fortbildungskursen** für deutsche Fremsprachenlehrer (USA) und **Schüleraustausch** (Kanada) erteilen das zuständige Kultusministerium bzw. die zuständige Senatsverwaltung oder der Pädagogische Austauschdienst.

Der DAAD kann **Lektoren** für deutsche Sprache, Literatur und Landeskunde an kanadischen Universitäten vermitteln. Bewerber, die neben dem Studium der Germanistik ein weiteres Fach der Philosophischen Fakultät abgeschlossen und Unterrichtserfahrung in Deutsch als Fremdsprache haben, können sich um die Stelle eines Lektors bewerben. Die Altersgrenze liegt bei 40 Jahren. Gegebenenfalls ist ein Lektorenaustausch im Rahmen der Partnerschaftsprogramme zwischen deutschen und kanadischen Universitäten vorgesehen.

Deutsche **Hochschullehrer** können zu Kurz- oder Langzeitdozenturen an kanadische Universitäten vermittelt werden. Nähere Auskünfte erteilt die Vermittlungsstelle für deutsche Wissenschaftler im Ausland im DAAD (www.daad.de).

3 INFORMATIONSSTELLEN

3.1 DAAD-Adressen im In- und Ausland

Deutscher Akademischer Austauschdienst
Kennedyallee 50, 53175 Bonn
Postfach 200404, 53134 Bonn
Telefon: (02 28) 8 82-0
Telefax: (02 28) 8 82-4 44
E-Mail: postmaster@daad.de
www.daad.de

Büro Berlin
Deutscher Akademischer Austauschdienst
„Berliner Künstlerprogramm"
Im Wissenschaftsforum am Gendarmenmarkt
Markgrafenstraße 37, 10117 Berlin
Telefon: (0 30) 20 22 08-0
Telefax: (0 30) 2 04 12 67
E-Mail: BKP.Berlin@daad.de
E-Mail: Info.Berlin@daad.de
www.daad-berlin.de

Außenstelle Hanoi
DAAD Informationszentrum Hanoi
Vietnamesisch-Deutsches Zentrum
an der Technischen Universität Hanoi
1 Dai Co Viet
Hanoi, Vietnam
Telefon: (00 84/4) 8 68 37 73
Telefon: (00 84/4) 8 68 37 81
Telefax: (00 84/4) 8 68 37 72
E-Mail: daad@daadvn.org
www.daadvn.org

Außenstelle Jakarta
DAAD Jakarta Office
Jl. Jend. Sudirman, Kav. 61–62,
Summitmas I, Lt. 19
12190 Jakarta, Indonesien
Telefon: (00 62/21) 5 20 08 70, 5 25 28 07
Telefax: (00 62/21) 5 25 28 22
E-Mail: info@daadjkt.com
www.jakarta.daad.de

Außenstelle Kairo
Deutscher Akademischer Austauschdienst
11 Sharia Saleh Ayoub
Kairo-Zamalek, Ägypten
Telefon: (00 20/2) 7 35 27 26
Telefax: (00 20/2) 7 38 41 36
E-Mail: info@daadcairo.org
www.cairo.daad.de

Außenstelle London
German Academic Exchange Service
34 Belgrave Square
London SW1X 8QB, Großbritannien
Telefon: (00 44/20) 72 35 17 36
Telefax: (00 44/20) 72 35 96 02
E-Mail: info@daad.org.uk
www.london.daad.de

Außenstelle Mexico City
Servico Alemán de Intercambio Académico
c/o Sección de Prensa y Cultura Embajada
Alemana
Molière 118, Col. Polanco
C.P. 11550 México, D.F., Mexiko
Telefon: (00 52/5) 5 52 81 73 98/99
Telefax: (00 52/5) 5 52 81 73 97
E-Mail: daadmx@prodigy.net.mx
www.daadmx.org

Außenstelle Moskau
Deutscher Akademischer Austauschdienst
Leninskij Prospekt 95a
117313 Moskau, Russische Föderation
Telefon: (0 07/0 95) 1 32 24 29, 1 32 23 11
Telefax: (0 07/0 95) 1 32 49 88
E-Mail: daad@daad.ru
www.daad.ru

Außenstelle Nairobi
German Academic Exchange Service
Regional Office for Africa
P.O. Box 14050, Nairobi
Westlands 08000, Nairobi, Kenia
Telefon: (0 02 54/2) 2 72 26 60
Telefax: (0 02 54/2) 2 71 67 10
E-Mail: info@daadafrica.org
www.nairobi.daad.de

Außenstelle New Delhi
German Academic Exchange Service
Regional Office Bangladesh, India, Nepal, Sri Lanka
72, Lodhi Estate
110003 New Delhi, Indien
Telefon: (00 91/11) 46 15-1 48
Telefon: (00 91/11) 46 15-0 09
Telefax: (00 91/11) 46 90-9 19
E-Mail: info@daaddelhi.org
www.newdelhi.daad.de

Büro New York (seit 1971)
German Academic Exchange Service
871 United Nations Plaza
New York, NY 10017, USA
Telefon: (0 01/2 12) 7 58-32 23
Telefax: (0 01/2 12) 7 55-57 80
E-Mail: daadny@daad.org
www.daad.org

Außenstelle Paris
Office Allemand d'Echanges Universitaires
24, rue Marbeau
F-75116 Paris, Frankreich
Telefon: (00 33/1) 44 17 02 30
Telefax: (00 33/1) 44 17 02 31
E-Mail: infodaad@daad.asso.fr
http://paris.daad.de

Maison Heinrich Heine
Fondation de l'Allemagne à la Cité
Internationale Universitaire de Paris
27c, bd. Jourdan
F-75014 Paris, Frankreich
Telefon: (0033/1) 44 16 13 00
Telefax: (0033/1) 44 16 13 01
E-Mail: info@maison-heinrich-heine.org
www.maison-heinrich-heine.org

Außenstelle Peking
Deutscher Akademischer Austauschdienst
Unit 1718, Landmark Tower 2
8 North Dongsanhuan Road
Chaoyang District
100004 Peking, Volksrepublik China
Telefon: (00 86 10) 65 90-66 56, -66 76
Telefax: (00 86 10) 65 90-63 93
E-Mail: postmaster@daad.org.cn
www.www.daad.org.cn

Außenstelle Rio de Janeiro
Servico Alemão de Intercâmbio Acadêmico
Rua Presidente Carlos de Campos, 417
22231-080 Rio de Janeiro, Brasilien
Telefon: (00 55/21) 25 53-32 96
Telefax: (00 55/21) 25 53-92 61
E-Mail: daad@daad.org.br
www.rio.daad.de

Außenstelle Tokyo
Deutscher Akademischer Austauschdienst
Akasaka 7-5-56, Minato-ku
107-0052 Tokyo, Japan
Telefon: (00 81/3) 35 82-59 62
Telefax: (00 81/3) 35 82-55 54
E-Mail: daadtyo@gmd.co.jp
www.tokyo.daad.de

Außenstelle Warschau
Niemiecka Centrala Wymiany Akademickiej
Przedstawicielstwo w Warszawie
ul. Czeska 24
03-902 Warszawa, Polen
Telefon: (00 48/22) 6 16 13 08, 6 17 48 47
Telefax: (00 48/22) 6 16 12 96
E-Mail: daad@daad.pl
www.www.daad.pl

3.2	Länderministerien und Landesprüfungsämter, die für die Anrechnung und Anerkennung von im Ausland erbrachten Studien- und Prüfungsleistungen in mit einer Staatsprüfung abschließenden Studiengängen zuständig sind

Baden-Württemberg
Medizin und Pharmazie:
Landesprüfungsamt für Medizin und Pharmazie
beim Regierungspräsidium Stuttgart
Ruppmannstraße 21
70565 Stuttgart
Telefon: (07 11) 9 04-0

Rechtswissenschaften:
Landesjustizprüfungsamt beim Ministerium
für Justiz
Rotebühlplatz 1
70178 Stuttgart
Telefon: (07 11) 2 79-23 69

Lehramtsstudiengänge:
Ministerium für Kultus, Jugend und Sport
Schlossplatz 4 (Neues Schloss)
70173 Stuttgart
Telefon: (07 11) 2 79-28 00

Bayern
Human- und Zahnmedizin, Pharmazie:
Landesprüfungsamt für Humanmedizin und
Pharmazie
Maximilianstraße 39
80538 München
Telefon: (0 89) 21 76-25 43/-25 46

Veterinärmedizin:
Bayerisches Staatsministerium des Innern
Odeonsplatz 3
80539 München
Telefon: (0 89) 21 92-01

Rechtswissenschaften:
Landesjustizprüfungsamt im Bayerischen
Staatsministerium der Justiz
Prielmayerstraße 7
80335 München
Telefon: (0 89) 55 97-25 91

Lehramtsstudiengänge:
Bayerisches Staatsministerium für Unterricht
und Kultus
Salvatorstraße 2
80333 München
Telefon: (0 89) 21 86-0

Berlin
Human-, Zahn- und Veterinärmedizin, Pharmazie, Lebensmittelchemie:
Landesamt für Gesundheit und Soziales Berlin
Landesprüfungsamt für Gesundheitsberufe
Sächsische Straße 28
10707 Berlin
Telefon: (0 30) 90 12-0

3 INFORMATIONSSTELLEN

Rechtswissenschaften:
Senatsverwaltung für Justiz
– Justizprüfungsamt –
Salzburger Straße 21–25
10787 Berlin
Telefon: (0 30) 90 13-0

Lehramtsstudiengänge:
Senatsverwaltung für Schule, Berufsbildung und Sport
Beuthstraße 6–8
10117 Berlin
Telefon: (0 30) 90 26-0

Brandenburg
Medizin:
Ministerium für Wissenschaft, Forschung und Kultur
Dortustraße 36
14467 Potsdam
Telefon: (03 31) 8 66-0

Rechtswissenschaften:
Ministerium der Justiz und für Europaangelegenheiten
Heinrich-Mann-Allee 107
14473 Potsdam
Telefon: (03 31) 8 66-0

Lehramtsstudiengänge:
Ministerium für Bildung, Jugend und Sport
Steinstraße 104–106
14480 Potsdam
Telefon: (03 31) 8 66-0

Bremen
Human-, Zahn-, Veterinärmedizin, Pharmazie:
Senator für Inneres, Kultur und Sport –
Bereich Kultur und Sport
Contrescarpe 22–24
28203 Bremen
Telefon: (04 21) 3 61-0

Rechtswissenschaften:
Senator für Justiz und Verfassung
Richtweg 16–22
28195 Bremen
Telefon: (04 21) 3 61-0

Lehramtsstudiengänge:
Senator für Bildung und Wissenschaft
Rembertiring 8–12
28195 Bremen
Telefon: (04 21) 3 61-0

Hamburg
Human-, Zahn-, Veterinärmedizin und Pharmazie:
Behörde für Umwelt und Gesundheit
Hamburger Straße 37
22083 Hamburg
Telefon: (0 40) 4 28 63-0

Rechtswissenschaften:
Justizbehörde
Drehbahn 36
20354 Hamburg
Telefon: (0 40) 4 28 43-31 43

Lehramtsstudiengänge:
Behörde für Soziales und Familie
Hamburger Straße 31
22083 Hamburg
Telefon: (0 40) 4 28 63-0

Hessen
Human- und Zahnmedizin, Pharmazie:
Hessisches Landesprüfungsamt für Heilberufe
Adickesallee 36
60322 Frankfurt/Main
Telefon: (0 69) 15 35-0

Rechtswissenschaften:
Hessisches Ministerium der Justiz
– Landesjustizprüfungsamt –
Luisenstraße 13
65185 Wiesbaden
Telefon: (06 11) 32-0

Lehramtsstudiengänge:
Hessisches Kultusministerium
Luisenplatz 10
65185 Wiesbaden
Telefon: (06 11) 3 68-0

Mecklenburg-Vorpommern
Medizin und Pharmazie:
Landesprüfungsamt für Heilberufe
Am Reifergraben 4
18055 Rostock
Telefon: (03 81) 3 77 92-0

Rechtswissenschaften:
Ministerium für Justiz, Bundes- und
Europaangelegenheiten des Landes
Mecklenburg-Vorpommern
– Landesjustizprüfungsamt –
Demmlerplatz 14
19053 Schwerin
Telefon: (03 85) 5 88-0

Lehramtsstudiengänge:
Lehrerprüfungsamt
Möllner Straße 12
18109 Rostock
Telefon: (03 81) 4 98 59 54

Niedersachsen
Human- und Zahnmedizin, Pharmazie:
Landesprüfungsamt für Heilberufe
beim Versorgungsamt Hannover
Deisterstraße 17a
30449 Hannover
Telefon: (05 11) 16 71-0

Veterinärmedizin:
Niedersächsischer Minister für Soziales,
Frauen, Familie und Gesundheit
Hinrich-Wilhelm-Kopf-Platz 2
30159 Hannover
Telefon: (05 11) 1 20-0

Rechtswissenschaften:
Niedersächsisches Ministerium der Justiz
– Landesjustizprüfungsamt –
Am Waterlooplatz 1
30169 Hannover
Telefon: (05 11) 1 20-0

Lehramtsstudiengänge:
Niedersächsisches Kultusministerium
Schiffgraben 12
30159 Hannover
Telefon: (05 11) 1 20-0

Nordrhein-Westfalen
Human-, Zahnmedizin, Pharmazie:
Landesprüfungsamt für Medizin,
Psychotherapie und Pharmazie
Erkrather Straße 339
40231 Düsseldorf
Telefon: (02 11) 45 84-0

Veterinärmedizin:
Ministerium für Wirtschaft und Arbeit
Horionplatz 1
40213 Düsseldorf
Telefon: (02 11) 86 18-50

Rechtswissenschaften:
Justizministerium
– Landesjustizprüfungsamt –
Martin-Luther-Platz 40
40212 Düsseldorf
Telefon: (02 11) 87 92-0

Lehramtsstudiengänge:
Ministerium für Schule, Wissenschaft und
Forschung
Völklinger Straße 49
40221 Düsseldorf
Telefon: (02 11) 8 96-03

Rheinland-Pfalz
Human-, Zahnmedizin, Pharmazie:
Landesamt für Soziales, Jugend und Versorgung
Landesprüfungsamt für Studierende
der Medizin und der Pharmazie
Schießgartenstraße 6
55116 Mainz
Telefon: (0 61 31) 16-0

Veterinärmedizin:
Ministerium für Arbeit, Soziales, Familie und
Gesundheit
Bauhofstraße 9
55116 Mainz
Telefon: (0 61 31) 16-0

Rechtswissenschaften:
Ministerium der Justiz
– Landesprüfungsamt für Juristen –
Ernst-Ludwig-Straße 3
55116 Mainz
Telefon: (0 61 31) 16-0

Lehramtsstudiengänge:
Ministerium für Wissenschaft, Weiterbildung,
Forschung und Kultur
– Landesprüfungsamt für das Lehramt
an Schulen in Rheinland-Pfalz –
Mittlere Bleiche 61
55116 Mainz
Telefon: (0 61 31) 16-0

Saarland
Medizin und Pharmazie:
Landesamt für Verbraucher-, Gesundheits-
und Arbeitsschutz
Zentralstelle für Gesundheitsberufe
Warburgring 78
66424 Homburg/Saar
Telefon: (0 68 41) 1 62-0

Rechtswissenschaften:
Ministerium der Justiz
– Landesprüfungsamt für Juristen –
Zähringerstraße 12
66119 Saarbrücken
Telefon: (06 81) 5 01-0

Lehramtsstudiengänge:
Ministerium für Bildung, Kultur und
Wissenschaft
– Prüfungsamt –
Hohenzollernstraße 60
66117 Saarbrücken
Telefon: (06 81) 5 01-0

Sachsen
Human- und Zahnmedizin, Pharmazie:
Regierungspräsidium Dresden
Sächsisches Landesprüfungsamt
für akademische Heilberufe
Stauffenbergallee 2
01099 Dresden
Telefon: (03 51) 8 25-0

Veterinärmedizin:
Sächsisches Staatsministerium für Soziales
Albertstraße 10
01097 Dresden
Telefon: (03 51) 5 64-0

Rechtswissenschaften:
Sächsisches Staatsministerium der Justiz
– Landesjustizprüfungsamt –
Hospitalstraße 7
01097 Dresden
Telefon: (03 51) 5 64-0

Lehramtsstudiengänge:
Sächsisches Staatsministerium für Kultus
Carolaplatz 1
01097 Dresden
Telefon: (03 51) 5 64-0

Sachsen-Anhalt

Medizin und Pharmazie:
Landesamt für Versorgung und Soziales
– Landesprüfungsamt für Medizin, Pharmazie
und Zahnmedizin –
Neustädter Passage 13
06122 Halle
Telefon: (03 45) 69 12-0

Rechtswissenschaften:
Ministerium der Justiz
– Landesjustizprüfungsamt –
Klewitzstraße 4
39112 Magdeburg
Telefon: (03 91) 5 67-01

Lehramtsstudiengänge:
Landesprüfungsamt für Lehrämter
Turmschanzenstraße 32
39114 Magdeburg
Telefon: (03 91) 5 67-0

Schleswig-Holstein

Human- und Zahn-, Veterinärmedizin, Pharmazie:
Ministerium für Arbeit und Soziales,
Gesundheit und Verbraucherschutz
Adolf-Westphal-Straße 4
24143 Kiel
Telefon: (04 31) 9 88-0

Rechtswissenschaften:
Ministerium für Justiz, Frauen, Jugend
und Familie
Lorentzendamm 35
24103 Kiel
Telefon: (04 31) 9 88-0

Lehramtsstudiengänge:
Ministerium für Bildung, Wissenschaft,
Forschung und Kultur
Brunswiker Straße 16–22
24105 Kiel
Telefon: (04 31) 9 88-0

Thüringen

Medizin und Pharmazie:
Thüringer Landesverwaltungsamt
Landesprüfungsamt für akademische
Heilberufe – Ref. 720
Weimarplatz 4
99423 Weimar
Telefon: (03 61) 3 79-00

Rechtswissenschaften:
Justizministerium
Werner-Seelenbinder-Straße 1
99096 Erfurt
Telefon: (03 61) 3 79-50 00

Lehramtsstudiengänge:
Thüringer Kultusministerium
Werner-Seelenbinder-Straße 7
99096 Erfurt
Telefon: (03 61) 3 79-46 30

3.3 Zuständige Ministerien für die Genehmigung zur Führung ausländischer Hochschulgrade

Für die Genehmigung zur Führung ausländischer Hochschulgrade sind in den einzelnen Bundesländern die folgenden Ministerien zuständig:

Baden-Württemberg
Ministerium für Wissenschaft, Forschung und Kunst
Königstraße 46
70173 Stuttgart
Telefon: (07 11) 2 79-0

Bayern
Bayerisches Staatsministerium für Unterricht und Kultus
Salvatorstraße 2
80333 München
Telefon: (0 89) 21 86-0

Berlin
Senatsverwaltung für Wissenschaft, Forschung und Kultur
Brunnenstraße 188–190
10119 Berlin
Telefon: (0 30) 9 02 28-0

Brandenburg
Ministerium für Wissenschaft, Forschung und Kultur
Dortusstraße 36
14467 Potsdam
Telefon: (03 31) 8 66-0

Bremen
Senator für Bildung und Wissenschaft
Rembertiring 8–12
28195 Bremen
Telefon: (04 21) 3 61-0

Hamburg
Behörde für Wissenschaft und Gesundheit
Hamburger Straße 37
22083 Hamburg
Telefon: (0 40) 4 28 63-0

Hessen
Hessisches Ministerium für Wissenschaft und Kunst
Rheinstraße 23–25
65185 Wiesbaden
Telefon: (06 11) 32-0

Mecklenburg-Vorpommern
Kultusministerium für Bildung, Wissenschaft und Kultur
Werderstraße 124
19055 Schwerin
Telefon: (03 85) 5 88-0

Niedersachsen
Niedersächsisches Ministerium für Wissenschaft und Kultur
Leibnizufer 9
30169 Hannover
Telefon: (05 11) 1 20-0

Nordrhein-Westfalen
Ministerium für Schule, Wissenschaft und Forschung
Völklinger Straße 49
40221 Düsseldorf
Telefon: (02 11) 8 96-04

Rheinland-Pfalz
Ministerium für Bildung, Frauen und Jugend
Wallstraße 3
55116 Mainz
Telefon: (0 61 31) 16-0

Saarland
Ministerium für Bildung, Kultur und Wissenschaft
Hohenzollernstraße 60
66117 Saarbrücken
Telefon: (06 81) 5 01-0

Sachsen
Sächsisches Staatsministerium für Wissenschaft und Kunst
Wigardstraße 17
01097 Dresden
Telefon: (03 51) 5 64-0

Sachsen-Anhalt
Kultusministerium
Turmschanzenstraße 32
39114 Magdeburg
Telefon: (03 91) 5 67-01

Schleswig-Holstein
Ministerium für Bildung, Wissenschaft, Forschung und Kultur
Brunswiker Straße 16–22
24105 Kiel
Telefon: (04 31) 9 88-0

Thüringen
Thüringer Ministerium für Wissenschaft, Forschung und Kunst
Werner-Seelenbinder-Straße 8
99096 Erfurt
Telefon: (03 61) 3 79-00

3.4 Informations- und Vermittlungsstellen für Praktika und Famulaturen

Das Angebot an Praktikumsstellenbörsen ist mittlerweile so umfangreich, dass hier leider nicht alle genannt werden können. Die hier aufgeführten Stellen und eigene Recherchen im Internet werden aber sicher zum Erfolg führen.

Fachhochschulstudierende:
Akademische Auslandsämter der Fachhochschulen

Ingenieur- und Naturwissenschaften, Land- und Forstwirtschaft:
Deutsches Komitee der IAESTE im DAAD
Postfach 20 04 04
DAAD Referat 411
53134 Bonn
Telefon: (02 28) 8 82-2 31
Telefax: (02 28) 8 82-5 50
E-Mail: iaeste@daad.de
www.iaeste.de

Geoökologie
VGöD e.V. Umweltbüro
Alexanderstraße 9
95444 Bayreuth
Telefon: (09 21) 72 15 92 15
Telefax: (09 21) 85 14 97
E-Mail: vgoed@geooekologie.de
www.geooekologie.de
(Praktikumsstellenliste nur für Mitglieder)

3 INFORMATIONSSTELLEN

Wirtschafts- und Sozialwissenschaften
(auch für Fahrtkostenzuschüsse):
Deutsches Komitee der AIESEC e. V.
Kasernenstraße 26
53111 Bonn
Telefon: (02 28) 2 89 80-0
Telefax: (02 28) 2 89 80-10
E-Mail: info@aiesec.de
www.de.aiesec.org

Wirtschaftswissenschaften und technische Fachrichtungen an Fachhochschulen
(Praxissemester/Weitere verschiedene Programme):
InWent – Internatioale Weiterbildung und Entwicklung GmbH
(FG 24)
Weyerstraße 78–83
50676 Köln
Telefon: (02 21) 2 09 80
Telefax: (02 21) 2 09 81 11
E-Mail: info@inwent.org
www.inwent.org

Volks- und Betriebswirtschaft:
Bundesverband Deutscher Volks- und Betriebswirte e.V. (bdvb)
Florastraße 29
40217 Düsseldorf
Telefon: (02 11) 37 10 22
Telefax: (02 11) 37 94 68
E-Mail: info@bdvb.de
www.bdvb.de

Landwirtschaft/Agrarbereich:
Schorlemer Stiftung des Deutschen Bauernverbandes e.v.
Internationaler Praktikantenaustausch
Godesberger Allee 142–148
53175 Bonn
Telefon: (02 28) 8 19 82 99
Telefax: (02 28) 8 19 82 05
E-Mail: dbv-praktika-international
@bauernverband.de
www.bauernverband.de

Hauswirtschaft:
Internationaler Verband für Hauswirtschaft
Kaiser-Friedrich-Straße 13
53113 Bonn
Telefon: (02 28) 9 21 25 90
Telefax: (02 28) 9 21 25 91
E-Mail: office.ifhe@t-online.de
www.ifhe.org

Sozialpädagogik, Sozialarbeit, Heilpädagogik
(nur für Mitglieder):
Deutscher Berufsverband für Soziale Arbeit e.V.
(nur für Mitglieder)
Friedrich-Ebert-Straße 30
45127 Essen
Telefon: (02 01) 8 20 78-0
Telefax: (02 01) 8 20 78-40
E-Mail: info@dbsh.de
www.dbsh.de

Humanmedizin
(auch für Fahrtkostenzuschüsse):
Deutscher Famulantenaustausch
Godesberger Allee 54
53175 Bonn
Telefon: (02 28) 37 53 40
Telefax: (02 28) 37 53 42/8 10 41 55
E-Mail: dfa.bonn@t-online.de
www.dfa-germany.de

Zahnmedizin
(auch für Fahrtkostenzuschüsse):
Zahnmedizinischer Austauschdienst
Mallwitzstraße 16
53177 Bonn
Telefon: (02 28) 8 55 70
Telefax: (02 28) 34 06 71
E-Mail: cc@frdz.de
www.zad-online.com

Arzt im Praktikum (AiP):
A. S. I. Wirtschaftsberatung
Regina-Protmann-Straße 16
48159 Münster
Telefon: (02 51) 21 03-0
Telefax: (02 51) 21 03 35-0
E-Mail: info@asi-online.de
www.asi-online.de

Jobs und Praktika im Ausland
Bundesagentur für Arbeit
Regensburger Straße 104
90478 Nürnberg
Telefon: (09 11) 1 79-0
Telefax: (09 11) 1 79-21 23
E-Mail: Zentrale@arbeitsagentur.de
www.arbeitsagentur.de

Pharmazie:
Bundesverband der Pharmaziestudierenden
in Deutschland BPhD e.V.
IPSF Germany – Auslandsreferat Pharmazie
Postfach 08 04 63
10004 Berlin
E-Mail: auslandsreferat@bphd.de
www.bphd.de

Praktikum für Medizin- und Wirtschaftsstudenten während der Ferienmonate:
BEFAA
17, rue Brézin
F-75014 Paris
Telefon: (00 33-1) 45 39 60 53

Rechtswissenschaften:
el§a – European Law Students' Association
Rohrbacher Straße 20
69115 Heidelberg
Telefon: (0 62 21) 60 14 58
Telefax: (0 62 21) 60 14 59
E-Mail: buvo@elsa-germany.org
www.elsa-germany.org

Rechtsreferendare/
Diplomierte Wirtschaftswissenschaftler
Deutscher Industrie- und Handelskammertag
(DIHK)
Breite Straße 29
10178 Berlin
Telefon: (0 30) 2 03 08 16 19
Telefax: (0 30) 2 03 08 16 16
E-Mail: infocenter@berlin.dihk.de
www.diht.de

Auswärtiges Amt
Werderscher Markt 1
10117 Berlin
Telefon: (0 30) 50 00-0
Telefax: (0 30) 50 00-34 02
E-Mail: 1-af-01@auswaertiges-amt.de
www.auswaertiges-amt.de

3 INFORMATIONSSTELLEN

Restaurierung:
International Centre for the Study
of Preservation and the Restoration
of Cultural Property (ICCROM)
13, Via di San Michele
I-00153 Roma
Telefon: (00 39/6) 58 55 31
Telefax: (00 39/6) 58 55 33 49
E-Mail: iccrom@iccrom.org
www.iccrom.org

Moderne Sprachen
(vorzugsweise Lehramt):
Pädagogischer Austauschdienst
Nassestraße 8
53113 Bonn
Telefon: (02 28) 5 01-0
Telefax: (02 28) 5 01-2 59
E-Mail: pad@kmk.org
www.kmk.org/pad/home.htm

Deutsch als Fremdsprache (DaF)
Kontaktnetz der Universität Mainz
www.daf.uni-mainz.de/daad.htm

Praktika und Hospitationen bei Projekten in Entwicklungsländern:
Deutsche Gesellschaft für Technische
Zusammenarbeit (GTZ)
Dag-Hammarskjöld-Weg 1–5
65760 Eschborn
Telefon: (0 61 96) 7 90
Telefax: (0 61 96) 79 11 15
www.gtz.de

Carl Duisberg Gesellschaft
ASA-Programm
Lützowufer 6–9
10785 Berlin
Telefon: (0 30) 25 48 23 53
Telefax: (0 30) 25 48 22 17
www.cdg.de

InWent (Internationale Weiterbildung und
Entwicklung gemeinnützige GmbH)
Informations- und Beratungsstelle (IBS)
Weyerstraße 79–83
50676 Köln
Telefon: (02 21) 2 09 81 23
Telefax: (02 21) 2 09 81 84
E-Mail: ibs@inwent.org
www.inwent.org

ASA-Programm
Lützowufer 6–9
10785 Berlin
Telefon: (0 30) 25 48 20
Telefax: (0 30) 25 48 23 59
E-Mail: info@asa-programm.de
www.asa-programm.de

Praktika bei deutschen Auslandsvertretungen und in der Zentrale des Auswärtigen Amts:

Praktika in der Zentrale
Auswärtiges Amt
1-AF (Berlin)
Werderscher Markt 1
10117 Berlin
Telefon: (0 18 88) 17 26 82
Telefax: (0 18 88) 17 15 77
E-Mail: 1-AF-01@auswaertiges-amt.de
www.auswaertiges-amt.de

Praktika an deutschen Auslandsvertretungen
Auswärtiges Amt
Aus- und Fortbildungsstätte
Guldenauer Weg 134–136
53127 Bonn
Telefon: (0 18 88) 17 11 52
Telefax: (0 18 88) 1 75 11 52
E-Mail: 1-AF-0-10@auswaertiges-amt.de
www.auswaertiges-amt.de

Praktika bei europäischen/internationalen Organisationen:

Carlo-Schmid-Programm für Praktika in internationalen Organisationen und EU-Institutionen
www.daad.de/ausland/de/3.4.2.15.html

LEONARDO DA VINCI-Förderung
für studienbezogene Praktika im Rahmen eines Hochschulprojekts
http://eu.daad.de/leonardo/programminhalte/main.html

Europäisches Parlament
Bureau des stages
KAD 02C007
L-2929 Luxembourg
Telefax: (00 35 2) 4 30 02 48 82
E-Mail: stages@europarl.eu.int
www.europarl.eu.int/stages

Rat der Europäischen Union
http://ue.eu.int/de/summ.htm
(unter „Kontakt" ist hier das Praktkantenbüro zu finden)

Traineeships in International Organisations
http://missions.itu.int/~italy/vacancies/vaclinks.hat

Praktika bei den Vereinten Nationen und ihren Sonderorganisationen
www.runiceurope.org/german/arbeit/index.htm

Übersetzungspraktika
Europäisches Parlament
Bureau des stages de traducteurs
ADG 07C009
L-2929 Luxembourg
Telefax: (0 03 52) 4 30 02 77 77
E-Mail: translationtraineeships@europarl.eu.int
www.europarl.eu.int/stages/default_de.htm

Werkstudententätigkeit

in den USA/Arbeitserlaubnis USA für selbst besorgte Praktika
Council on International Educational Exchange (CIEE)
Oranienburger Straße 13–14
10178 Berlin
www.councilexchanges.de

in Kanada
Student Work Abroad Program (SWAP) –
Council Exchanges Work & Travel Canada
Council on International Educational Exchange (CIEE)
Oranienburger Straße 13-14
10178 Berlin
www.councilexchanges.de

Praktika bei amerikanischen und internationalen Unternehmen:
German American Chamber of Commerce
12 East 49th Street, 24 th Floor – Sky Lobby
New York, NY 10017
Telefon: (0 01-2 12) 9 74-88 30
Telefax: (0 01-2 12) 9 74-88 67
E-Mail: info@gaccny.com
www.gaccny.com
(Praktikantenprogramm ist unter „Beratung", „Career Services" zu finden)

Praktika in Kanada
German-Canadian Society Programm –
Deutsch-Kanadische Gesellschaft
– Werkstudentenprogramm –
Deutsch-Kanadische Gesellschaft
Hohenzollernring 31–35
50672 Köln
Telefon: (02 21) 2 57 67 93
Telefax: (02 21) 2 57 72 36
E-Mail: info@ dgk-online.de
www.dgk-online.de

Praktika bei europäischen Institutionen
(für junge Akademiker mit abgeschlossenem Hochschulstudium):

Übersetzungspraktika
Infos und Bewerbungsformulare unter
www.europarl.eu.int/stages/reg2004.htm

Verwaltungspraktika
Infos und Bewerbungsformulare unter
www.europarl.eu.int/stages

Praktika beim europäischen Bürgerbeauftragten
Infos und Bewerbungsformulare unter
www.euro-ombudsman.eu.int/trainee/en/default.htm

Informationen über die bestehenden Programme erhalten Sie hier:
Europäisches Parlament
Bureau des stages
KAD 02C007
L-2929 Luxembourg
Telefax: (0 03 52) 4 30 02 48 82
E-Mail: stages@europarl.eu.int
www.europarl.eu.int/stages/

ZIELE, AUFGABEN UND PROGRAMME DES DAAD

Individualstipendien für Ausländer

Förderung ausländischer Nachwuchseliten an deutschen Hochschulen und Forschungseinrichtungen
- Allgemeine Individualstipendien für ausländische Studierende, Praktikanten, Graduierte, Wissenschaftler, Künstler und Administratoren
- Praktikantenförderung und -vermittlung
- Kurzprogramme für Informations- und Studienreisen
- Sprach- und Fernkurse

Individualstipendien für Deutsche

Förderung des deutschen Führungsnachwuchses zu Studium und Forschung im Ausland
- Allgemeine Individualstipendien für deutsche Studierende, Praktikanten, Graduierte, Wissenschaftler, Künstler und Administratoren
- EU-Programme
- Praktikantenförderung und -vermittlung
- Kurzprogramme für Informations- und Studienreisen
- Sprach- und Fachkurse

Internationalisierung der Hochschulen

Steigerung der Attraktivität deutscher Hochschulen und Forschungseinrichtungen für internationale Studierende und Wissenschaftler
- Hochschulpartnerschaften, IQN, internationale Ausbildungspartnerschaften
- Bilateraler Hochschullehreraustausch, projektbezogener Personenaustausch von

Nachwuchswissenschaftlern, Förderung ausländischer Gastdozenten
- Schaffung attraktiver Studien- und Promotionsangebote: auslandsorientierte Studiengänge, Promotion an Hochschulen in Deutschland, Master-Plus-Programm
- Betreuung, Nachbetreuung, Rahmenbedingungen verbessern, Fortbildung für Mitarbeiter der Akademischen Auslandsämter und andere Multiplikatoren, Lobbyarbeit einschl. STIBET, Kontakt- und Studienabschlussstipendien
- Marketing, GATE, „Konzertierte Aktion"

- Hochschulpartnerschaften, Südpartnerschaften
- Netzwerke und Alumni-Netzwerke in Entwicklungsländern
- Hilfe beim personellen Ausbau akademischer Strukturen durch Stipendien und Dozenturen
- Sachmittelprogramm
- Stipendienprogramme für Fach- und Führungskräfte einzelner Länder (mit Kostenbeteiligung)

Förderung der Germanistik und der deutschen Sprache im Ausland

Interesse an deutscher Sprache und Kultur, Kenntnis und Sympathie für Deutschland im (weltweiten) Kulturaustausch
- Deutschsprachige Studiengänge im Ausland
- Germanistische Institutspartnerschaften
- Vermittlung deutscher wissenschaftlicher Lehrkräfte (Lektoren, Kurz- und Langzeitdozenten) an ausländische Hochschulen
- Individualstipendien für ausländische und deutsche Germanisten
- Einrichtung und Förderung von akademischen Zentren für Deutschland- und Europastudien im Ausland
- Informations-, Publikations-, Veranstaltungs- und Sonderprogramme

Bildungszusammenarbeit mit Entwicklungsländern

Förderung der wissenschaftlichen, wirtschaftlichen und demokratischen Entwicklung in Entwicklungsländern und Reformstaaten
- Förderung entwicklungsbezogener Aufbaustudiengänge

Stichwortverzeichnis

Academic adviser 27, 67
Academic year 19, 67, 191
ACT 31, 33
Admission .... *30, 32 f., 36, 67, 85, 192*
Akkreditierung .... 28, 34 ff.
Alumni *67, 187, 196, 216*
Anerkennung .... 3, 8, 10, 12, 14, 21, 28, 34 f., 67, 84 f., 204
Anrechnung .... 28, 34 ff., 85, 204
Arbeitsmöglichkeiten 41, 89, 198
Ärztliche Behandlung 41, 88
Assistantship *30, 67, 197*
Assistententätigkeit 201
Aufbaustudium 35
Auslandspraktika 12
Austauschstudenten 11, 35

Bachelor... 10, 18, 20 ff., 35 ff., 69, 71, 80, 191 ff.
BAföG .... 11, 199 f.
Banken 42, 89
Beurlaubung 11
Bewerbung .... 3, 30 ff., 35, 47, 81 ff., 85, 198
Bibliotheken 27
Botschaften 62, 186

Calendar *19, 191*
Campus .... *19, 27, 39 ff., 66 f., 81, 88 ff., 93, 103 ff., 109 f.*
CEGEP 75, 78
Certificate *20, 22, 25, 67, 76, 78, 84, 87, 191, 193*
Classification *36, 67*
College .... *10, 16 ff., 21 f., 24 f., 29, 31, 33, 35, 52 ff., 66 ff., 75 ff., 78, 81, 96 ff., 115 ff., 191 f.*
Colonial college *16*
Community college .... *17 f., 20, 29, 36 f., 67, 69, 71, 76, 78, 101, 190, 192*
Compulsory course *192*
Comprehensives *21, 24*

Computer .... *18, 33, 43 f., 91, 132 ff., 156, 158, 160*
Continuing education *68*
Core course *192*
Correspondence course *36, 68*
Course .... *25 f., 34, 68, 70, 192*
Credit .... *20, 25 f., 35, 84, 192*
Curriculum *68, 70, 192*
Cycle .... *75, 80, 84, 86, 114 ff.*

DAAD .... 3, 12, 31, 34, 41, 65, 190, 196, 198, 200 ff., 210, 213 ff.
Dean *19, 31, 68, 79, 84*
Defence *24*
Degree .... *17, 19, 21 ff., 32, 35 ff., 41, 66, 68 ff., 80, 191 ff.*
Department *19, 66, 68, 75, 81*
Diploma *25, 75, 78, 192*
Distance education *192*
Doctorate .... *21, 24 f., 68, 192*
Dormitory *39, 68*
Drop *68*

Educational Advising Centers *12, 17, 34, 62, 64, 66, 199*
Einreise .... 3, 37, 80 ff., 84, 86 f.
Einschreibung 34, 70, 83
Elective *25*
Elektrische Geräte 43, 91
ESL *11, 33, 83, 107*
ETS *33, 83, 107*
Exmatrikulation 11

Fachkurse 12, 20, 115
Faculty *19, 68, 192*
Financial aid *69, 198*
Förderungsmöglichkeiten .... 3, 66, 81, 195 ff.
Foreign student adviser .... *27, 34, 41 ff., 69, 81, 198*
Fremdsprachenassistenten 201
Fulbright-Kommission .... 196 f.

GMAT .... *32 f.*
Goethe-Institut 65, 188

GPA 25, 69
Grade .... 17, 20, 22, 25 f., 36 f., 67, 69,
  76, 78 f., 191 ff.
Graduate .... 16, 18 f., 20 ff., 25 ff.,
  29 f., 32 ff., 36, 40, 47 ff., 65 ff., 69 ff., 78 ff.,
  84, 112, 114 ff., 192, 197 f.
GRE .... 32 f.

High school 16, 20, 69, 75
Higher education 34, 69
Hochschulkooperationen 12, 34, 197
Hochschulpartnerschaften 12, 28, 81, 215, 216
Hochschulreife 31, 36, 196, 199

Integriertes Auslandsstudium 12
Internet .... 3, 20, 25, 28, 32 f., 35, 44, 47,
  65 f., 81, 85, 92, 190, 196, 199, 210
Internship 22, 69

Kanada-Studien 187, 189, 197, 199
Krankenversicherung 11, 41, 88, 200
Kulturinstitute 62, 186

Länderministerien 35, 204
Landesprüfungsämter 35, 85, 204
Lebenshaltungskosten 39, 87, 201
Lehrveranstaltungen .... 19 f., 24 ff., 34, 41,
  70 f., 83, 193
Lektoren 201, 216
Liberal arts .... 20, 28 f., 69, 100, 104, 180 ff.
LSAT 80, 192

Master ... 10, 19 ff., 35 f., 68, 70 f., 80, 192 f., 216
Major 21, 69, 193
Minor 69, 193

Numerus clausus 10, 30

Off-campus 88
On-campus 41, 88
Orientation program 27

Postdoctorate 10, 25, 70

Post-secondary institutions 17
Prerequisite 28, 70
Praktika .... 12, 41, 78, 200, 210 ff.
Professional education 17, 23, 70
Prüfungen 21, 24, 26, 30, 33, 100, 191

Québec-Studien 186, 188

Ranking 29, 70, 97
Records 32, 35, 70
Registration 34, 70
Requirement 21, 25, 68, 84
Research assistant/assistant à la recherche . 41, 67, 89
Research degree .... 21 f.
Resident 70

SAT 31, 33
Scholarship 70, 193
Score 70
Sprachkenntnisse 199
Sprachkurse 20
Stilfragen .... 44, 91 f.
Stipendien 3, 10, 20, 28, 30, 47, 66, 88, 90,
  189, 190, 196 ff., 216
Studentenvereinigungen 27, 81
Studentenwohnheim 39, 44, 68
Studienanfänger .... 10 f., 30 f., 33, 36, 47,
  69, 79, 82
Studienfortsetzer .... 11, 30, 36, 82, 84 f.
Studiengebühren .... 14, 18, 20, 37, 39, 66 ff.,
  70, 78, 82, 84, 86 f., 89, 190, 197, 200
Studienjahr ..... 12, 17, 19, 31, 67, 69, 78 f., 85 f.
Study program 21, 28, 37, 79, 82
Summer school 20

Teaching assistant/assistant à l'enseignement
  33, 41, 89
Teilstudium 11
Thesis 21, 24, 26, 36, 71
TOEFL .... 31 ff., 83
Transcript .... 26, 70 f., 193
TSE 33
Tuition .... 37, 67 f., 71, 193, 197

TWE............ *33*

Undergraduate........... *17 ff., 20 ff., 26, 31 f., 34, 36, 40, 65 ff., 70 f., 78 ff., 84, 86, 104, 111, 114 ff., 193*
University........... *14, 16 ff., 23, 47 ff., 67, 69, 71, 76, 78, 82, 85, 88, 92, 96ff., 191, 193, 197 f.*

Vergünstigungen.............................43, 87, 90
Verkehrsmittel ....39 f., 42
Visum... 32, 37 f., 41
Vocational training.. *71*
Vollstudium..................................... 10, 81, 199

Wohnen................... 3, 18, 37, 39 f., 88, 90, 93

Zulassungbeschränkungen 10, 82
Zulassungstests .... 31 f., 34, 80
Zulassungsvoraussetzungen.............3, 30, 67, 78, 82, 84 f., 190 f.

Raus aus dem Alltag:
Deutsch unterrichten weltwei

Deutsch unterrichten weltweit
Ein Handbuch für alle, die im Ausland Deutsch unterrichten wollen

DAGMAR GIERSBERG

2. aktualisierte Auflage, Bielefeld 2004, 304 Seiten, 14,90 €
ISBN 3-7639-3199-6, Best.-Nr. 60.01.354a

Auf der ganzen Welt lernen Menschen Deutsch als Fremdsprache (DaF) – und überall werden Muttersprachler gesucht, die Deutsch unterrichten. Welche Wege ins Ausland führen, wenn man Deutsch unterrichten will, zeigt Dagmar Giersberg in „Deutsch unterrichten weltweit". Dabei stellt sie nicht nur Möglichkeiten für Lehrer vor, auch für Studenten und zum Teil bereits für Abiturienten gibt es zahlreiche DaF-Programme. Und Graduierte haben gute Chancen, beispielsweise als Lektoren an ausländischen Hochschulen zu arbeiten.

So urteilt die Presse:
„Dagmar Giersberg möchte in ihrem Handbuch Graduierte, Lehrer, Studenten und Abiturienten ansprechen, die aus den unterschiedlichsten Motiven heraus Interesse haben, im Ausland Deutsch, vornehmlich Deutsch als Fremdsprache, zu unterrichten. ... Ein Handbuch, das an keiner Stelle Langeweile aufkommen lässt."
(DER DEUTSCHE LEHRER IM AUSLAND, Nov. 2002)

Ihre Bestellmöglichkeiten:
W. Bertelsmann Verlag, Postfach 10 06 33, 33506 Bielefeld, Tel.: (05 21) 9 11 01-11
Fax: (05 21) 9 11 01-19, E-Mail: service@wbv.de, Internet: http://shop.wbv.de

W. Bertelsmann Verlag Fachverlag für Bildung und Beruf

Top-Arbeitgeber in Deutschland 2005

Top-Arbeitgeber in Deutschland 2005
unter Mitwirkung der Redaktion Junge Karriere und dem geva-institut

Hrsg.: Corporate Research Foundation

Bielefeld 2005, 424 Seiten, 24,90 €
ISBN 3-7639-3274-7
Best.-Nr. 60.01.422a

Wer sind die Top-Arbeitgeber in Deutschland? Was bieten Unternehmen ihren Arbeitnehmern? Rund 50 Firmen verschiedener Größenordnung und Branchen haben ihre Türen geöffnet und gewährten unabhängigen Experten Einblicke in ihre Strategien und Strukturen.

In den Porträts und Analysen geht es nicht nur um Unternehmensimage und Gehälter. Vielmehr stehen die wirklich wichtigen Kriterien im Mittelpunkt: Arbeitsbedingungen, Entwicklungsmöglichkeiten, Unternehmenskultur und Führung.

Das Buch „Top-Arbeitgeber in Deutschland 2005" bietet qualifizierten und motivierten Arbeitnehmern, Absolventen und Young Professionals einen erstklassigen Überblick bei der Suche nach dem richtigen Arbeitgeber.

Die Corporate Research Foundation ist eine unabhängige Organisation, die bereits seit 1992 internationale Researchprojekte für die Wirtschaft initiiert, koordiniert und schließlich publiziert. „Top-Arbeitgeber in Deutschland 2005" entstand mit Unterstützung von **Junge Karriere** und dem **geva-institut**.

Ihre Bestellmöglichkeiten:
W. Bertelsmann Verlag, Postfach 10 06 33, 33506 Bielefeld, Tel.: (05 21) 9 11 01-11
Fax: (05 21) 9 11 01-19, E-Mail: service@wbv.de, Internet: http://shop.wbv.de

W. Bertelsmann Verlag Fachverlag für Bildung und Beruf